V&R

André Frank Zimpel

Trisomie 21
Was wir von Menschen mit Down-Syndrom
lernen können

2000 Personen und ihre neuropsychologischen Befunde

Mit Beiträgen von
Kim Lena Hurtig-Bohn
Angela Kalmutzke
Torben Rieckmann
Alfred Christoph Röhm

Vandenhoeck & Ruprecht

Mit 87 Abbildungen und 7 Tabellen

Bibliografische Information der Deutschen Nationalbibliothek

Die Deutsche Nationalbibliothek verzeichnet diese Publikation in der Deutschen Nationalbibliografie; detaillierte bibliografische Daten sind im Internet über http://dnb.d-nb.de abrufbar.

ISBN 978-3-525-70175-1

Weitere Ausgaben und Online-Angebote sind erhältlich unter: www.v-r.de

Umschlagabbildung: © philidor – fotolia

© 2016, Vandenhoeck & Ruprecht GmbH & Co. KG, Theaterstraße 13, D-37073 Göttingen
www.vandenhoeck-ruprecht-verlage.com
Alle Rechte vorbehalten. Das Werk und seine Teile sind urheberrechtlich geschützt. Jede Verwertung in anderen als den gesetzlich zugelassenen Fällen bedarf der vorherigen schriftlichen Einwilligung des Verlages.
Printed in Germany.

Satz: SchwabScantechnik, Göttingen
Druck und Bindung: ⊕ Hubert & Co. GmbH & Co. KG BuchPartner, Robert-Bosch-Breite 6, D-37079 Göttingen

Gedruckt auf alterungsbeständigem Papier.

Inhalt

Vorwort 9

I. Gene und Gesellschaft
Eine kognitive Revolution im Stillen 11
Gut gemeint 12
Geistig behindert schon vor der Geburt? 13
Dreimal Nummer 21 15
Hat sich unsere Gesellschaft entschieden? 16
Downs Erbe 17
47 statt 46 Chromosomen 18
Mutationen 20
Eugenik, Zwangssterilisation und Euthanasie 21
Angst vor geringem IQ 23
Genetik und Epigenetik 24
Ein Bild sagt mehr als tausend Worte 25
Zusammenfassung 27

II. Gehirn und Intelligenz
Kopfgröße und Intelligenztest 28
Der IQ als Schwellenhüter 30
Warum es normal ist, verschieden zu sein 32
Bin ich dumm? 33
Hirnwachstumsgene oder Stress in früher Kindheit? 35
Hirnwachstum und Evolution 37
Intelligenzbestien mit Spatzenhirn 38
Das Menschenhirn ist ein Sozialorgan 39
Das Gehirn als Lernorgan 41
Denkbeschleunigung durch Abstraktion 42
Mäusegedächtnis 43
Ort des Lernens 45
Das Gedächtnis verteilt sich über das gesamte Gehirn ... 47
Zusammenfassung 49

III. Botenstoffe und Neuro-Enhancement
Enzyme, Katalysatoren im Gehirn 50
Acetylcholin, Angst vor Alzheimer 52
Donepezil, Doping für das Gehirn 54
Wie das Gehirn Medikamente neutralisiert 56
Dopamin, Anregung mit Suchtfaktor 58
Glutamat, mehr als nur Geschmacksache 60
Memantin, Hoffnung auf eine Lernpille 61
GABA, die Hemmung hemmen 62
Basmisanil, eine Bremse im Hirn lösen 64
Hirndoping, klüger auf Rezept? 65
Neuro-Enhancement oder lebenswichtige Medizin? 66
Zusammenfassung 68

IV. Neurodiversität und Aufmerksamkeit
Serotonin, ein körpereigenes Antidepressivum 69
Oxytocin, Depressionen wegkuscheln 71
Noradrenalin, Rock'n'Roll im Hirn 72
Menschen sind anders und Mäuse auch 74
Neurodiversität statt Neurodegeneration 75
Dem Altern seinen Schrecken nehmen 77
Mit Trisomie 21 an der Universität studieren? 78
Von Rabbis und Nonnen lernen 79
Aussonderung beginnt schon beim Sprechen 81
Empathie für Neurodiversität 83
Bewegungslernen und das 21. Chromosom 84
Acetylcholin im Streifenkörper 86
Emotionen und das 21. Chromosom 88
Kurzzeitgedächtnis und das 21. Chromosom 90
Lernen im Schlaf 92
Im Brennpunkt des Gedankenstroms 94
Feigenbaum-Diagramm: Kalkulation und Hypothese 97
Zusammenfassung 100

V. Aufmerksamkeit und Gedächtnis
Navon-Figuren 101
Gesamtgestalt und Details 104
Würfelpunkt- und Interferenzbilder 107
Abstraktion heißt »Absehen von ...« 111

Der Umfang der Aufmerksamkeit 115
Die magische Vier 116
Den Umfang der Aufmerksamkeit messen 118
Memory und Paare finden 122
Ziffern der Reihe nach aufdecken 125
Objektpermanenz 127
Kausalzusammenhänge durchschauen und erinnern 128
Abstrakte Gedanken schon im Kinderwagen 131
Mäuse- und Ententheater 132
Superzeichen und Abstraktion 136
Zusammenfassung 138

VI. Imitation und Bewegungslernen *Alfred Christoph Röhm*
Jonglieren im kleinen Aufmerksamkeitsfenster 140
Umfang der Aufmerksamkeit beim Hören und Tasten 141
Tiefensensibilität – die Eigenwahrnehmung des Körpers 144
Umfang der Aufmerksamkeit für Tiefensensibilität 146
Body Percussion 147
Gelingende Imitation hängt von der Zahl
der Elementarbewegungen ab 149
Dialogisches Lernen erfordert Kreativität 150
Zusammenfassung 151

VII. Sprechen und Denken *Kim Lena Hurtig-Bohn*
Das Fenster zum Kopf eines Kindes 153
Stirnhirn und Privatsprache 154
Die Entwicklung der Privatsprache in der Kindheit 156
Die Privatsprache in der Pädagogik 158
Die Zone der nächsten Entwicklung 159
Privatsprache und Trisomie 21 160
Privatsprache bei Autismusspektrumstörungen 162
Zusammenfassung 164

VIII. Kognitive Entwicklung und Mathematik *Torben Rieckmann*
Trisomie 21 und Mathematik? 166
Trisomie 21 und Dyskalkulie 167
Bündelung und Superzeichen 169
Die Kraft der Fünf 174
Unterrichtsmaterial bewusst einsetzen 176

Geeignetes Anschauungsmaterial 179
Zusammenfassung 183

IX. Kommunikation und Emotion *Angela Kalmutzke*
Toll, dass ihr ein Kind mit Down-Syndrom habt! 184
Respekt für das Sosein und Zutrauen in die Lernfähigkeit 186
Auf Leben und Tod 188
Spätabtreibung 190
Entscheidung für das Leben 192
Soziale Matrix 193
Verhaltensprobleme von heute,
Persönlichkeitsstörungen von morgen? 197
Selbstwert fördern 201
Zusammenfassung 205

Nachwort 206

Literatur 210

Vorwort

Dieses Buch ist den vielen Personen mit Trisomie 21 und ihren Angehörigen gewidmet, ohne deren Initiative, Mitwirkung und Ermutigung dieses Buch nicht zustande gekommen wäre. Die Unterstützung der HERMANN REEMTSMA STIFTUNG hat uns eine Studie mit repräsentativem Umfang ermöglicht. Inzwischen haben Ergebnisse der Studie bereits zu praktischen Konsequenzen geführt.

Die Geschichte der Menschheit ist voll von Beispielen, in denen man Menschengruppen die Intelligenz absprach. Oft waren äußerliche Merkmale der Grund, wie etwa Armut, Herkunft, Hautfarbe, Geschlecht, Körperproportionen, Sprache, Reaktionsfähigkeit, Geschicklichkeit, Wahrnehmungsfähigkeit usw.

Lange Zeit wurde angenommen, dass eine genetische Disposition wie die Trisomie 21 Vorhersagen über die Entwicklung der Gesamtpersönlichkeit erlaubt. Doch wer hätte jemals gedacht, dass Menschen mit Trisomie 21 (Down-Syndrom) einmal Universitätsabschlüsse erreichen?

Einerseits haben Intelligenztests geholfen, so manches Vorurteil als wissenschaftlich unhaltbar zu entkräften. Andererseits haben sie die spekulative Theorie der angeborenen Intelligenz befördert. Der wichtigste Anker für diese Theorie ist nach wie vor die Trisomie 21. Belege für angeborene Hochbegabungen sind dagegen eher vage und zu Recht sehr umstritten. Der Grund: Wie bei jeder anderen besonderen Fähigkeit, die Menschen entwickeln können, gibt es für Intelligenz mindestens drei Faktoren: körperliches Potenzial, inneren Antrieb und soziale Entfaltungsmöglichkeiten.

Hinter jedem Intelligenzquotienten steht also eigentlich ein Intelligenzprodukt aus angeborenem Potenzial (**A**), intrinsischer Motivation (**I**) und sozialen Spielräumen (**S**). Kurz: **IP = A ·I ·S** (mit $A \geq 1$, $I \geq 1$ und $S \geq 1$).

Wenn man präzise Messergebnisse für jede Variable hätte, wäre die Momentan-Intelligenz (gedacht als Betrag eines dreidimensionalen Vektors) berechenbar. Allzu leicht verführt so ein Rechenergebnis zu Vorhersagen. Diese sind jedoch eine hoffnungslose Überforderung. Da sich die Variablen gegenseitig beeinflussen, wäre der Effekt der gleiche wie bei Computermodellen für Wettervorhersagen:

Bei der Berechnung von Temperatur, Windstärke und Luftdruck kann ein winziger Rechenfehler um ein tausendstel Prozent (ein schwacher Windhauch z. B.) die Vorhersage vollkommen durcheinanderbringen.[1]

Außerdem ist es unmöglich, die genauen Anfangsbedingungen der Entwicklung eines Menschen zu bestimmen. Wie beim Wetter sind kleinste Messfehler unvermeidbar. Deswegen beschränken sich seriöse Wetterprognosen auf drei Tage.

Es gibt jedoch einen Unterschied: Wetter ist ein komplexes System erster Ordnung. Das Wetter schert sich nicht um Vorhersagen. Es regnet z. B. nicht, weil das Wetter einen Meteorologen ärgern will.

Der Mensch ist dagegen ein komplexes System zweiter Ordnung. Solche Systeme reagieren sensibel auf Vorhersagen. Ein Beispiel ist die Wirtschaft: Die Prognose »Den Banken geht das Geld aus!« verwirklicht sich selbst, wenn aufgrund der Prognose alle Bankkunden auf einmal ihr Geld abheben wollen.

Die Prognose eines geringen IQs bremst die Intelligenzentwicklung aus, weil sie soziale Möglichkeiten versperrt. Viele Eltern von Kindern mit einer Trisomie 21 haben das längst erkannt und fördern ihre Kinder mit all ihren Kräften. Doch für die Erziehung eines Kindes brauchen selbst die besten Eltern der Welt mindestens ein ganzes Dorf. Für diese öffentliche Unterstützung möchte dieses Buch werben und dafür pädagogische Ideen entwickeln.

Hamburg, im Dezember 2015
André Frank Zimpel

---

[1] Briggs, J. & Peat, D. (1993): Die Entdeckung des Chaos. München, 96; Coveney, P. & Highfield, R. (1994): Anti-Chaos. Der Pfeil der Zeit in der Selbstorganisation des Lebens. Reinbek, 273; Peitgen, H. O., Jürgens, H. & Saupe, D. (1998): Bausteine des Chaos. Fraktale. Reinbek, 54.

I. Gene und Gesellschaft

Eine kognitive Revolution im Stillen

In den letzten Jahrzehnten fand eine kognitive Revolution statt, die von den meisten Menschen verschlafen wurde: Die ersten Persönlichkeiten mit einer Trisomie 21 fassten auf dem Arbeitsmarkt Fuß, und einige von ihnen haben sogar Universitätsabschlüsse.

Was bedeuten Buchstaben und Algebra für die geistige Entwicklung von Menschen mit Trisomie 21? Als ich diese Forschungsfrage erstmalig präsentierte, war die Resonanz nicht nur positiv:

> »Die Downies sind doch unser geringstes Problem bei der Inklusion. Die sind pflegeleicht und laufen einfach so mit, wenn man ihnen eine Beschäftigung gibt. Wir brauchen Forschung, die uns bei verhaltensoriginellen oder schwerstbehinderten Kindern hilft. Die sind das eigentliche Problem!«

Auch innerhalb der Universität und bei Anträgen auf Drittmittel für die Forschung wurde immer wieder gefragt: »Lohnt sich Forschung für eine so kleine Minderheit überhaupt? Die Forschung, die wir fördern, soll vielen zugutekommen und nachhaltig sein.«

Was ist unter Nachhaltigkeit zu verstehen? Dem Duden zufolge bezeichnet der aus der Forstwissenschaft stammende Begriff »Nachhaltigkeit« eine Wirkung, die längere Zeit anhält.

Aber gibt es nicht viele lang anhaltende Wirkungen, die man kaum als nachhaltig bezeichnen würde? Beispiele: die Auswirkungen eines schwerwiegenden Unfalls oder einer langwierigen Erkrankung infolge einer Infektion.

Betrachten wir also eine andere Definition. Sie klingt im ersten Moment wie ein Kontrapunkt zum Duden: »[...] Nachhaltigkeit bedeutet nichts anderes, als keine Handlungen zu vollziehen, deren Folgen nicht mehr zurückgenommen werden können.«[1] Diese Definition findet man auf der Internetseite des Kompetenzzentrums für Nachhaltigkeit der Uni Hamburg.

Als Erklärung dieser Definition drängt sich mir eine Erzählung auf. Sie stammt von Stanislaw Lem (1921-2006), dem Lieblings-Science-Fiction-Autor meiner Kindheit: Ein Raumfahrer landet auf einem Wüstenplaneten, wo auf einmal alles unter Wasser steht. Ein Ingenieurs-Team hatte eine Methode entwickelt, Wasser synthetisch zu erzeugen, und so den ganzen ehemaligen Wüstenplanet in eine blühende Gartenlandschaft verwandelt. Der Duden-Definition zufolge ist das eine nachhaltige Wohltat, vergleichbar mit Aufforstung auf unserem Planeten.

Das Problem war nun, dass niemand diese Wohltäter mehr brauchte – also entwickelten sie sich zu einer Wohltätermafia. Sie verbreiteten die Ideologie, das ständige Waten im Wasser sei gesundheitsfördernd. Wer widersprach, landete im Gefängnis. So durften sie weiter bewässern – bis dem Volk auf diesem Planeten sprichwörtlich das Wasser bis zum Halse stand.[2]

Wirklich nachhaltig wäre es gewesen, wenn man diese Wohltätermafia rechtzeitig gebremst hätte. Aber dem Planeten fehlte eben ein Kompetenzzentrum für Nachhaltigkeit, wie wir es an der Uni Hamburg haben.

Gut gemeint

Ist eine solche »Wohltätermafia« nur Science-Fiction? Nein, die menschliche Geschichte ist voll von Glücksversprechen für die Menschheit, die in Wirklichkeit nur dazu da waren, eine Wohltätermafia mit mächtigen Posten zu versorgen und deren Kassen zu füllen.

Besonders dramatisch ist es, wenn sich die Akteure dessen nicht einmal bewusst sind, wenn sie es eigentlich gut meinen. Ein historisches Beispiel dafür ist die Medizin des 19. Jahrhunderts. Vor der Einführung strenger hygienischer Maßnahmen in Kliniken war es unüblich zu desinfizieren. Das galt sowohl für medizinische Instrumente als auch das medizinische Personal selbst.

Mit dem Nachweis von Viren und Bakterien mussten sich die »Götter in Weiß« eingestehen, dass dieselben Hände, die heilen wollten, auf dem Weg von der Pathologie in den Operationssaal Krankheiten verbreitet hatten.

Diese Erkenntnis war sicher eine schwere Erschütterung des Selbstverständnisses einer ganzen Berufsgruppe, die sich selbst als »Götter in Weiß« stili-

---

1   Lenzen, D. (2011): Auf dem Weg zu einer »University for a Sustainable Future« – Zukunftsfähigkeit in Forschung, Lehre, Bildung und Hochschulsteuerung. https://www.nachhaltige.uni-hamburg.de/kompetenzzentrum.html, letzter Aufruf am 14.07.2015.
2   Lem, S. (1978): Sterntagebücher. Frankfurt/M., 115.

sierte. Aber auch die selektierende Sonderpädagogik und die humangenetische Beratung des 20. Jahrhunderts stehen seit einiger Zeit als Wohltätermafia unter Verdacht.[3]

Beispiel: Der Unterricht im Lippenlesen war als Wohltat für gehörlose Kinder gedacht. Um ihre Kommunikation mit Gebärden zu unterbinden, zwang man sie, sich während des Unterrichts auf ihre Hände zu setzen.

Aber nur weniger als ein Fünftel aller Laute lässt sich überhaupt treffsicher am Mundbild erkennen. Gesprochenes ist für Gehörlose wie ein Lückentext, den sie gedanklich ergänzen müssen. Deshalb verbrauchten gehörlose Kinder einen großen Teil ihrer kognitiven Energie allein für das Lippenlesen. Das Gegenteil von gut ist eben nicht immer böse, sondern manchmal auch: gut gemeint.

Bei anderen Menschen entstand dadurch der fälschliche Eindruck, Gehörlose seien »schwachsinnig«. Zusätzlich nährte man mit diesem Vorurteil ein weiteres: Lernschwierigkeiten kämen allein durch Sinnes-Schwächen in die Welt. Schnarrend – wie eine verrostete Gitarrensaite – schwingt dieses Vorurteil in vielen veralteten Worten mit: »Irrsinn«, »Schwachsinn«, »Wahnsinn«, »von Sinnen« usw.[4]

Heute weiß man, dass die Gebärdensprache der gesprochenen Sprache ebenbürtig ist. Bei Gehörlosigkeit ermöglicht die Gebärdensprache nicht nur das mühelose Verstehen, sondern fördert zusätzlich die kognitive Entwicklung. Das zeigt sich bei vielen virtuos gebärdenden Personen insbesondere in der Überlegenheit im räumlichen Denken.[5]

Wie verhält es sich mit dem zweiten Beispiel, der humangenetischen Beratung beim ungeborenen Kind mit einer Trisomie 21?

Geistig behindert schon vor der Geburt?

Personen mit Trisomie 21, dem Down-Syndrom, haben es heute mit ähnlichen Vorurteilen zu tun wie damals Menschen, die unter den Bedingungen einer Gehörlosigkeit lebten. Aufgrund von 47 statt 46 Chromosomen in jeder Zelle erhalten sie schon vor der Geburt die Diagnose: geistig behindert. Die humangenetische Beratung bereitet Eltern darauf vor. In unserer vom Intelligenzkult

---

3 Sierck, U. & Radtke, N. (1989): Die Wohltäter-Mafia. Vom Erbgesundheitsgericht zur Humangenetischen Beratung. 5. Aufl., Frankfurt/M.
4 Zimpel, A. F. (2014a): Einander helfen: Der Weg zur inklusiven Lernkultur. 2. Aufl., Göttingen, 91.
5 Sacks, O. (1992): Stumme Stimmen. Reise in die Welt der Gehörlosen. Reinbek, 11.

bestimmten Wissensgesellschaft ist das nicht selten ein Todesurteil (siehe auch: Angst vor geringem IQ, 23 f.).

Erblicken die Kinder trotz dieser widrigen Umstände das Licht der Welt, müssen sie sich mit vielen Vorurteilen herumschlagen. Einige dieser Vorurteile haben ein großes Potenzial für sich selbst erfüllende Prophezeiungen (siehe auch: Vorwort, 9 f.).

Beispiel: Die Geistigbehindertenpädagogik glaubte, mit Kleinschrittigkeit und Anschaulichkeit Lernschwierigkeiten ausgleichen und ihnen vorbeugen zu können. Das galt als alternativlos, bis Frauen und Männer mit diesem Syndrom plötzlich Universitätsabschlüsse erwarben und promovierten, zumindest in Japan, Spanien, Italien, Israel und den USA.

Aus der Sicht der Erziehungswissenschaft ist das eine Sensation: Als wir Pablo Pineda, einen Lehrer mit Universitätsabschluss und Down-Syndrom, als Redner zu einem Kongress eingeladen hatten, drängten sich statt der erwarteten 400 Personen mehr als 800 in den Hörsaal.

In den letzten fünf Jahren habe ich gemeinsam mit wissenschaftlichen Mitarbeiterinnen und Mitarbeitern sowie Studierenden 1.294 Personen mit Trisomie 21 untersucht. Ergebnis: Menschen mit Trisomie 21 profitieren von abstrakter Bildung stärker als neurotypische Personen. Schon Zweijährige mit dem Syndrom lernen zuerst lesen und dann erst die Lautsprache – und sie verstehen Algebra besser als Arithmetik.

Der zwölfte Welt-Down-Syndrom-Kongress fand vom 18.–21. August 2015 in Chennai statt. Ausgerechnet in Indien! In diesem Land hat man den abstraktesten Begriff erfunden, den die Menschheit kennt und der von hohem praktischem Nutzen ist: die Null.

Die Hamburger Universität war mit fünf Delegierten vertreten. Unter den 540 Delegierten aus 41 Ländern waren 77 Personen mit Trisomie 21. Mit vielen von ihnen kamen wir ins Gespräch. Darüber hinaus gab es vielfältige Gelegenheiten für einen Erfahrungsaustausch mit Eltern und Persönlichkeiten der Forschung zum Fachgebiet Trisomie 21. Die Ergebnisse der von mir geleiteten fünfjährigen Trisomie-21-Studie wurden begeistert aufgenommen und von den Delegierten verschiedener Länder intensiv diskutiert.

Indien war deshalb die ideale Kulisse für diesen Kongress, weil in diesem Land circa zwei Millionen Menschen mit Trisomie 21 leben. Pränatal-Diagnostik ist in Indien eher die Ausnahme. Trotz großer Armut und hoher Kriminalität gibt es auch hier Hotels, die wie das Hamburger *Stadthaushotel* inklusive Arbeitsplätze schaffen.

Ein hervorragendes Beispiel in Chennai ist das Hotel *Lemon Tree*. Die Begeisterung der Belegschaft, die zu circa zehn Prozent aus Personen mit einer Trisomie 21 besteht, hat uns überzeugt. Das Hotelprojekt plant, den Anteil dieser Personengruppe auf 45 Prozent zu erhöhen. Das traf bei allen Delegierten auf großen Beifall.

Dreimal Nummer 21

Rückblick: Heute ist Welttag der Poesie – und seit 2006 auch Welt-Down-Syndrom-Tag. Der 21.3. (gelesen als 3 mal 21) spielt auf das dreifach vorhandene Chromosom 21 bei manchen Menschen an. Diese Mutation verursacht das Down-Syndrom, kurz: die Trisomie 21.

In diesem Jahr hat mich eine Elterninitiative nach Berlin eingeladen. Ich soll über meine neuropsychologischen Forschungsergebnisse berichten. Sie stammen aus Untersuchungen mit circa 2.000 Personen, darunter mehr als 1.200 Personen mit einer Trisomie 21. Die jüngste davon war fünf Monate alt, die älteste 73 Jahre.

Nun bin ich gerade auf dem Weg zum Vortragsort. Das Gewirr von Graffitis, Kreidebotschaften und übereinander geklebten, halb abgerissenen Plakaten an Häuserwänden, Mauern und S-Bahn-Brücken lädt zum kurzweiligen Lesen ein. Ein fast verblichener Schriftzug fragt:

»7 Milliarden Menschen, wer ist zu viel?«

Dieser anonym verfasste Spruch soll sicherlich darauf hinweisen, dass jede Antwort auf diese Frage eine Anmaßung ist. Die Geburtenkontrolle schreckt das nicht. Eine ihrer Antworten lautet: Menschen mit 47 Chromosomen! Hätte sonst unser Bundesforschungsministerium 224.000 Euro in die Entwicklung eines Trisomie-21-Bluttests investiert?

Sah das Bundesministerium für Bildung und Forschung (BMBF) unter Leitung von Annette Schavan (zu diesem Zeitpunkt noch mit Doktortitel) in der Geburt eines Menschen mit Trisomie 21 einen »vermeidbaren Schaden«? Wie auch immer: Anders als in der Wissenschaft besteht die Aufgabe der Tagespolitik darin, Initiativen zu fördern, die mehrheitsfähig sind. Sonst könnte man in der Demokratie keine Wahl gewinnen.

Die Aufgabe der Wissenschaft liegt dagegen in der Aufklärung über Tatsachen. Das ist ein mühsames Unterfangen – auf lange Sicht aber der erfolgversprechendste Weg, das Wahlverhalten nachhaltig zu beeinflussen.

Hat sich unsere Gesellschaft entschieden?

Zur Markteinführung 2012 warb die Konstanzer Firma *Lifecodexx* damit, dass eine Trisomie bei Ungeborenen bereits im Mutterleib mit einer Trefferquote von 99 Prozent nachzuweisen ist. Kosten: zwischen 595 und 825 Euro für einen Bluttest: Gemeint ist kein Testverfahren, das die Vertuschung von Dopingfällen in der Leichtathletik aufdecken will, sondern ein Zählverfahren, das aus einer Blutprobe Erbgut entnimmt. Beträgt der Anteil kindlicher Chromosomenschnipsel mindestens vier Prozent, kann aus der erhöhten Anzahl eines Chromosoms auf eine Trisomie beim ungeborenen Kind geschlossen werden.

Die häufigste Trisomie ist die fetale Trisomie 21, das Down-Syndrom. Seltenere Formen sind: Trisomie 18, Trisomie 13, das Triple-X-Syndrom, das XYY-Syndrom sowie das Klinefelter-Syndrom (zusätzliches X-Chromosom). Auch das Turner-Syndrom mit nur einem funktionsfähigen X-Chromosom in den Körperzellen wird auf diesem Wege diagnostiziert.

	richtig positiv	fälschlich positiv
Trisomie 21	99,2	0,09
Trisomie 18	96,3	0,13
Trisomie 13	91,0	0,13
Monosomie X	90,3	0,23
47, XXY	93,0	0,14
Zwillinge mit Trisomie 21	93,7	0,23

Die Firma *Lifecodexx* informierte auf ihrer Website:

>»Kommt ein bestimmtes Chromosom in den Zellen des Kindes dreimal statt – wie üblich – zweimal vor, so nennt man das ›Trisomie‹. Nur sehr wenige solcher Trisomien, die die Autosomen betreffen, sind mit dem Leben vereinbar. Die häufigste und bekannteste ist die Trisomie 21, bei der das Chromosom 21 beim Kind dreimal statt zweimal vorliegt. Die Trisomie 21 ist typisch für das Down-Syndrom.«[6]

Die Aufklärung ist sachlich. Den Vorwurf, dass der Test gegen die Rechte von Menschen mit Behinderungen verstoße, weist *Lifecodexx* zurück:

---

6   lifecodexx.com/trisomie.html, letzter Aufruf am 10.02.2013.

»Unsere Gesellschaft hat sich entschieden, diese Tests zuzulassen. Jetzt den schnelleren Zugang zu kritisieren, ist fadenscheinig [...]. Wenn diese Frauen alle invasiv untersucht würden, bestünde für sie das unnötige Risiko einer Fehlgeburt.«[7]

Unsere Gesellschaft hat sich entschieden. Wirklich? Wer Menschen mit Trisomie 21 kennt – aus der Familie, dem Freundeskreis, Kindergarten, Schule oder Arbeit – und schätzen gelernt hat, kann das kaum glauben. Wofür genau sollen wir uns entschieden haben?

Downs Erbe

Der britische Apotheker und Neurologe Dr. John Langdon Haydon Down war ein Aufklärer im Dienste der Wissenschaft. Er war als Humanist Kritiker des kolonialistischen Rassismus. Damit war er seiner Zeit voraus. Aus heutiger Sicht klingen seine Ansichten aus dem Jahre 1866 beunruhigend grotesk:

Er beschreibt »weiße Neger«, Menschen vom malaiischen Typ (mit weichem, schwarzem, lockigem Haar, vorstehenden Oberkiefern und großen Mündern) sowie Menschen, die »typische Mongolen« seien, in der Londoner Zeitschrift *Clinical Lectures and Reports*.[8] Er glaubte, man erkenne die Einheit der menschlichen Rasse an anatomischen Merkmalen von Kindern, die bei ihren Eltern nicht zu finden seien.[9]

Downs Spekulationen beziehen sich auf äußerliche Merkmale. Die eher mandelförmige Augenform aufgrund der geschrägten Lidachsen, die flache Nasenwurzel und die kleine sichelförmige Hautfalte an den inneren Augenwinkeln, die typisch für Menschen mit einer Trisomie 21 sind, mögen dazu beigetragen haben.

Auch heute noch ist es gängige Praxis, Menschen nach äußeren Merkmalen zu klassifizieren, z. B. nach Hautfarbe. So ordnet man immer noch eine schwarze, weiße, gelbe oder rote Färbung der Haut verschiedenen Teilen der Erde zu. Was aber sagt die moderne Wissenschaft dazu?

In den Jahren 2001–2005 untersuchte der Humangenetiker Noah Rosenberg an der University of Southern California in Los Angeles 1.056 Personen

---

7   Streckenbach, K: Trisomie-Bluttest: Stark kritisiert, tausendfach genutzt. In: www.spiegel.de/, 14.03.2014, letzter Aufruf am 04.04.2015.
8   Down, J. L. H. (1866): Observations on an Ethnic Classification of Idiots. In: London Hospital Reports 3, 259–262.
9   Ebd., 260–261.

aus 52 Populationen aus fünf geografischen Regionen: Afrika, Eurasien, Ostasien, Ozeanien und Amerika.

Rosenberg analysierte mit seinem Team im menschlichen Genom 377 nicht codierende, aber hoch variable DNA-Abschnitte. Statistisch konnte er tatsächlich fünf genetische Gruppen mit unterschiedlicher geografischer Herkunft identifizieren. Die genetische Variabilität zwischen den Populationen beträgt allerdings nur circa fünf Prozent. Dagegen treten 95 Prozent aller genetischen Unterschiede zwischen Personen der gleichen Population auf.[10]

Das bedeutet: Menschen innerhalb einer ethnischen Gruppe unterscheiden sich genetisch untereinander stärker als die Populationen. Deshalb hat das Wort »Rasse« höchstens bei Haustieren noch eine Bedeutung, auf keinen Fall jedoch bei Menschen!

Dennoch werden bei Menschen die Hautfarbe, Augenform und andere körperliche Merkmale immer wieder herangezogen, um vermeintliche Unterschiede zwischen Individuen zu betonen. So auch zu Lebzeiten Downs.

Er schuf mit seiner Typologie *Mongolian type of idiocy*[11] die Ursache für den Verwirrung stiftenden Begriff »Mongolismus«. Erst 1965 wurde einem Antrag der Mongolei an die WHO stattgegeben, den Begriff »Mongolismus« aufgrund seiner rassistischen Bedeutung nicht mehr zu verwenden.

47 statt 46 Chromosomen

Die Erkenntnis, dass Menschen, bei denen eine Trisomie 21 (Down-Syndrom) diagnostiziert wurde, 47 statt 46 Chromosomen haben, stammt aus dem Jahre 1959. Sie geht auf den französischen Pädiater Jérôme Lejeune (1926–1994) zurück. Die Verdreifachung eines Chromosoms (Trisomie) beim Down-Syndrom ist im Labor nachweisbar.[12]

Inzwischen ist bekannt, dass es sich bei dem dreifach vorhandenen Chromosom um das 21. Chromosom (HSA21) handelt. Dieses Chromosom enthält eine Gruppe von Genen, die als Verursacher des Down-Syndroms (DSCR – Down Syndrome Critical Region) angesehen werden.

---

10 Rosenberg, N. A. et al. (2002): Genetic Structure of Human Populations. In: Science 298/5602, 2381–2385.
11 Down (1866), 261.
12 Lejeune, J., Gautier, M. & Turpin, R. (1959): Study of somatic chromosomes from 9 mongoloid children. In: Comptes Rendus Hebdomadaires des Séances de l'Académie des Sciences 248, 1721–1722.

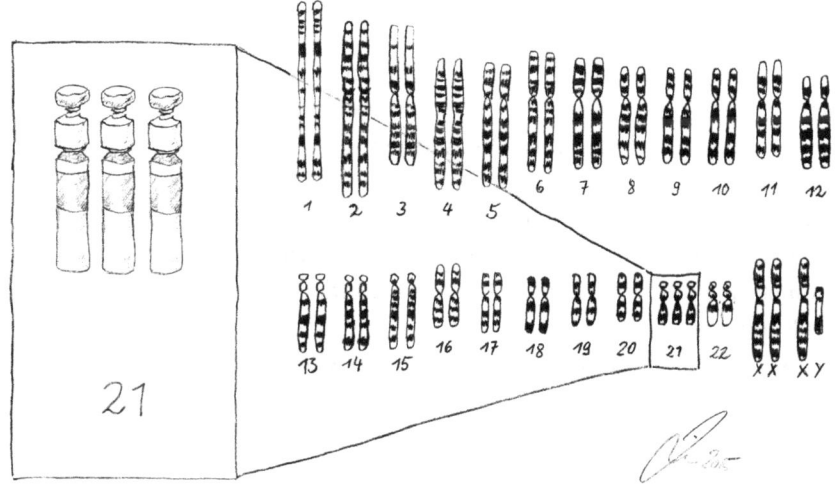

Chromosomen – oft als X-Symbol gezeichnet – sind Träger der Gene. Chromosomen befinden sich in den Zellkernen aller Pilze, Pflanzen und Tiere. Die berühmte X-Form weisen Chromosomen allerdings nur während der Zellkernteilung (Mitose) auf.

Die »Mutterzelle« gibt bei dieser Teilung die gleiche Anzahl an Chromosomen an ihre beiden »Tochterzellkerne« weiter. Diese Verdopplung durchläuft verschiedene Phasen.

Das überschüssige Chromosom stammt in über 90 Prozent der Fälle von der Mutter. Mit zunehmendem Alter der Mutter wächst die Wahrscheinlichkeit, dass die Meiose nicht fehlerfrei abläuft. Bei Unregelmäßigkeiten (Genommutationen) während der Zellteilung kann sich die Zahl einzelner Chromosomen erhöhen oder reduzieren.

Enthalten alle Zellkerne in einem Organismus das 21. Chromosom dreimal, liegt eine freie Trisomie 21 vor. Mehr als 90 Prozent der Personen, bei denen das Down-Syndrom diagnostiziert wurde, sind davon betroffen.

Seltener sind:
- die Mosaikform der Trisomie 21, hier ist nur in einem Teil der Körperzellen das Chromosom 21 dreifach vorhanden
- die Translokationsform der Trisomie 21, hier hat sich eines der beiden Chromosomen Nummer 21 an ein anderes Chromosom geheftet
- die partielle Trisomie 21, hier sind Genabschnitte eines der beiden Chromosomen Nummer 21 verlängert

Mutationen

Jede und jeder von uns trägt Gene in sich, die wir von unseren Eltern geerbt haben, und diese wiederum von ihren Eltern. Wir haben also alle ein Archiv unserer Vorgeschichte in uns. Die Information wird fast identisch von einer Generation an die nächste weitergegeben.

Könnte man aus dem Genom in sämtlichen Zellen eines menschlichen Körpers eine Kette bilden und straffziehen, entstünde ein Strang von 12 Milliarden Kilometern. Zum Vergleich: Die Entfernung Erde – Neptun beträgt 4,5 Milliarden Kilometer.

Aber im Zuge der millionenfachen Verdoppelungen, die jede Sekunde stattfinden, passieren Fehler. Werden sie vom Organismus nicht korrigiert, nisten sie sich in den Erbanlagen ein. Das Genom verändert sich. Und diese Mutation kann an die nächste Generation vererbt werden.

Von den 284 Genen auf dem Chromosom 21 (davon sind 59 unwirksam)[13] ist bei mehr als zehn Genen bekannt, dass sie monogene Erkrankungen wie z. B. ALS (Amyotrophe Lateralsklerose), Epilepsie und Leukämie, verursachen können.

Manche Mutationen haben Auswirkungen auf die Gesundheit, andere dagegen nicht. Bestehen Auswirkungen, spricht man auch von genetischer Prädisposition. Diese Prädisposition entscheidet beispielsweise darüber, ob man als Kettenraucher früh an Lungenkrebs stirbt oder eben nicht. Hier spielen Enzyme eine wichtige Rolle, da sie unter anderem Schadstoffe abbauen.

Eine Mutation ist also ein winziger Kopierfehler, der sich ins Innere unserer Zellen einschleicht – und zwar in dem Augenblick, in dem die in der DNA enthaltene Erbinformation kopiert wird. Aber ohne diesen fehleranfälligen Mechanismus wäre es nicht möglich, die genetische Information von einer Zelle an eine andere weiterzugeben.

Eine Genom-Mutation zeigt sich in der verminderten oder erhöhten Anzahl der Chromosomen. Letzteres ist bei der freien Trisomie 21 der Fall. Chromosomenmutationen äußern sich dagegen in Veränderungen der Chromosomenstruktur. Das trifft beispielsweise auf die Translokationsform der Trisomie 21 zu.

Genmutationen bezeichnen lichtmikroskopisch nicht erkennbare Veränderungen. Für einen Organismus können sie sowohl vorteilhaft als auch nachteilig sein. Im letzteren Falle spricht man von einem Gendefekt.

---

13 Hattori, M. et al. (2000): The DNA sequence of human chromosome 21. In: Nature 405/6784, 311–319.

Unregelmäßigkeiten bei der Zellteilung ermöglichen evolutionäre Entwicklung.[14] Ohne diese Variabilität unserer Gene hätten unsere evolutionären Vorfahren sicherlich noch nicht einmal die Entwicklungsstufe von Plattwürmern erreicht.

Carina Kühne (eine junge Frau, die unter den Bedingungen einer Trisomie 21 lebt) bringt das in ihrem Artikel *Das nennt man Evolution* auf den Punkt: »Manche Fehler können korrigiert werden, einige können tödlich enden, und aus manchen Fehlern entsteht etwas Neues.«[15]

Übrigens: Darwin hat dafür Tausende von Seiten gebraucht![16] Das, was ich von Menschen mit Down-Syndrom immer wieder lerne, ist: mit möglichst wenigen Worten möglichst viel zu sagen.

Eugenik, Zwangssterilisation und Euthanasie

»Ich habe das Down-Syndrom. Ich habe geheiratet, und aus meiner dritten Schwangerschaft wurde meine Tochter Urska gesund und hübsch geboren. Ich bin stolz auf meinen Mann und meine Tochter«[17], berichtete die Slowenin Mojca Renko (*1963) auf dem 6. Down-Syndrom-Welt-Kongress in Madrid im Jahre 1997.

Bei einer Frau mit einer freien Trisomie 21 enthält ungefähr die Hälfte aller Eizellen ein überzähliges Chromosom 21. Werden diese von einem Mann mit 46 Chromosomen befruchtet, gibt es eine rein rechnerische Wahrscheinlichkeit, ein Kind mit einer Trisomie 21 zu bekommen. Sie liegt bei circa 50 Prozent.

Sollte Letzteres der Fall sein, handelt es sich jedoch mit hoher Wahrscheinlichkeit (bei 80 von 100 Fällen) um eine Fehlgeburt.[18] Die Wahrscheinlichkeit, dass Männer mit einer Trisomie 21 ein Kind zeugen, das ebenfalls eine Trisomie 21 aufweist, schätzt man noch viel geringer ein.[19]

Seit dem britischen Naturforscher Francis Galton (1822-1911), einem Cousin Darwins, träumen Rassenideologen von der Möglichkeit der »rassischen Ver-

---

14 Carvunis, A. R. et al. (2012): Proto-Genes and de Novo Gene Birth. In: Nature 487.7407, 370–374.
15 Kühne, C. (2009): Das nennt man Evolution. In: Ohrenkuss ... darein, daraus 23 – Paradies.
16 Darwin, C. (2006): Gesammelte Werke. Frankfurt/M.
17 Renko, M. & Brezigar, A. M. (1998): Die Geschichte meines Lebens. In: Leben mit Down-Syndrom 27, 8–9.
18 Selikowitz, M. (1992): Down-Syndrom. Krankheitsbild – Ursache – Behandlung. Heidelberg, 155.
19 Sheridan, R. et al. (1989): Fertility in a male with trisomy 21. In: Journal of Medical Genetics 26/5, 294–298.

besserung« durch Erhöhung der Produktivität des besten Erbgutes und Unterdrückung der Produktion des schlechtesten.[20]

Auf Galton geht der Begriff Eugenik (εύγενής – griech. *eu* für »gut« und *genos* für »Geschlecht«) zurück. Schon vor der Weimarer Republik griffen in Deutschland völkische Propagandisten die Eugenik dankbar zur Aufwertung ihrer pseudowissenschaftlichen Züchtungsideen auf.

Den traurigen Höhepunkt erreichte diese Entwicklung mit dem scheinbar harmlos klingenden Wort »Euthanasie« (εύθανασία, griech. *thánatos:* für »Tod«). Hinter diesem Begriff verbarg sich die nationalsozialistische »Rassenhygiene«. Sie führte zur Ermordung von Kindern in Krankenhäusern in so genannten »Kinderfachabteilungen«, zur Ermordung von Menschen in Psychiatrien und zum Mord an Personen in Tötungsanstalten. In Letztere wurden Menschen eingewiesen, die aufgrund einer Beeinträchtigung als »lebensunwertes Leben« diffamiert wurden. Neben der Ermordung von KZ-Häftlingen und Personen, die als »lebensunwertes Leben« abgewertet wurden, sind auch Zwangssterilisierungen charakteristische Maßnahmen der »Rassenhygiene«.

»Der hat alle Leute umgebracht!«, sagt die 67-jährige Gisela Großer über Hitler. Sie zählt zu den wenigen Überlebenden in Deutschland mit einer Trisomie 21. Geboren wurde sie 1942 im oberschwäbischen Riedlingen.[21] Wie Gisela Großer dem systematischen Vernichtungswahnsinn des Dritten Reichs entkommen konnte, weiß keiner so genau. Der Arzt im Riedlinger Krankenhaus habe sie geschützt, glaubt ihr Bruder.[22]

Ging man zu Zeiten Langdon Downs noch von einer Lebenserwartung von circa zehn Jahren für Menschen mit einer Trisomie 21 aus, schätzt man sie heute auf circa 60 Jahre. Der älteste Teilnehmer an unserer Studie war 73 Jahre alt und erfreute sich einer guten Gesundheit.

---

20 Galton, F. (1909): Essays in Eugenics. London, 24.
21 3sat (2015): Besonders normal. Überlebt – den Nationalsozialisten entkommen. Gesendet am 08.05.2015 um 11.30.
22 Keck, C. (2015): Die Frau, die es nicht geben dürfte. In: Badische Zeitung vom 17.02.2010. www.badische-zeitung.de/panorama/die-frau-die-es-nicht-geben-duerfte--27099995.html, letzter Aufruf am 22.07.2015.

Angst vor geringem IQ

Wo liegt das Problem heute? Eine Hebamme aus Nürnberg, Katharina Rost, formuliert es so:

> »Früher war man während der Schwangerschaft in ›guter Hoffnung‹. Heute ist die Schwangerschaft sehr risikoorientiert. Man guckt nur darauf, was könnte passieren. […] 70 % der Schwangeren werden als Risikoschwangerschaft eingestuft. […] Ich forsche seit einigen Jahren zur Pränataldiagnostik, und das Interessante im Vergleich ist eben, dass Eltern, die in der Schwangerschaft durch Pränataldiagnostik die Prognose bekommen, dass das Kind eine Behinderung, ein Down-Syndrom oder andere Behinderungen hat, dass da die allermeisten sich entscheiden, die Schwangerschaft abzubrechen. Das sind beim Down-Syndrom 94 Prozent. Und wenn man sich die Zahlen anschaut bei extremen Frühgeburten, dann entscheiden sich um die 90 Prozent für Maximaltherapie, also für das Kind.«[23]

Im anschließenden Gespräch mit dem Wissenschaftsjournalisten Ranga Yogeshwar bestätigt der leitende Oberarzt für Kinderheilkunde, Dr. Stephan Seeliger aus Göttingen:

> »Ich rede mit den Eltern vorher. […] Am Ende muss man sagen, das Entscheidende ist der geringe IQ. Das heißt also, die Behinderung, die womöglich aus der Frühgeburtlichkeit resultiert und unter der 28. Schwangerschaftswoche […] fast 50 Prozent [betrifft, d. A.].«[24]

Wieso bedeutet die Erwartung einer »geistigen Behinderung« für Menschen mit 47 Chromosomen oft den Tod – und das schon vor der Geburt? Wir brauchen viel mehr Begegnung und Aufklärung, um Frauen in der 12. Schwangerschaftswoche mit ihrer Verantwortung nicht allein zu lassen.

Eltern und Fachleute gründeten am 23. November 1958 in Marburg die »Lebenshilfe für das geistig behinderte Kind e. V.«. Der Begriff »geistige Behinderung« verdrängte unter anderem den Begriff »Oligophrenie«, der einen auf erblicher Grundlage beruhenden oder im frühen Kindesalter erworbenen Intelligenzdefekt bezeichnet.

---

23 Knopf, I. (2010): Leben oder sterben lassen? Die Grenzen der Hightech-Medizin. In: WDR, Quarks & Co, 25. 05. 2010, 21.00–21.45 Uhr, www.wdr.de/tv/applications/fernsehen/wissen/quarks/pdf/Q_Medizin.pdf, letzter Aufruf am 26.08.2015.
24 Ebd.

In medizinischer Literatur oder in ärztlichen Gutachten findet diese Bezeichnung jedoch auch heute noch Verwendung. Die griechischen Wörter *oligos* (ολιγος), deutsch »wenig, gering, schwach«, und *frenos* (φρενος), deutsch »Zwerchfell, Geist, Verstand«, ergeben als Zusammensetzung »Oligophrenia«. Die Verortung des Geistes in das Zwerchfell, den Ort des Lachens, stammt aus der Antike. Kein Wunder also, dass der Begriff »Oligophrenie« heute als nicht mehr zeitgemäß und diskriminierend empfunden wird. Ähnliches gilt auch für Begriffe wie »geistige Retardierung«, »Schwachsinn« usw.

Neurodiversität, z. B. in Form von Aufmerksamkeitsbesonderheiten, führt beim Lernen im Gleichschritt zwangsläufig zu Lernschwierigkeiten. Dies gilt im gleichen Maße für Menschen, die unter den Bedingungen von Autismus leben, wie für Menschen, bei denen man eine Trisomie 21 diagnostiziert hat.

Genetik und Epigenetik

Es gibt keine exklusiven Gene für das Menschsein. Menschen mit Trisomie 21 sind Persönlichkeiten wie du und ich, deren Identität nicht allein von ein paar Genen abhängt. Ignoriert man jedoch die Gene, wird man ihrer besonderen Lebensleistung nicht gerecht.

Der genetische Code besteht bei Menschen mit einer Trisomie 21 aus denselben Bausteinen wie bei allen anderen Menschen. Diese Bausteine sind Nukleotide (Moleküle mit jeweils einem Bestandteil aus Phosphat, Zucker und Basen). Davon enthält das Chromosom 21 mindestens 33.546.361.[25] Von diesen Bausteinen gibt es im genetischen Code vier verschiedene: Adenin (A), Guanin (G), Cytosin (C) und Thymin (T). (Letzteres gilt nur für den passiven Träger der Gene, die DNA. In der informationsübertragenden RNA ersetzt Uracil das Thymin.)

Codons, Bündel von drei Nukleotiden (AAA, AAC ... TTT), codieren jeweils eine der zwanzig (kanonischen) Aminosäuren (Lysin, Asparagin, Phenylalanin, Tryptophan, Tyrosin, Arginin, Glutamin, Glutaminsäure usw.). Es gibt also 4^3 (= 64) Codons (Dreierbündel).

Manche der 64 Bündel von drei Nukleotiden codieren gleiche Aminosäuren. Beispiel: Sowohl CGU als auch AGA codieren Arginin. Informationstheoretisch ist das vergleichbar mit verschiedenen Telefonnummern für den gleichen Empfänger. Beispiel: die Notrufnummern 112 und 911. Beide alarmieren

---

25 Hattori (2000), 31–319.

in Europa kostenfrei dieselben professionellen Hilfssysteme (Polizei, Rettungsdienste und Feuerwehren).

Man vergleicht den genetischen Code auch gern mit einem geschriebenen Text, der nicht auf die Anzahl seiner Bausteine, die Buchstaben, reduzierbar ist. Gleiche Buchstabenkombinationen bedeuten je nach Kontext Verschiedenes: »Kiefer« (Schmerz im Kiefer, Kiefer im Wald), »Rentier« (Rentier im Zoo, Rentier in seinem Eigenheim) usw. Auch Gene wirken je nach Ort und Zeitpunkt in den Zellen unterschiedlich.

Mit »Allel« von αλλήλων (*allélon* griechisch für »gegenseitig«) bezeichnet man Gene mit derselben Position auf einem Chromosom, aber unterschiedlicher Wirkung. Beispielsweise können Allele Farb- und Formunterschiede bewirken.

Wie Kinder Veränderungen der Genaktivität von ihren Eltern erben, erforscht die Epigenetik. Zellkerne können bei bestimmten Umwelteinflüssen die Genexpression ein- und ausschalten, indem sie kleine chemische Gruppen anheften oder ablösen. Das ist so, als würde man in einem gedruckten Text mit handschriftlich hinzugefügten Streichungen, Hervorhebungen und Kommentaren kopieren. Epigenetik spielt auch bei Trisomie 21 eine Rolle.[26]

Wäre es da nicht naheliegend, die Gene auf dem überzähligen Chromosom 21 einfach auszuschalten? Mit Stammzellen ist das tatsächlich schon gelungen. Jeanne Lawrence von der University of Massachusetts verhinderte in pluripotenten Stammzellen mithilfe eines speziellen Enzyms das Ablesen von Genen des dreifach vorhandenen 21. Chromosoms.[27]

Bis zu einer Gentherapie ist der Weg noch sehr weit. Aber bis dahin hat sich die Einstellung der Menschheit zur Trisomie 21 vielleicht ohnehin verändert. Wer weiß?

Ein Bild sagt mehr als tausend Worte

Bilder von Menschen mit einer Trisomie 21 orientierten sich lange Zeit ausschließlich an Defiziten und Normabweichungen. Noch heute findet man in Biologiebüchern und anderen Fachbüchern abschreckende Abbildungen, die Personen mit einer Trisomie 21 unvorteilhaft ausgeleuchtet vorführen.

Elterninitiativen haben da gekonnt gegengesteuert. Die Hochglanz-Cover ihrer Zeitschriften setzen Menschen mit Trisomie 21 im wahrsten Sinne des

---

26 Montoya, J. C. et al. (2011): Genomic study of the critical region of chromosome 21 associated to Down syndrome. In: Colombia Médica 42/1, 26–38.
27 Lawrence, J. B. (2013): Translating dosage compensation to trisomy 21. In: Nature 500, 296–300.

Wortes in das richtige Licht. Eltern sind oft besser informiert als Fachleute. Selbst die Modebranche lockt schon mit Werbeverträgen.[28]

Wie z. B. der 19 Jahre alte britische Fotograf mit Trisomie 21, Oliver Hellowell, mit seiner riesigen Facebook-Gemeinde beweist, kehrt sich der Blick auf Menschen mit Trisomie 21 derzeitig um. Immer mehr Menschen beginnen, sich für deren Bild von der Welt zu interessieren.[29]

Als hervorragende Beispiele unter vielen Zeitschriften seien genannt: *Leben mit Down-Syndrom*[30], herausgegeben vom Deutschen Down-Syndrom InfoCenter in Lauf (Redaktion Cora Halder), und *KIDS Aktuell – Magazin zum Down-Syndrom*[31], herausgegeben vom Kontakt- und Informationszentrum Down-Syndrom KIDS Hamburg e. V. (Koordination: Regine Sahling und Marco Landsberg).

Diese neue, erfrischende Sichtweise auf Menschen mit einer Trisomie 21 ist inzwischen auch in professionellen Bildbänden angekommen. Großartige Beispiele sind *Außergewöhnlich* und *Außergewöhnlich: Väterglück* von Conny Wenk sowie *Lebenskünstler 2 – von wegen down!* von Heike Drogies. Hier zeichnet man kein »aufgehübschtes«, sondern ein faires Bild von Menschen mit Trisomie 21. Davon konnte ich mich in Hunderten von Begegnungen überzeugen.

Die Aufklärung über sinnvolle Behandlungsmethoden bei Fehlbildungen, die mit einer Trisomie 21 einhergehen können, trägt zweifelsfrei zur gesteigerten Lebenserwartung und Lebensqualität von Betroffenen bei.

Solche Fehlbildungen können beispielsweise das Herz oder den Magen-Darm-Trakt betreffen. Auch Fehlfunktionen der Schilddrüse, des Immunsystems sowie Seh- und Hörschwächen sind möglich. Immer dann, wenn die Probleme erkannt und verstanden werden, kann man etwas dagegen unternehmen. Der Kinderarzt Wolfgang Storm gibt einen Einblick:

»Die Eckpfeiler des diagnostischen Vorsorgeprogramms haben sich in den vergangenen Jahren nur unwesentlich verändert. So ist die frühzeitige Diagnose und Therapie eines Seromukotympanons (Flüssigkeitsansammlung im Mittelohr) hinsichtlich der Sprachentwicklung weiterhin sehr bedeutsam, auch sollten die Schilddrüsenhormone regelmäßig kontrolliert werden.«[32]

---

28 DIE WELT Panorama (2015): Maddy auf dem Weg zum Model – mit Down-Syndrom. www.welt.de/144079736, letzter Aufruf am 24.07.2015.
29 Hellowell, O. (2015): Photographer with Down Syndrome. https://www.facebook.com/OliverHellowellPhotographer, letzter Aufruf am 25.10.15.
30 www.ds-infocenter.de/html/lebenmitds.html, letzter Aufruf am 24.07.2015.
31 www.kidshamburg.de/doc/magazin-kids-aktuell.php, letzter Aufruf am 24.07.2015.
32 Storm, W. (2008): Down-Syndrom-Ambulanz Paderborn. In: Leben mit Down-Syndrom 59, 17.

Eine unterschätzte, nicht erkannte oder latente Schilddrüsenunterfunktion kann viele Symptome einer Trisomie 21 verstärken. Zu den Symptomen bei Kindern gehören schlaffe Muskulatur, vergrößerte Zunge und verringertes Längenwachstum. Dazu kommen Störungen der Konzentrationsfähigkeit und der geistigen Entwicklung.

Ist damit der alleinige Grund für Beeinträchtigungen der geistigen Entwicklung gefunden? Nein, denn dann würde eine lebenslange Gabe von Thyroxin das Problem lösen. Bis heute sucht man den Grund für Beeinträchtigungen der geistigen Entwicklung in Wachstumsbesonderheiten des Kopfes, insbesondere des Gehirns. Von Schädelvergleichen glaubt man, auf Hirnfunktionen schließen zu können. Das hat eine lange Tradition mit bedenklicher Vorgeschichte. Davon handelt das nächste Kapitel.

Zusammenfassung

Zwei junge Frauen mit Trisomie 21, beide Teilnehmerinnen auf einer von mir geleiteten zweitägigen Weiterbildungsveranstaltung, fragten mich in der Pause: »Warum haben wir das Down-Syndrom und andere nicht?«

Ich wusste, sie erwarteten eine schnelle und klare Antwort von mir und sagte: »Das ist Zufall. Etwa so ähnlich wie der Zufall, dass ich ein Mann und keine Frau bin.« Die jungen Frauen lächelten sich zufrieden an und bedankten sich.

Mir wurde klar: Klischees über Personen mit 47 Chromosomen sind vergleichbar mit männlichen und weiblichen Rollenklischees. Sie bestimmen unseren Alltag, obwohl sie nichts mit den Geschlechtschromosomen XX und XY zu tun haben, sondern ausschließlich mit gesellschaftlichen Erwartungen und Erwartungs-Erwartungen.

Es gibt Männer, die unfruchtbar sind, weil auf ihrem Y-Chromosom ein kleiner Teil fehlt, es gibt Frauen mit nur einem X-Chromosom, und es gibt unzählige weitere Möglichkeiten. Trotzdem müssen sich alle Menschen in eine der zwei Kategorien einordnen lassen.

Dass Rollenklischees über Leben und Tod entscheiden können, führen uns Menschen mit Trisomie 21 vor Augen. Es lohnt sich also, Rollenklischees zu untersuchen und infrage zu stellen.

II. Gehirn und Intelligenz

Kopfgröße und Intelligenztest

780 Schädelvermessungen (Kraniometrie) vom Hinterkopf bis zur Stirn bei Kindern mit Trisomie 21 von der Geburt bis zum 5. Lebensjahr ergaben eine unterdurchschnittliche Länge. Das Hirngewicht von Erwachsenen mit Trisomie 21 erwies sich darüber hinaus im Durchschnitt als verringert. Im Verhältnis zur Hirngröße haben Erwachsene mit einer Trisomie 21 ein verkleinertes Frontal-, Temporal- und Kleinhirn.[1]

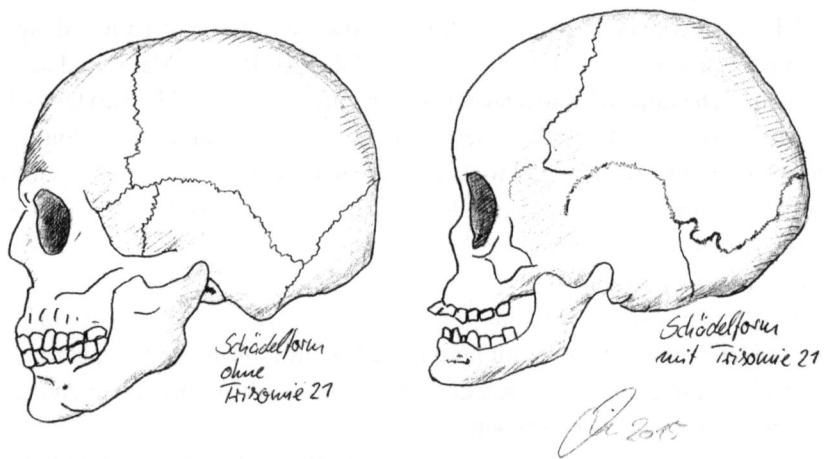

Solche Messergebnisse klingen wie neutrale wissenschaftliche Tatsachen. Die Geschichte der Deklassierung von Menschen mithilfe der Kraniometrie belehrt

---

1 Wisniewski, K. E. (1990): Down syndrome children often have brain with maturation delay, retardation of growth, and cortical dysgenesis. In: American Journal of Medical Genetics, Supplement 7, 274–281.

uns eines Besseren: »Neger und besonders Hottentotten haben ein kleineres Gehirn als wir, und ihre relativ kleine Zahl an Hirnwindungen ist hauptsächlich an ihrem Frontallappen festzustellen.«[2] So unterstützte der Pariser Hirnforscher und Anthropologe Pierre Paul Broca (1824–1880) die europäische Kolonialpolitik mit rassistischer Pseudowissenschaft.

Das ist deshalb so alarmierend, weil man Broca noch heute zu Recht als Autorität in der Hirnforschung feiert.[3] Nach ihm bezeichnet man das Sprechzentrum im menschlichen Gehirn als Broca-Zentrum, und auch den Namen des limbischen Systems führt man auf eine Benennung durch ihn zurück. Der New Yorker Evolutionsbiologe Stephen Jay Gould (1941–2002) beschreibt in seinem Buch *Der falsch vermessene Mensch*[4], wie Fehlschlüsse unter Berufung auf die Kraniometrie das soziale Zusammenleben vergiften können. Beispiel: Broca spekulierte auch, dass die »relative Kleinheit« des Gehirns von Frauen deren intellektuelle Unterlegenheit zeige.[5]

Die geniale Pädagogin Maria Montessori konterte: »Bei richtiger Korrektur der Messdaten hätten Frauen die größeren Gehirne.«[6] Sie meinte das Verhältnis zwischen Gehirn und Körpergröße abzüglich der Gebärmutter. Frauen seien Männern geistig überlegen, vermutete Montessori, Männer hätten sich nur durch Körperkraft durchgesetzt.

Das sagt viel über die Anfänge der Hirnforschung aus. Auch Montessori maß den Kopfumfang ihrer Schülerinnen und Schüler, weil sie darauf spekulierte, dass Kinder mit großen Gehirnen die besseren Entwicklungsaussichten hätten. Diese Auffassung vertrat auch der Psychologe Alfred Binet (1857–1911), als ihn im Jahre 1904 der französische Erziehungsminister beauftragte, ein Verfahren zur Ermittlung des Sonderbeschulbedarfs von Kindern zu entwickeln. Binet hielt die Korrelation zwischen Kopfgröße und Intelligenz für unbestreitbar. Er berief sich auf Beobachtungen bei mehreren hundert Messpersonen.[7]

Binet misstraute den schulischen Leistungsbewertungen, bei denen Lernende mit großen Köpfen teilweise schlechter abschnitten als Lernende mit kleineren Köpfen. Alle pädagogischen Bemühungen verdächtigte er der Ver-

---

2 Broca, P. (1873): Sur les crânes de la caverne de l'Homme-Mort (Lozère). In: Revue d'Anthropologie 2, 32.
3 Burrell, B. (2005): Im Museum der Gehirne. Die Suche nach dem Geist in den Köpfen berühmter Menschen. Hamburg, 106–131.
4 Gould, J. (1988): Der falsch vermessene Mensch. Frankfurt/M.
5 Broca, P. (1861): Sur le volume et la forme du cerveau suivant les individus et suivant les races. In: Band II der Bulletins de la Société d'anthropologie. Paris, 15.
6 Gould (1988), 111.
7 Binet, A. (1898): Historique des recherches sur les rapports de l'intelligence avec la grandeur et la forme de la tête. In: L'Année psychologique 5, 294–295.

fälschung natürlicher Anlagen. Intelligenztests, die zwischen »natürlicher Intelligenz« und Erlerntem trennen, sollten hier Klarheit schaffen. Da sich Binets Spekulation nicht bewahrheitete, war ausgerechnet er – der Entwickler des ersten Intelligenztests – auch der erste ernstzunehmende Intelligenztestkritiker.[8]

Der IQ als Schwellenhüter

Wenn die Intelligenz getestet wird, kann Zukunft zur Drohung werden. Das bereitet nicht nur den getesteten Kindern Kopfschmerzen, sondern vor allem engagierten Eltern. Bei Intelligenztests geht es schließlich darum, etwas zu verlieren oder zu gewinnen: die Einschulung in eine Regel- oder Sonderschule, Gymnasium oder Hauptschule, eine akademische Laufbahn, Berufsausbildung oder Behindertenwerkstatt usw. Ob man sich darauf freuen kann oder nicht, darüber entscheidet in vielen Fällen der IQ, der Intelligenzquotient.

Schneiden jedoch Kinder mit Trisomie 21 bei einem Intelligenztest besser ab als erwartet, zweifelt man das Testergebnis immer wieder an. Das kann nach meinen Erfahrungen bis zur Gerichtsverhandlung führen. Trisomie 21 und ein IQ über 80 – es kann nicht sein, was nicht sein darf. Was anderen Kindern die Tür zu einer verheißungsvollen Zukunft öffnen kann, bleibt Menschen mit Trisomie 21 nicht selten verschlossen.

Erfunden hat den Intelligenzquotienten der deutsche Psychologe William Stern[9] (1871–1938) im Jahre 1912. Anders als Binet suchte er ein Maß, das Intelligenz unabhängig vom Alter definiert. Seine Formel für den Intelligenzquotienten lautet:

IQ = IA / LA x 100.

IA steht für das Intelligenzalter und **LA** für das Lebensalter. Unter dem Intelligenzalter **(IA)** versteht man die in einem Test gemessene individuelle intellektuelle Leistungsfähigkeit im Vergleich zur durchschnittlichen Intelligenz einer Altersgruppe. Seither haben wir alle einen **IQ**.

Der traditionelle Weg zur Abgrenzung einer geistigen Behinderung von der Normalität erfolgt über Intelligenzmessung: Es gibt Punkte für richtige Testantworten, aus denen dann ein Intelligenzquotient **(IQ)** ermittelt wird.

---

8 Gould (1988), 162.
9 Stern, W. (1916): Der Intelligenz-Quotient als Maß der kindlichen Intelligenz, insbesondere der unternormalen. In: Zeitschrift für angewandte Psychologie 11, 1–17.

Doch der Intelligenzquotient ist längst kein Quotient mehr. Er ist das Maß für die Standardabweichung normal verteilter Testwerte. Die durchschnittliche Punktzahl μ wird meist mit einem **IQ** von 100 gleichgesetzt und die Standardabweichung σ mit 15 Punkten festgelegt:
- Normalintelligenz liegt im Bereich von jeweils einer Standardabweichung vom Mittelwert nach links und nach rechts (IQ 85–115)
- Hochbegabung entspricht einem Wert oberhalb der zweifachen Standardabweichung nach rechts (also IQ über 130)
- Lernbehinderung entspricht einem Wert zwischen einer und einer doppelten Standardabweichung nach links (IQ 85–70)
- geistige Behinderung entspricht einem Wert unter einer zweifachen Standardabweichung nach links (also unter IQ 70)

Die ICD-10-Klassifikation teilt die geistige Behinderung selbst noch zusätzlich in verschiedene Grade ein:
- leichte geistige Behinderung, ICD-10 F70, IQ zwischen 50 und 69,
- mittelgradige geistige Behinderung, ICD-10 F71, IQ zwischen 35 und 49,
- schwere geistige Behinderung, ICD-10 F72, IQ zwischen 20 und 34,
- schwerste geistige Behinderung, ICD-10 F73, IQ unter 20,
- dissoziierte Intelligenz, ICD-10 F74, wenn es Differenzen zwischen IQ-Bereichen gibt, wie z. B. zwischen Sprach- und Handlungs-IQ, die mindestens eine Standardabweichung betragen,
- andere geistige Behinderung, ICD-10 F78, wenn Intelligenztests wegen weiterer Beeinträchtigungen nicht durchführbar sind,
- nicht näher bezeichnete geistige Behinderung, ICD-10 F79, wenn sich die Intelligenzminderung in keine der oben genannten Kategorien einordnen lässt.

Diese Unterteilung der geistigen Behinderung in verschiedene Grade täuscht eine Messgenauigkeit vor, die in der Praxis nicht zu erreichen ist. Niedrige Testwerte, die vom Ergebnis her für eine geistige Beeinträchtigung sprechen, sollten schon aus ethischen Gründen immer kritisch hinterfragt werden, ob sie nicht das vorhandene Intelligenzpotenzial unterschätzen, weil ansonsten die große Gefahr einer sich selbst erfüllenden Vorhersage besteht.

Die endgültige Diagnose einer geistigen Beeinträchtigung sollte deshalb auch immer interdisziplinär erfolgen. Ich selbst habe gute Erfahrungen mit qualitativen Lernexperimenten zur Objektpermanenz, Körperselbstbildentwicklung, zur sprachlichen Steuerung von Handlungen und zum mentalen Rollenwechsel sammeln können. Ihr Vorteil besteht darin, dass sie (anstatt einer Defizitdiagnose) experimentell begründete pädagogische Fördervorschläge liefern.

Fördervorschläge richten den Fokus auf das Recht des Kindes auf individuelle Förderung, statt Abweichungen von Altersnormen aufzuzählen. Denn jede Diagnose einer geistigen Beeinträchtigung, die das nicht leistet, widerspricht streng genommen dem Artikel 24 der UN-Konvention über die Rechte von Menschen mit Behinderungen.

Warum es normal ist, verschieden zu sein

In der Schlüsselszene des Films *Yo, también*[10], in dem der Pädagoge Pablo Pineda, der mit einer Trisomie 21 ein Universitätsstudium absolvierte (siehe auch: Geistig behindert schon vor der Geburt?, 13), als Daniel die Hauptrolle spielt, sagt er zu Laura (Lola Dueñas), der Protagonistin: »Du schaffst es, dass ich mich normal fühle.« Darauf antwortet sie: »Wozu willst du normal sein?«

Normale Menschen – wer ist damit gemeint? Antwort: die Mehrheit in der Mitte unserer Gesellschaft. Normalität besitzt eine hohe Anziehungskraft. Nichts beruhigt Eltern so sehr wie die Auskunft: Das ist völlig normal in diesem Alter.

Die große Gruppe der normalen Menschen ist umworben von Wirtschaft und Politik. In Deutschland nennt man sie liebevoll »Lieschen Müller« und »Otto Normalverbraucher«. Im englischen Sprachraum spricht man von »Average Joe« und »Average Jane«, im Schwedischen von »Medel-Svensson« und »Erik Johansson« und im Norwegischen von »Ola Nordmann« und »Kari Nordmann« usw. In diesen Bezeichnungen spiegelt sich die breite Anwendung des mathematischen Modells der Normalverteilung in unserer Gesellschaft wider.

Der Durchschnittsmensch *(homme moyen)* ist eine Erfindung des belgischen Astronoms und Sozialstatistikers Adolphe Quetelet (1796–1874).[11] Galton (siehe auch: Eugenik, Zwangssterilisation und Euthanasie, 21 f.) griff diese Erfindung auf und betonte in seinem Werk *Hereditary Genius*[12] im Jahre 1869 einseitig die biologischen Voraussetzungen kreativer Begabung.

Unter Intelligenz verstand Galton die Geschwindigkeit geistiger Vorgänge (siehe auch: Das Gehirn als Lernorgan, 41 f.). Galton spekulierte: Wie die Körpergröße eines Menschen angeboren sei, so sei es auch die Intelligenz. Seine Begründung: Beide – Körpergröße und Intelligenz – erweisen sich bei Messun-

---

10 Gaspar, Á. P. & Naharro, A. (Drehbuch, Regie 2009): Yo, también. Produktionsland Spanien, Filmlänge: 103 Minuten.
11 Desrosières, A. (2005): Die Politik der großen Zahlen. Eine Geschichte der statistischen Denkweise. Berlin, 84.
12 Galton, F. (1910): Genie und Vererbung. Leipzig.

gen als normal verteilt. Bei Körpergrößen ist das leicht einzusehen. Eine Normalverteilung der Intelligenz wirft dagegen mehr Fragen auf, als sie beantwortet.

Was sagt die Verteilung von Körpergrößen über die Normalverteilung der Punktwerte eines Intelligenztestes aus? Mittlere Körpergrößen sind variantenreicher als extreme Körpergrößen. So gibt es auch viel mehr Möglichkeiten, einen mittleren Punktwert bei einem Intelligenztest zu erreichen, als es Möglichkeiten gibt, extrem viele oder extrem wenige Punkte zu erreichen. Das allein ist der Grund, warum Intelligenztestergebnisse wie Körpergrößen um ihren Mittelwert streuen.[13] Schon Binet stellte resigniert fest: »Man könnte fast sagen, es zählt sehr wenig, was für Tests das sind, solange es nur viele sind.«[14]

Denn das Spektrum der Testaufgaben im Intelligenztest entscheidet über die Höhe des Kontrasts zwischen den Wahrscheinlichkeiten für Mittel- und Extremwerte. Das spricht nicht gegen Intelligenztests überhaupt. Es spricht aber auf jeden Fall gegen Zukunftsprognosen (siehe auch: Vorwort, 9 f.).

Bin ich dumm?

In seinem Buch *Lernen* schreibt Pineda:

> »Zunächst wusste ich nicht, was lernen bedeutete, ich wusste nur eines, ich wollte es tun. Deshalb stellte ich, als man mir eines Tages sagte, dass ich das Down-Syndrom hätte, als erstes die Frage: ›Bin ich dumm?‹ Ich fragte, weil mich das beschäftigte und weil ich dachte, dass ich nicht lernen könnte, wenn ich ›dumm‹ wäre, denn das ist ja Sache der ›Schlauen‹.«[15]

Wie klug ist es, sich selbst für klug zu halten? Ist es nicht klüger, seine Intelligenz infrage zu stellen? Wenn man sich für ausreichend klug hält, muss man dann noch lernen? Wie klug aber ist es, mit dem Lernen aufzuhören? Wissen wir wirklich, was Intelligenz ist?

Seit dem 1. Januar 2009 gilt in Deutschland die UN-Konvention für behinderte Menschen. Dadurch gerät die Zuschreibung »geistige Behinderung« zunehmend in die Kritik. Einige Ortsverbände der Lebenshilfe in Deutsch-

---

13 Zimpel, A. F. (2012): Der zählende Mensch. Was Emotionen mit Mathematik zu tun haben. 2. Aufl. Göttingen, 91–97; Zimpel, A. F. (2013b): Zwischen Neurobiologie und Bildung. Individuelle Förderung über biologische Grenzen hinaus. 2. Aufl. Göttingen, 27–31.
14 Binet, A. & Simon, T. (1911): A method of measuring the development of the intelligence of young children. Lincoln, 329.
15 Pineda, P. (2013): Herausforderung Lernen. Ein Plädoyer für die Vielfalt. Zirndorf, 15.

land lassen das unscharfe Attribut »geistig« bereits einfach weg. Konsequenter ist die Lebenshilfe Österreich. Sie nennt sich nur noch *Lebenshilfe für Menschen mit Behinderung.*

People First ist ein Teil der Selbstbestimmungsbewegung von Menschen mit Behinderung. Diese Selbstvertretungsorganisation favorisiert als Alternative für die Bezeichnung »Menschen mit geistiger Behinderung« den Begriff »Menschen mit Lernschwierigkeiten«. Die People-First-Bewegung begann 1968 in Schweden. Eine Elternorganisation tagte unter dem Motto: »Wir sprechen für sie!« Auf der Tagung beschlossen die Menschen, um die es eigentlich ging, dass sie wohl doch lieber für sich selbst sprechen wollten. Die nächsten Tagungen in England und Kanada hatten eine große Ausstrahlung auf Bewohner des *Fairview Training Centers* in Salem/Oregon.

1974 schlossen sie sich als »developmentally disabled people« zusammen, um für sich selbst zu sprechen. Sie bezeichnen sich von nun an als »People with developmental disabilities«, die gemeinsam lernen wollen, wie sie ihre eigene Stimme finden können. In England bezeichnen sich die *People First* dagegen als »people with learning difficulties«. Wer zu dieser Gruppe von Personen gehört, darüber entscheiden nach wie vor Intelligenztests.

Testkritik begleitet die Intelligenzmessung von Anfang an:

> »Eine Reihe von Formeln, wie die Tests nach Binet-Simon, können nichts messen, noch können sie eine auch nur annähernde Vorstellung von dem altersgemäßen Niveau geben; denn woher nehmen die Kinder ihre Antworten?«

So argumentierte z. B. Montessori und fragte: »Wie viel davon ist auf die innewohnende Aktivität des Individuums zurückzuführen und wie viel auf den Einfluss der Umwelt?«[16]

Was aber haben Lernschwierigkeiten mit Intelligenz zu tun? Ist ein Mensch intelligent, der weder lesen noch rechnen kann, aber alle Tricks kennt, um in der Wüste zu überleben? Die Wissenschaft steht da noch ganz am Anfang. Auf die Frage »Wieso häufen sich bei Menschen mit Trisomie 21 Lernschwierigkeiten?« hat sie allerdings viele Antworten. Die häufigste lautet: Menschen mit Trisomie 21 haben eben ein kleineres Gehirn[17] (siehe auch: Kopfgröße und Intelligenztest, 28 ff.).

---

16 Montessori, M. (1976): Schule des Kindes. Montessori-Erziehung in der Grundschule. 4. Aufl. Freiburg, 109.
17 Pinter, J. D. et al. (2001): Neuroanatomy of Down's syndrome: a high-resolution MRI study. American Journal of Psychiatry 158, 1659–1665.

Hirnwachstumsgene oder Stress in früher Kindheit?

Ein Forschungsteam um Wieland Huttner (Max-Planck-Institut für molekulare Zellbiologie und Genetik in Dresden) fand insgesamt 56 Gene mit Einfluss auf das Hirnwachstum beim Menschen. Sie fehlen bei Mäusen. Ein Gen erwies sich als das einflussreichste. In basalen Hirnstammzellen steuert es das Wachstum der Großhirnrinde von Menschen (in anderer Weise als z. B. bei Schimpansen). Injiziert man es in Mäuseembryos, bewirkt es eine gesteigerte Hirngröße mit ausgeprägterer Faltung des Hirnmantels.[18] Liegt dieses Gen (ARHGAP11B) auf Chromosom 21? Nein, auf Chromosom 15.

Ein internationales Forschungskonsortium, ENIGMA *(Enhancing Neuro Imaging Genetics through Meta-Analysis),* bestehend aus rund 300 Wissenschaftlern aus 33 verschiedenen Ländern, wertete in den vergangenen Jahren die Hirnscans von mehr als 30.000 Menschen aus. Sie isolierten die Gene KTN1 auf Chromosom 14, DCC auf Chromosom 18, BCL2L1 auf Chromosom 20 sowie DLG2 und FAT3 auf Chromosom 11.[19]

Die Veränderung eines einzigen Nukleotids (siehe auch: Genetik und Epigenetik, 24 f.) dieser Gene lässt Hirnregionen (Putamen und Nuleus caudatus) wachsen oder schrumpfen. Keines dieser Gene liegt auf Chromosom 21. Woher also rührt das geringere Hirnwachstum bei einer Trisomie 21?

Besonders bedeutsam für das Hirnwachstum sind Anregungen in den ersten vorschulischen Lebensjahren. Fehlen diese, bedeutet das Stress für Heranwachsende. Hohe Konzentrationen des Stresshormons Cortisol beeinträchtigen das Gedächtnis. Diese Kausalbeziehung belegte eine Studie Ende der 1990er-Jahre: 51 Freiwillige nahmen an einer randomisierten Doppelblindstudie teil. Das bedeutet: Weder der Versuchsleiter noch die Teilnehmenden wissen, wer zur Kontrollgruppe und wer zur Experimentalgruppe gehört. Die Freiwilligen erhielten entweder eine hohe Dosis Cortisol (Experimentalgruppe), eine niedrige Dosis oder ein Placebo (ein Mittel ohne Wirkstoff). Die hohe Dosis (täglich zweimal 160 Milligramm Cortisol) erzeugte einen hohen Erregungszustand, vergleichbar mit dem bei Eltern, deren Kind sich lebensgefährlich verletzt hat. Schon nach vier Tagen zeigte die Experimentalgruppe eine deutlich schwächere Gedächtnisleistung. 93 Prozent von ihnen erinnerten sich an circa 20 Details

---

18 Huttner, W. B. et al. (2015): Human-specific gene ARHGAP11B promotes basal progenitor amplification and neocortex expansion. In: Science 27/347/6229, 1465–1470.
19 Hibar, D. P. (2015): Common genetic variants influence human subcortical brain structures. In: Nature 520, 224–229.

weniger als die Personen der Kontrollgruppen. Erst mehr als eine Woche nach dem Experiment erholte sich das Gedächtnis der Betroffenen wieder.[20]

Befinden sich Vorschulkinder unter Dauerstress, stört dies das Hirnwachstum.[21] Ihre Hirngröße kann dadurch bis zu 20 Prozent geringer ausfallen.[22] Besonders betroffen ist der Hippocampus (siehe auch: Ort des Lernens, 43 f.).[23] Dazu später mehr. Zunächst möchte ich die Frage klären: Welche Bedeutung hat ein großes Gehirn aus Sicht der Evolutionsforschung?

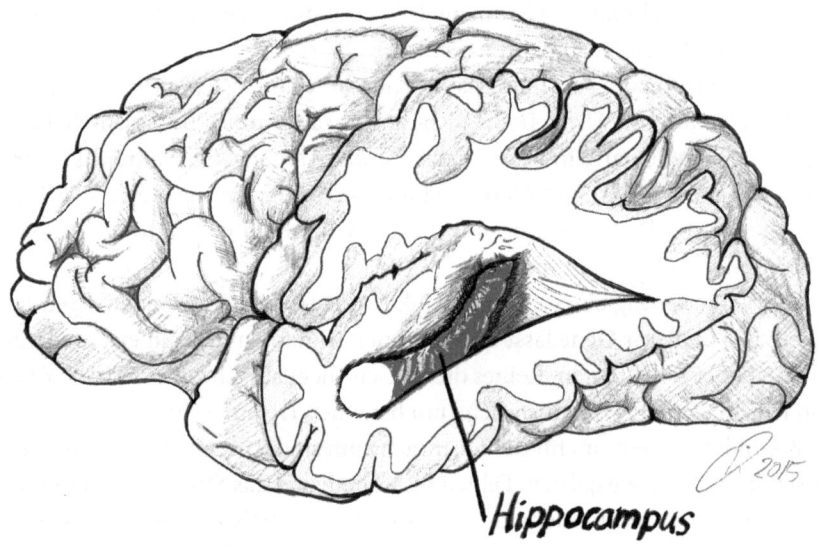

---

20 Newcomer, J. W. et al. (1999): Decreased Memory Performance in Healthy Humans Induced by Stress-Level Cortisol Treatment. In: Archives of General Psychiatry 56/6, 527–533.
21 Heim, C. et al. (2010): Neurobiological and Psychiatric Consequences of Child Abuse and Neglect. Developmental Psychobiology 52, 671–690; Belsky, J. & de Haan, M. (2011): Parenting and Childrens Brain Development. In: Journal of Child Psychology and Psychiatry 52, 409–428; Nakao, T. et al. (2013): The degree of early life stress predicts decreased medial prefrontal activations and the shift from internally to externally guided decision making: an exploratory NIRS study during resting state and self-oriented task. In: Frontiers in Human Neuroscience 7/339. 10.3389/fnhum.2013.00339.
22 Bauer, J. (2015): Selbststeuerung. Die Wiederentdeckung des freien Willens. München, 61.
23 Luby, J. L. (2012): Maternal support in early childhood predicts larger hippocampal volumes at school age. In: National Academy of Sciences of the United States of America 21/109/8, 2854–2859.

Hirnwachstum und Evolution

Die Evolution hat die Großhirnrinde des Menschen so anwachsen lassen, dass sie nur gefaltet in den Schädel passt. Würde man die Großhirnrinde auffalten, ergäbe das eine drei Millimeter dicke Fläche von fast zwei Quadratmetern, zehnmal mehr als bei Affen. Mit der Entwicklung des aufrechten Gangs passte die Größe des Babykopfes immer weniger zur Enge der weiblichen Hüfte. Deshalb kommen Babys mit unfertig entwickelten Gehirnen auf die Welt.

Bei anderen Säugetieren hat das Gehirn eines Neugeborenen in der Regel circa 75 Prozent der Größe eines ausgewachsenen Tieres. Bei menschlichen Babys sind es nur 25 Prozent. Das Gehirn entwickelt sich und wächst vor allem in den ersten zwei Jahren um 50 Prozent. Nach vier Jahren erreicht es 85 Prozent und erst im Alter von sieben Jahren seine endgültige Größe.

Deshalb sind Menschenkinder über einen langen Zeitraum besonders verletzlich und auf die Hilfe Erwachsener angewiesen. Neben der Vererbung ist das Gehirn während seines Wachstums einer starken Beeinflussung durch die familiäre und soziale Umwelt ausgesetzt.

Während dieser Abhängigkeitsphase gewinnen Menschen-Kinder Zeit zum Spielen. Im Spiel lernen sie, sich dem absoluten Diktat der Gene zu entziehen. Die sehr lange Zeit der Abhängigkeit macht sie am Ende selbstständiger als alle anderen Lebewesen.

Es geht also nicht allein um die Größe des menschlichen Gehirns, sondern um die soziale Beeinflussbarkeit des heranreifenden Gehirns. Für Broca, Binet und sogar für Montessori galt es jedoch als sichere Sache: Je größer das Gehirn, desto höher die Intelligenz.

»Aber natürlich besitzt der Mensch nicht das größte Gehirn überhaupt«, widerspricht der Hirnforscher Onur Güntürkün: »Unseres wiegt im Mittel knapp 1,4 Kilogramm, das von afrikanischen Elefanten rund 5,7 und von einem Pottwal fast 9 Kilogramm.«[24] Außerdem, wenn es allein nach der Hirngröße ginge, wäre die Menschheit evolutionär dümmer geworden. Schädelfunde von Frühmenschen (Homo sapiens) legen nahe, dass sich die Durchschnittsgröße menschlicher Gehirne im Laufe der Evolution verkleinert hat.[25] Der nach dem neuseelän-

---

24 Ebd., 129.
25 Ruff, C. B., Trinkaus, E. & Holliday, T. W. (1997): Body Mass and Encephalization in Pleistocene Homo. In: Nature 387, 173–176; Henneberg, M. & Steyn, M. (1993): Trends in Cranial Capacity and Cranial Index in Subsaharan Africa During the Holocene. In: American Journal of Human Biology 5/4, 473–479; Bailey, D. H. & Geary, D. C. (2009): Hominid Brain Evolution: Testing Climatic, Ecological and Social Competition Models. In: Human Nature 20, 67–79; Wescott, D. J. & Jantz, R. L. (2005): Assessing Craniofacial Secular Change in Amer-

schen Politologen James Flynn bezeichnete Flynn-Effekt belegt, dass die gemessene Intelligenz von Menschen in Industrieländern durchschnittlich zunimmt.[26]

Was sagt die Hirngröße über die Intelligenz von Tieren aus? Wie intelligent ist beispielsweise der Schimpanse Ayumu? Zufällig über einen Bildschirm verteilte Zahlen tippt er in korrekter Reihenfolge an, selbst wenn sie nach 210 Millisekunden verdeckt werden.[27] Darin ist er viel besser als Menschen.

Intelligenzbestien mit Spatzenhirn

Auch das Verhältnis Hirn – Körpermasse, wie Montessori dachte, ist kein verlässliches Maß. Das Gehirn der Spitzmaus macht zehn Prozent ihres Körpergewichts aus. Nur im Science-Fiction-Roman *Per Anhalter durch die Galaxis* von Douglas Adams (1952–2001) beherrschen Mäuse unseren Planeten. Bei Intelligenztests können Spitzmäuse den ungefalteten kleinen Gehirnen von einigen Vogelarten nicht das Wasser reichen:

Frau Pepperberg zeigt ihrem Schüler Alex, einem Graupapagei, ein Tablett. Darauf befinden sich in zufälliger Anordnung vier blaue und drei grüne Holzklötzchen sowie sechs grüne und vier blaue Wollknäuel. In ihrer englischen Muttersprache fragt sie ihren Schüler nach der Anzahl der blauen Klötze: »How many blue block?« (Sie verwendet die Einzahl und nicht die Mehrzahl »blocks«.) Alex vergewissert sich: »Block?«

Seine Lehrerin stimmt ihm zu und wiederholt erneut ihre Frage nach der Anzahl der blauen Blöcke. Jetzt gibt Alex die richtige Antwort: »Four!« (Vier!) Auf die Frage, ob er einen Klotz haben möchte, antwortet er, dass er lieber eine Nuss möchte.

Nachdem er sich die Nuss hat schmecken lassen, fragt ihn seine Lehrerin, wie viele grüne Wollknäuel auf dem Tablett liegen: »How many green wool?« Alex antwortet wieder richtig: »Siss!« (Damit meint er »six«, auf Deutsch: »sechs«.)[28]

Alex, der mittlerweile verstorbene Graupapagei, beherrschte zuletzt über 100 Wörter, konnte bis sechs zählen, kleine Summen addieren und konnte Gegen-

---

ican Blacks and Whites Using Geometric Morphometry. In: Slice, D. E. (Hg.): Modern Morphometrics in Physical Anthropology: Developments in Primatology: Progress and Prospects. New York, 231–245.
26 Flynn, J. R. (1987): Massive IQ gains in 14 nations. What IQ tests really measure. In: Psychological Bulletin 101/2, 171–191.
27 Inoue, S. & Matsuzawa, T. (2007): Working memory of numerals in chimpanzees. In: Current Biology 17/23, 1004–1005.
28 Pepperberg, I. M. (1999): Unterhaltung mit Alex dem Graupapagei. In: Spektrum der Wissenschaft Spezial 3, 63.

stände nach Kategorien ordnen, etwa nach ihrer Form, Farbe oder dem Material.[29] Alex plapperte nicht nur nach. Er verstand den Sinn von Sprache und erkannte sich selbst im Spiegel.

Lange Zeit galt das Dogma: Sitz der Intelligenz sei die gefaltete Großhirnrinde. Dem sprichwörtlichen Spatzenhirn von Vögeln traute man keine Intelligenz zu. Doch Vogelhirne vollbringen überraschende Intelligenzleistungen.

Das Menschenhirn ist ein Sozialorgan

»Sie haben eine beachtliche Fähigkeit zur Nachahmung«[30], stellte Down über Menschen mit Trisomie 21 fest. Der Kinderarzt und Heilpädagoge Karl König (1902–1966) bestätigt dies: »Sie zeigen eine große Begabung im Nachahmen anderer Menschen.«[31] In diesen Feststellungen schwingt eine Abwertung mit. Wer intelligent ist, kommt von allein auf die Lösung. Nur weniger Intelligente sind auf Nachahmung angewiesen. Das illustriert ein veralteter Kommentar aus meiner Schulzeit, der regelmäßig bei kritikloser Imitation Anwendung fand: »Alle Affen machen nach.«

Um das sprichwörtliche Nachäffen unserer nächsten Verwandten im Tierreich ist es jedoch verblüffend schlecht bestellt. Selbst die Geistesriesen unter den Menschenaffen, die Schimpansen, zeigen wenig Geschick und Interesse an Nachahmung. Imitation ist für sie offensichtlich Zeitverschwendung. Bei der Futtersuche zählen vor allem das Was und das Wo. Wie sie sich dann ihren Leckerbissen angeln, lernen sie durch geschicktes und geduldiges Ausprobieren.

Die moderne Anthropologie unterscheidet zwei Lernformen: das für Schimpansen typische Lernen durch Nachbildung (Emulationslernen) und die für Menschen typische kulturelle Nachahmung (Imitationslernen). In Experimenten zeigt sich immer wieder: Schon zweijährige Menschenkinder gebrauchen Werkzeuge so, wie es ihnen vorgemacht wurde, selbst wenn die Vorführung offensichtlich überflüssige, nicht zielführende Elemente enthält. Schimpansen suchen dagegen – unbeeindruckt von der Vorführung – nach der effizientesten Methode.[32]

---

29 Güntürkün, O. (2008): Wann ist ein Gehirn intelligent? In: Spektrum der Wissenschaft 08/11, 127.
30 Down (1866), 261.
31 König, K. (1959): Der Mongolismus – Erscheinungsbild und Herkunft. Stuttgart, 191.
32 Tomasello, M. (2006): Die kulturelle Entwicklung des menschlichen Denkens. Frankfurt/M., 44–45.

Man hat Kinder auf der ganzen Welt getestet und ihre Lernstrategie mit wild lebenden Schimpansen verglichen: Schimpansen folgen beim Lernen dem direkten Weg zum Erfolg. Menschenkinder folgen dagegen akribisch jedem Umweg zum Ziel, den man ihnen vorführt.[33] Diese scheinbar sinnlosen Imitationen von Umwegen sind kein Verständnisproblem.[34] Kinder imitieren die unnötige Handlung, weil sie – im Gegensatz zu Schimpansen – Interesse und Freude an der Nachahmung willkürlicher kultureller Vorgaben haben.

Affen dagegen vergeuden kaum Zeit mit umständlichem Imitationslernen. Dafür glänzen sie mit Geschick und Geduld beim Ausprobieren:

»Nach neueren Studien verdankt der Mensch seine überragende Intelligenz vor allem seinem besonderen sozialen Talent. Erst diese Kompetenz ermöglichte neben der biologischen die kulturelle Evolution.«[35]

Das belegt eine große Vergleichsstudie zur Intelligenz von Kleinkindern und Menschenaffen[36] am Max-Planck-Institut für Evolutionäre Anthropologie: Im Intelligenzduell traten 105 zweieinhalbjährige Kinder (Altersdifferenz: plus/minus zwei Monate) gegen 106 Schimpansen (Durchschnittsalter: 10 Jahre) an. Um dieses Intelligenzduell mit unseren engsten Verwandten im Tierreich zu ermöglichen, entwickelte Herrmann spezielle Experimente. Ergebnis: Die Kinder lösten etwa 75 Prozent der Aufgaben durch Nachahmung, die Affen nur 33 Prozent.

Die starke Neigung zur Nachahmung von Kindern mit Trisomie 21 ist also nichts weiter als ihr spezifisch menschliches Potenzial. Nichts da mit Nachäffen! Auch hier erweisen sich Personen mit Trisomie 21 mal wieder als allzu menschlich.

---

33 De Waal, F. B. M., Boesch, C., Horner, V. & Whiten, A. (2008): Comparing social skills of children and apes. In: Science 319/569, 319–569.
34 Kenward, B., Karlsson, M. & Persson, J. (2010): Over-imitation is better explained by norm learning than by distorted causal learning. In: Proceedings of the Royal Society, Biological Sciences 278/1709, 1239–1246.
35 Güntürkün (2008), 124.
36 Tomasello, M. (2010): Warum wir kooperieren. Berlin, 31; Herrmann, E. et al. (2007): Humans Have Evolved Specialized Skills of Social Cognition: The Cultural Intelligence Hypothesis. In: Science 317/5843, 1360–1366.

Das Gehirn als Lernorgan

Was uns Menschen auch alles von unseren nächsten Verwandten im Tierreich unterscheiden mag, ein angeborener IQ scheint es wohl eher nicht zu sein:

»In normalen IQ-Tests schneiden Schimpansen ähnlich, und zwar recht gut, ab wie kleine Kinder – so beim räumlichen Denken oder Mengenvergleich. Orang-Utans fallen etwas ab. Dagegen ist das soziale Verständnis von Kindern weit überlegen, was sich etwa im Lernen von anderen zeigt.«[37]

Ein großes Gehirn, wie z. B. das menschliche, scheint jedoch für das soziale Lernen nicht unpraktisch zu sein. Auch wenn Mensch und Schimpanse sich mehr als 98 Prozent ihrer Gene teilen, sind Menschenhirne immerhin rund dreimal so groß. Als Sozialorgan ist das Gehirn von Kindern und Erwachsenen mit Trisomie 21 allemal groß genug und sehr leistungsfähig. Beim Lernen gibt es jedoch Besonderheiten, die eng mit dem Gedächtnis zusammenhängen. Personen mit einer Trisomie 21 zeigen
- bessere Ergebnisse bei visuellen Objekterkennungs- als in visuell-räumlichen Gedächtnistests,[38]
- das verbale Kurzzeitgedächtnis und das Arbeitsgedächtnis (siehe auch: Ort des Lernens, 45 ff.) für längere Wörter und größere Wortgruppen ist bei ihnen eingeschränkt.[39]

Wie hängt das mit Intelligenz zusammen? Das Autorenteam Elsbeth Stern und Aljoscha Neubauer bringt den derzeitigen Forschungsstand wie folgt auf den Punkt:

»Menschen unterscheiden sich in der Effizienz ihres Arbeitsgedächtnisses, und – so viel sei an dieser Stelle bereits verraten – Intelligenzunterschiede lassen sich zu einem beachtlichen Teil auf Unterschiede in den Arbeitsgedächtnisfunktionen zurückführen.«[40]

---

37 Stix, G. (2015): Gute Zusammenarbeit. In: Spektrum der Wissenschaft 15/05, 58.
38 Vicari, S., Bellucci, & Carlesimo, G. A. (2006): Evidence from two genetic syndromes for the independence of spatial and visual working memory. In: Developmental Medicine & Child Neurology 48/2, 126–131.
39 Vicari, S., Marotta, L. & Carlesimo, G. A. (2004): Verbal short-term memory in Down's syndrome: an articulatory loop deficit? In: Journal of Intellectual Disability Research 48, 80–92.
40 Stern, E. & Neubauer, A. (2013): Intelligenz. Große Unterschiede und ihre Folgen. München, 15.

Folgende Leistungsparameter[41] zeichnet dem Autorenteam zufolge das Arbeitsgedächtnis von Personen aus, die bei Intelligenztests sehr gut abschneiden:
- weniger Zeitverbrauch beim Abrufen von Wissen aus dem Gedächtnis,
- höhere Anzahl verfügbarer Gedanken im Arbeitsgedächtnis,
- Entlastung des Arbeitsgedächtnisses durch Hemmung des Unwesentlichen,
- Flexibilität im Verwerfen und Entwerfen von Teilzielen,
- hohe Geschwindigkeit beim Abwägen von Handlungsalternativen.

Alle fünf Eigenschaften befördern die Denkgeschwindigkeit (siehe auch: Warum es normal ist, verschieden zu sein, 32 f.). Allerdings bringt schnelles Denken auch Probleme mit sich.

Denkbeschleunigung durch Abstraktion

Schnelles Denken kann auch ein Zeichen für mangelnden Bedürfnisaufschub sein. Der Wirtschafts-Nobelpreisträger und Psychologe Daniel Kahneman erklärt in seinem Buch *Schnelles Denken, langsames Denken*[42], warum wir allzu schnellen Gedanken misstrauen sollten.

Metakompetenzen ermöglichen bessere Prognosen über den späteren Lebenserfolg von Kindern als der IQ. Der Entwicklungspsychologe Walter Mischel ermittelte experimentell die Fähigkeit zum Bedürfnisaufschub im Kindergartenalter. Die Kinder, die diese Aufgabe bewältigten, zeigten später eine bessere Selbstregulierung, bessere schulische Leistungen, größere berufliche Erfolge und hatten weniger Drogenerfahrungen als andere.[43]

Beispiel: Ein Buch wiegt ein Kilogramm und noch einmal so viel, wie das halbe Buch wiegt. Wie viel wiegt das ganze Buch? Mit unglaublicher Unbekümmertheit antworten sogar Studierende der Mathematik, wenn sie sich nur auf die Zahlenangaben konzentriert haben: anderthalb Kilogramm.

Eine abstrakte algebraische Vorgehensweise bedarf keiner Anschauung: Es genügt die Bezeichnung der unbekannten Gewichtsdifferenz zu einem Kilogramm mit einer Variable, z. B. mit x kg. Mit dem, was über diese x kg bekannt ist, ergibt sich die Gleichung $x = (1\,kg + x\,kg)/2$ mit der Auflösung $x = 1\,kg$. Wenn die Differenz 1 kg beträgt, dann wiegt das ganze Buch 2 kg.

---

41 Ebd., 15–16.
42 Kahneman, D. (2012): Schnelles Denken, langsames Denken. München.
43 Mischel, W., Shoda, Y. & Rodriguez, M. L. (1989): Delay of Gratification in Children, In: Science 244/4907, 933–938.

Die Anwendung abstrakter, algebraischer Vorgehensweisen erfordert eine immense Fähigkeit zum Bedürfnisaufschub. Dazu befähigt Menschen das Stirnhirn (siehe auch: Das Gedächtnis verteilt sich über das gesamte Gehirn, 47 f.). Aber gerade die Funktionen des Stirnhirns entwickeln sich beim Menschen am langsamsten. Sie sind kulturabhängig, wie alle Metakompetenzen. Zu ihnen zählen auch Selbstvertrauen, Frustrationstoleranz und Kooperationsbereitschaft, die sich vor allem in Problemsituationen auf den Lernerfolg auswirken.[44]

Hirnscans von Personen mit Hirnverletzungen belegen: Verletzungen in abgrenzbaren Hirnarealen betreffen in der Regel nur spezifische Komponenten der Intelligenz. Ausnahmen sind Verbindungsfasern zwischen dem linken Stirnhirn und rechten Scheitelhirn, die den Umfang des Arbeitsgedächtnisses beeinflussen. Bei Personen mit hoher fluider Intelligenz fand das Forschungsteam eine besonders hohe Aktivität in der vordersten Spitze des linken Stirnhirns.[45]

Offen bleibt: Wie hoch sind der genetische Anteil und der soziale Anteil bei der Intelligenzentwicklung von Personen mit einer Trisomie 21? (siehe auch: Hirnwachstumsgene oder Stress in früher Kindheit?, 35 f.). Immerhin ist die Eltern-Kind-Beziehung schon vor der Geburt eines Kindes mit einer Trisomie 21 von vielen Stressfaktoren beeinflusst (siehe auch: Angst vor geringem IQ, 23 f.).

Welchen Einfluss also hat die dreifache Gendosis auf dem Chromosom 21 auf Lernen und Gedächtnis? Tierversuche sollen hier Klarheit schaffen.

Mäusegedächtnis

Mit seinen weniger als 35 Millionen Bausteinen gehört das Chromosom 21 zu den kleinsten des menschlichen Chromosomensatzes.[46] Auf dem 16. Maus-Chromosom liegen etwa zwei Drittel der Gene des 21. menschlichen Chromosoms. Aber Mäuse mit einer Trisomie 16 sind nicht überlebensfähig. Denn das Mäusegen 16 enthält nicht nur Gene des Chromosoms 21 beim Menschen, sondern auch der Chromosome 3, 16 und 22.

Britischen Forschern um Aideen O'Doherty vom Londoner Institut für Neurologie gelang es vor zehn Jahren, Genschnipsel von drei Maus-Chromosomen so zu kombinieren, dass sie zu 90 Prozent mit dem menschlichen Chromosom 21 übereinstimmten. Zwei Drittel davon sind die 243 passenden Gene vom Maus-Chromosom 16 (MMU16). Das restliche Drittel sind Gene, die auf

---

44 Hüther, G. (2009): Pubertäres Durcheinander. In: Praxis Schule 3, 11.
45 Gläscher, J. et al. (2009): Lesion Mapping of Cognitive Abilities Linked to Intelligence. In: Neuron 61/5, 681–691.
46 Hattori (2000), 311–319.

den Maus-Chromosomen 10 (MMU10) und 17 (MMU17) liegen. Diesen genetischen Cocktail schleuste sie in embryonale Mäusestammzellen ein.[47]

Die so genmanipulierten Mäuse sind lebensfähig. Sie weisen allerdings Herzfehler, verkleinerte Unterkiefer und eine verringerte Nervenzelldichte auf.[48] Deshalb spekuliert man auch auf verringerte Gedächtnisleistungen bei ihnen.

Die Kalkulation beruht auf der neuronalen Vernetzungsformel des kanadischen Psychobiologen Donald Hebb (1904–1985).[49] Kurz: »Cells that fire together, wire together« (Zellen, die gleichzeitig feuern, verbinden sich).[50]

Experimentell belegt wurde diese Formel mit dem Nachweis der Langzeitpotenzierung von Nervenenden (**LTP**, englisch: Long Term Potentiation). Winzige Kanäle (röhrenförmige Proteinstrukturen)[51] verbinden Synapsen. Sie kontrollieren den Eintritt von Kalzium-Ionen in die Nervenzelle und öffnen sich nur, wenn zwei Bedingungen erfüllt sind: (1) der Botenstoff Glutamat signalisiert, dass die Nachbarzelle aktiv ist, und (2) die Zellwand der eigenen Zelle ist elektrisch depolarisiert (Spannungswechsel von -70 mV auf mindestens -40 mV).

Bei genmanipulierten Nagetieren hat man die Gedächtnisleistungen verschlechtert, indem man biochemisch die Phasenlänge der Öffnung der Kanäle unter 110 Millisekunden verkürzte. Verdoppelte man die Dauer der LTP auf 230 Millisekunden, verbesserten sich die Gedächtnisleistungen.[52]

Eines der üblichen Gedächtnis-Experimente für die Nagetiere findet im trüben Wasser statt. In einem Bassin trainieren die Tiere, nicht sichtbare rettende Podeste zu finden. Nun entfernt man diese Podeste. Die Nagetiere mit besserem Gedächtnis suchen es an der Stelle, die sie sich gemerkt haben.[53]

Die transgenen Trisomie-21-Modell-Mäuse (Ts65Dn mice) schnitten in diesem Experiment tatsächlich schlechter ab.[54] Und die Ursache ist die verkürzte

---

47 O'Doherty, A. et al. (2005): An Aneuploid Mouse Strain Carrying Human Chromosome 21 with Down Syndrome Phenotypes. In: Science 309/5743, 2033–2037.
48 Wiseman, F. K. (2009b): Down syndrome – recent progress and future prospects. In: Human Molecular Genetics 18/R1: 75–83.
49 Hebb, D. O. (1949): The Organization of Behavior. New York, 63–70.
50 Shatz, C. J. (1992): The Developing Brain. In: Scientific American, 60–67.
51 Gemeint sind NMDA-Rezeptoren (benannt nach N-Methyl-D-Aspartat, eine Substanz, die zwar NMDA-Rezeptoren aktiviert, aber im menschlichen Körper natürlicherweise nicht vorkommt).
52 Tsien, J. Z. (2000): Die kluge Gen-Maus. In: Spektrum der Wissenschaft, 36–39.
53 Morris R. (1984): Developments of a water-maze procedure for studying spatial learning in the rat. In: Journal of neuroscience methods 11/1, 47–60.
54 Zhang, L. et al. (2014): Human chromosome 21 orthologous region on mouse chromosome 17 is a major determinant of Down syndrome-related developmental cognitive deficits. In: Human Molecular Genetics 23/3, 578–589.

LTP zwischen den Synapsen im Nervensystem.[55] Eine Erklärung dieser Gedächtnisbesonderheit bietet Erkenntnisse über das Kurzzeitgedächtnis beim Lernen in neuronalen Netzwerken des Gehirns.

Ort des Lernens

Bevor sich Mäuse und Menschen etwas dauerhaft merken, muss eine Erinnerung das Kurzzeitgedächtnis passieren:[56]

Ins **Kurzzeitgedächtnis** gelangte Informationen können hier viele Minuten lang, ja sogar eine Stunde oder länger verweilen, bevor sie ins Langzeitgedächtnis oder ins Vergessen übergehen. Das Kurzzeitgedächtnis besteht aus unmittelbarem Gedächtnis *(immediate memory)* und Arbeitsgedächtnis *(working memory)*.

Das **unmittelbare Gedächtnis** (Ultrakurzzeitgedächtnis) verbindet das Gehirn mit dem Hier und Jetzt, dem gegenwärtigen Augenblick:

»Es ist die Information, die gerade im Brennpunkt der Aufmerksamkeit steht und gerade den Gedankenstrom besetzt hält. Die Kapazität des unmittelbaren Gedächtnisses ist recht begrenzt (es können gewöhnlich rund sieben Posten, z. B. sieben Ziffern, erinnert werden), und wenn seine Inhalte nicht ständig wiederholt werden, wird es gewöhnlich weniger als 30 Sekunden aufrechterhalten.«[57]
Beispiel: **7-1-8-2-5-3-9**.

Das **Arbeitsgedächtnis** (in Analogie zum Arbeitsspeicher im Computer) dehnt das unmittelbare Gedächtnis aus, wenn wir die Information aktiv wiederholen. Z. B. können wir dafür eine Telefonnummer leise vor uns hinmurmeln (phonologische Schleife) oder aktiv imaginieren (räumlich-visueller Notizblock). Mit Abstraktion können wir das Arbeitsgedächtnis entlasten. Die einfache Formel

$\sum_{n=2}^{7}\frac{1}{n!}$ kann die Ziffernfolge 7-1-8-2-5-3-9 mittels allgegenwärtiger Taschenrechner jederzeit reproduzieren:

1/(1*2) + 1/(1*2*3) + ... + 1/(1*2*3*4*5*6) + 1/(1*2*3*4*5*6*7) = *0,718253968*.

---

55 Yu, T. et al. (2010): Effects of individual segmental trisomies of human chromosome 21 syntenic regions on hippocampal long-term potentiation and cognitive behaviors in mice. In: Brain Research 1366, 162–171.
56 Squire, L. R. & Kandel, E. R. (1999): Gedächtnis. Die Natur des Erinnerns. Heidelberg, 92.
57 Ebd.

Das **Langzeitgedächtnis** behält nur persönlich Wichtiges. Die Praxis mit Zins- und Wahrscheinlichkeitsrechnung steigert auf die Dauer die Aufmerksamkeit und die Intensität der Emotionen für Formeln dieser Art. So funktioniert Lernen.

Anderes Beispiel: Wenn wir uns in einer bestimmten Gegend (in einer Stadt, in einem Gebäude, in einem Land usw.) orientieren, bilden wir in unserem Kopf eine innere Karte. Dieses mentale Navi ermöglicht ein Teil des Gehirns, den man oft mit einem Seepferdchen (lateinisch: *hippocampus*) vergleicht.[58]

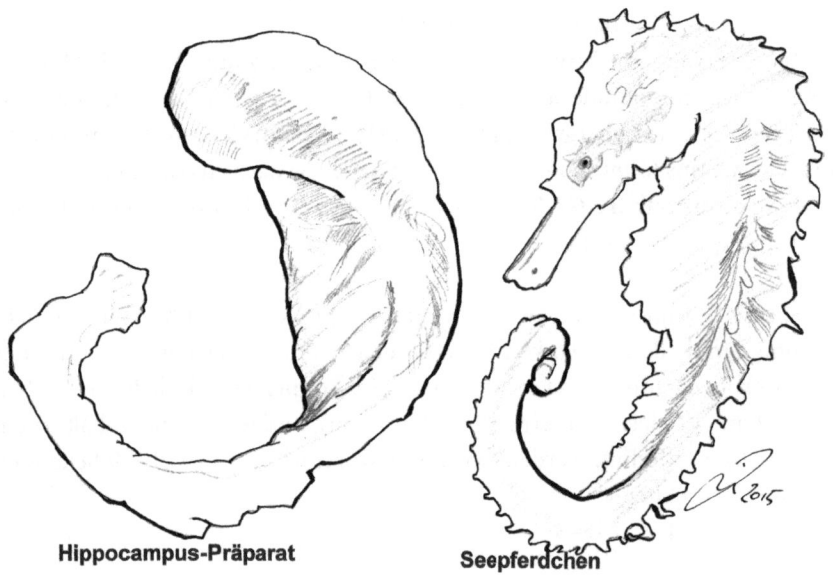

Hippocampus-Präparat   **Seepferdchen**

Der Hippocampus ist eine Ansammlung von Nervenzellen tief im Inneren der beiden Schläfenlappen des Gehirns. Seine eingerollte Rindenstruktur ist der eigentliche Ort des Lernens. Die Eingangsstation von Signalen, der *Gyrus dentatus* (ein Teil des »Schwanzes vom Seepferdchen«), aktiviert und hemmt die Pyramidalzellen des Ammonshorns *(Cornu Ammonis)*.

Das Ammonshorn ist ein Teil des Hippocampus, wegen seiner spiralartigen Form nach den Hörnern des Widders benannt, dem heiligen Tier des ägyptischen Gottes Amun (lateinisch: Ammon). Bei epileptischen Anfällen mit Ursprung im Schläfenlappen (Temporallappenepilepsie) kann dieser Bereich vergrößert sein. Alkoholmissbrauch (Korsakow-Syndrom) zerstört Zellen und

---

58 O'Keefe, J. & Dostrovsky, J. (1971): The hippocampus as a spatial map. Preliminary evidence from unit activity in the freely-moving rat. In: Brain Research 34, 171–175; Hafting, T. et al. (2005): Microstructure of spatial map in the entorhinal cortex. In: Nature 436, 801–806.

Verbindungen in diesem Bereich und damit den Zugriff auf das Langzeitgedächtnis.

Bei Personen mit schweren Depressionen, z. B. infolge einer posttraumatischen Belastungsstörung,[59] ist der Hippocampus verkleinert (siehe auch: Noradrenalin, Rock'n'Roll im Hirn, 72 f.).

Das Gedächtnis verteilt sich über das gesamte Gehirn

Für das Kurz- und Langzeitgedächtnis sorgt der Hippocampus, indem er den Takt für so genannte Theta-Wellen im Gehirn vorgibt. Dabei entsprechen einzelne Erinnerungen getrennten Wellen. Der Theta-Takt legt die Zeitspanne fest, über die das Kurzzeitgedächtnis verfügen kann, um Erinnerungen zur dauerhaften Erinnerung im Langzeitgedächtnis aufzufrischen.[60]

Auch wenn der Hippocampus beim Einprägen und Lernen die entscheidende Rolle spielt, ist er jedoch nicht der Sitz des Gedächtnisses. Träger des Gedächtnisses ist das gesamte Gehirn.

Die Hirnmasse im Hinterkopfbereich des Gehirns (die **Okzipital-Lappen**) speichert vor allem visuelle Erinnerungen wie Konturen, Perspektiven, Formen, Farben und Muster. Beispiel: das Schriftbild einer Telefonnummer.

Der Schläfenbereich (**Temporal-Lappen**) speichert hauptsächlich akustische Erinnerungen wie etwa an Tonhöhen, Klänge, Laute, Rhythmen, Melodien und Stimmen. Beispiel: den rhythmisierten Wortlaut einer gesprochenen Telefonnummer.

Der Scheitelbereich der Hirnrinde (**Parietal-Lappen**) speichert vorwiegend räumlich-körperliche Erinnerungen wie Orte, Richtungen, Körperbewegungen, Berührungsqualitäten und schmerzende Körperstellen. Beispiel: die Muskelempfindungen beim Eintippen einer Telefonnummer.

Der Stirnbereich der Hirnrinde (**Frontal-Lappen**) speichert bei vielen Tierarten vor allem Gerüche (bei Hunden ganze Geruchslandschaften):

»Tatsächlich waren die primitiven Vorderhirne unserer Ahnen in erster Linie mit der Verarbeitung von Geruchswahrnehmungen beschäftigt und verfügten infolgedessen über verhältnismäßig massive Verbindungen zu großen, hochgradig strukturierten Geruchslappen. Beim Menschen sind die

---

[59] Videbech, P. & Ravnkilde, B. (2004): Hippocampal volume and depression: a meta-analysis of MRI studies. In: American Journal of Psychiatry 161/11, 1957–1966.
[60] Axmacher, N. (2009): Cross-frequency coupling supports multi-item working memory in the human hippocampus. In: Proceedings of the National Academy of Sciences 107/7, 3228–3233.

Geruchslappen zu winzigen, dürftig differenzierten Kolben verkümmert und unter dem überhängenden Gesims der Stirnlappen eingeklemmt.«[61]

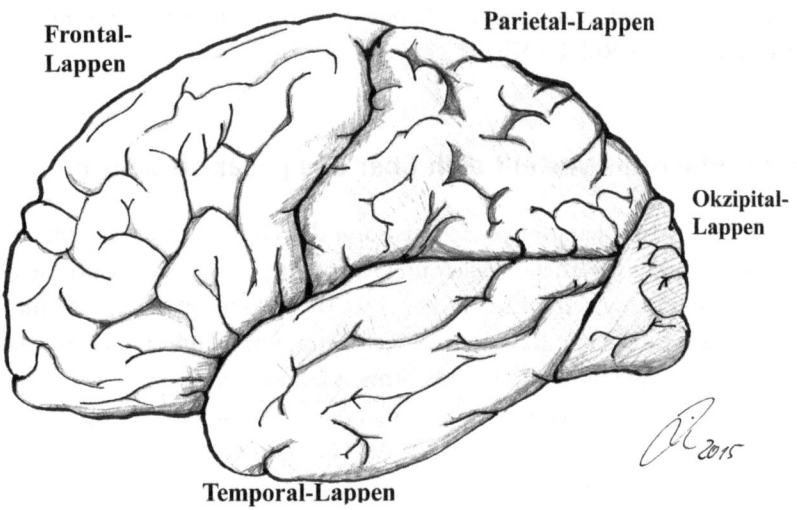

Die menschliche Welt der Gerüche ist armselig. Jeder Dackel stellt uns da in den Schatten. Dafür sind unsere großen Stirnlappen vor allem mit Sozialerfahrungen ausgelastet und schmieden pausenlos Pläne, die uns Impulskontrolle, Bewegungssteuerung und langfristiges Handeln ermöglichen. Beispiel: Die Entscheidung, ob man eine Telefonnummer wählen sollte. So steuert das Stirnhirn auch bewusste Lernvorgänge im Hippocampus.

Aber auch Emotionen beeinflussen die Aktivität des Hippocampus.[62] Herzklopfen und Lernen hängen zusammen, das belegen bildgebende Verfahren. In jeder Kultur gibt es einfache Melodien, die als angenehm empfunden werden. Solche Vorlieben kann man an Aktivitätsunterschieden im Hippocampus ablesen.[63] Laute Musik und Hausaufgaben müssen also kein Widerspruch sein.

Für die Funktionsfähigkeit des Hippocampus spielt der Botenstoff Acetylcholin eine besondere Rolle. Auch die verringerte Muskelspannung und Besonderheiten der Emotionsregulation bei Trisomie 21 stehen mit diesem Botenstoff im Zusammenhang. Davon im nächsten Kapitel mehr.

---

61 Wills, C. (1996): Das vorauseilende Gehirn. Frankfurt/M. 400–401.
62 Koelsch, et al. (2007): A cardiac signature of emotionality. In: European Journal of Neuroscience 26/11, 3328–3338.
63 Ferri, (2014): The Effect of Simple Melodic Lines on Aesthetic Experience: Brain Response to Structural Manipulations. In: Advances in Neuroscience, dx.doi.org/10.1155/2014/482126.

Zusammenfassung

Menschen mit Trisomie 21 führen uns die Relativität der Intelligenz vor Augen: Was eine Person für intelligent hält, sagt immer auch etwas über sie selbst aus. Intelligenz zu unterstellen, also auch Personen mit einer Trisomie 21, ist immer die intelligenteste Lösung. Wenn eine Person mich nicht versteht, wirkt sie auf mich vielleicht unintelligent. (Kapierst du das nicht?!) Doch wie intelligent wirke ich in diesem Moment auf diese Person?

Weder die Größe des Kopfes noch die Beschaffenheit des Gehirns entscheiden allein darüber, wie intelligent ein Mensch ist. Die menschliche Intelligenz beruht vor allem auf sozialen Lernprozessen. Im sozialen Informationsaustausch entwickeln Menschen abstrakte Vorstellungen, wie z. B. die Idee des Geldes als universelles Zeichen für den Tauschwert einer Ware, die Idee des Buchstabens als universelle Bezeichnung für einen Laut usw. Diese Abstraktionen haben ausschließlich eine gemeinschaftliche Bedeutung. Für einen Robinson Crusoe ohne Freitag wären sie sinnleer.

Abstraktionen beruhen auf Vernetzungen zwischen Sinnes- und Bewegungszentren im gesamten Gehirn. Sie entlasten das individuelle Gedächtnis. Sie sind Ergebnis einer Koevolution zwischen Menschen und verankern sich im Gehirn über die Langzeitpotenzierung. Diese wiederum hängt im Gehirn von einem funktionierenden Stoffwechsel im Hippocampus ab.

III. Botenstoffe und Neuro-Enhancement

Enzyme, Katalysatoren im Gehirn

Den deutschen Neuropathologen Alois Alzheimer (1864–1915), dessen Name 1910 für die von ihm beschriebene »Krankheit des Vergessens« steht, hatte man selbst beinahe vergessen. Erst in den 1970er-Jahren gelangte die Alzheimer-Krankheit wieder in das kollektive Gedächtnis zurück.[1] Seitdem suchen Wissenschaftsteams weltweit nach Zusammenhängen zwischen Demenz (*demens* = lateinisch für »unvernünftig«), Trisomie 21 und Stoffwechselvorgängen im Gehirn. Eine der Spuren führt zu einem Botenstoff im Gehirn: Acetylcholin.

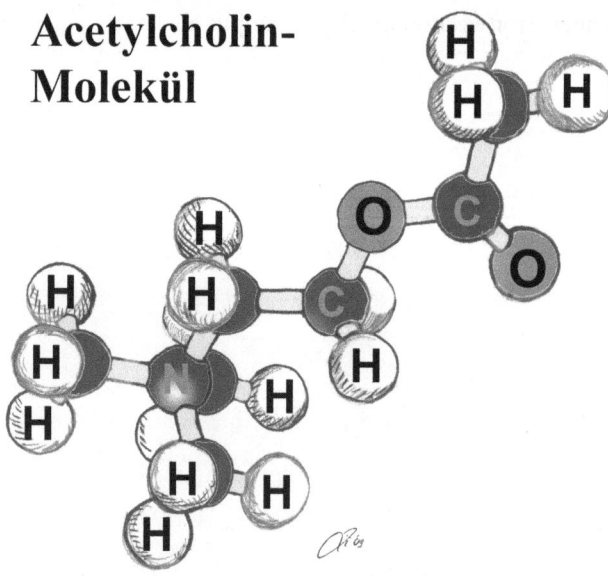

Acetylcholin-Molekül

---

[1] Westhoff, A. (2014): Der Neurologe Alois Alzheimer geboren. Deutschlandfunk, Forschung aktuell, 14.06.2014.

Ohne Acetylcholin ist im Gehirn das Kurzzeitgedächtnis blockiert. Damit unser Organismus Cholin zu Acetylcholin verstoffwechseln kann, benötigt er Lecithine (λέκιθος, *lekithos* = griechisch für »Eidotter«), die Cholin enthalten. Lecithine nehmen wir mit der Nahrung auf. Pflanzensamen und Eier enthalten besonders viel davon.

Typische Symptome bei Trisomie 21, wie z. B. die Hypotonie (herabgesetzte Muskelspannung), scheinen mit Acetylcholinmangel im Zusammenhang zu stehen. Botulinumtoxin (Botox) ist ein Medikament, das Acetylcholin hindert, Signale zum präsynaptischen Teil der neuromuskulären Endplatte zu übertragen. Das Medikament hilft bei der Milderung von Spasmen usw. Es hat deshalb auch den kosmetisch gewünschten glättenden Effekt auf Hautfalten. Der Preis: Das für die menschliche Kommunikation so wichtige Mienenspiel geht verloren.

Das Enzym ChAT (Cholinacetyltransferase) ist ein biologischer Katalysator. Er setzt im Inneren von Nervenzellen das Acetylcholin-Molekül aus Acetyl-CoA und Cholin zusammen. Millionen kleiner Bläschen (Vesikel) mit jeweils 5.000 bis 10.000 Acetylcholin-Molekülen transportieren den Botenstoff durch die Nervenbahn zur Synapse, der Kontaktstelle zur nächsten Nerven- oder Muskelzelle.

Wenn ein Nervensignal an der Synapse eintrifft, schwappen Wellen aus Acetylcholin-Molekülen in den synaptischen Spalt. Kaum am anderen »Ufer« angekommen, werden sie in Rezeptoren gespült, die einen ähnlichen Vorgang in der nächsten Zelle in Gang setzen.

Äußerlich nehmen wir diesen mikroskopischen Prozess z. B. als Kontraktion eines Muskels wahr. Dieser Vorgang kann etwa bis zu 500 Nervensignale pro Sekunde übertragen. Ohne Beseitigung des überflüssig gewordenen Acetylcholins würden die Signale schnell verrauschen. Für die Beseitigung der unzähligen Acetylcholin-Moleküle innerhalb weniger Sekunden ist das Enzym AChE (Acetylcholinesterase) zuständig:

»Der gegenüberliegende synaptische ›Strand‹ ist vollgepackt mit Enzymen dieser Art. Wie Möwen, die nach frischgeschlüpften Schildkröten jagen, stoßen diese Katalysatoren gnadenlos in die Menge der Acetylcholine. Die Biochemiker haben gestoppt, dass ein Enzym dieser Art in jeder Sekunde 25.000 Moleküle anknabbert. Anders herum gesagt, jede hungrige Esterase zerrupft ein Acetylcholinmolekül in etwa 40 Mikrosekunden.«[2]

---

2 Rose, K. J. (1991): Die menschliche Uhr. Die Rolle der Zeit in unserem Körper. Hamburg, 230–231.

AChE Bändermodell

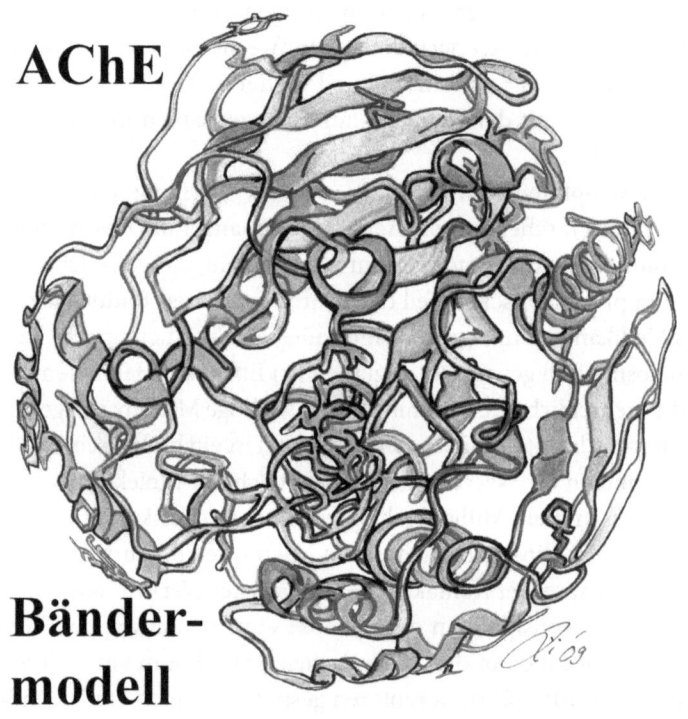

Lässt sich in den Gehirnen der Modell-Mäuse für eine Trisomie 21 ein Mangel an Acetylcholin nachweisen? Ist dieser Mangel die Ursache von Lernschwierigkeiten bei Menschen mit einer Trisomie 21? Welche Rolle spielen dabei die Enzyme Cholinacetyltransferase (ChAT) und Acetylcholinesterase (AChE)?

Acetylcholin, Angst vor Alzheimer

Bei Menschen mit Trisomie 21 erwartet man schon ab einem Alter von 40 Jahren, dass etwa jede vierte Person vom Alzheimer-Syndrom betroffen sein wird.[3] Bei Menschen, bei denen eine geistige Beeinträchtigung diagnostiziert wurde, rechnet man damit erst ab dem Alter von 60 Jahren (und das nur bei circa sechs Prozent, sprich: wie in der Allgemeinbevölkerung).

---

3   Hawkins, B. & Eklund, (1994): Aging-Related Change in Adults with Mental Retardation. In: Research Brief. Silver Spring; Janicki, M. P. & Dalton, A. J. (1999): Aging, Dementia and Intellectual Disabilities: A Handbook. Philadelphia; Janicki, M. P. & Dalton, A. J. (2000): Prevalence of dementia and impact on intellectual disability services. In: Mental Retardation 38, 277–289.

Ist das Alzheimer-Syndrom ein biologisch bedingtes Schicksal für Menschen mit einer Trisomie 21 oder eine sich selbst erfüllende Prophezeiung? Für beides gibt es Argumente. Ein wichtiges Argument für ein biologisch bedingtes Schicksal ist der Acetylcholinmangel.

Schaltet man Acetylcholin im Gehirn eines Menschen durch Verabreichung von Atropin aus, fällt es ihm schwer, seine Gedanken zusammenzuhalten, sich zu erinnern, logische Schlüsse zu ziehen, kritische Distanz zu wahren und sich selbst zu steuern. Im Mittelalter missbrauchte man den Wirkstoff Atropin (Tollkirschenextrakt) als »Wahrheitsserum«.[4]

»Das Wissen um die Symptomatik, die bei einem atropin-bedingten Mangel an Acetylcholin auftritt, weist darauf hin, dass wohl auch die Alzheimerkrankheit vor allem eine Acetylcholinmangelkrankheit ist.«[5]

Seit den 1980er-Jahren gilt als gesichert, dass Personen mit einer Trisomie 21 einen verminderten Acetylcholinstoffwechsel aufweisen.[6]

Die vorderen Nervenzentren des Hippocampus (siehe auch: Ort des Lernens, 45 ff.) kommunizieren über den Botenstoff Acetylcholin miteinander. Man bezeichnet sie auch als die Zentren für Aufmerksamkeit und Lernen.[7]

Viele Studien konnten Besonderheiten in diesem Hirnareal bei Trisomie 21 nachweisen: In Feten mit Trisomie 21 sind diese Hippocampusareale verkleinert.[8]

Bei jungen Trisomie-21-Modell-Mäusen ist die Anzahl der Nervenzellen in den vorderen Nervenzentren des Hippocampus nicht verringert, nimmt aber mit zunehmendem Alter der Mäuse ab.[9] Die Enzymaktivität (ChAT) zur Bil-

---

4 Zehentbauer, J. (2010): Körpereigene Drogen – garantiert ohne Nebenwirkungen. Mannheim, 6. Aufl., 107–108.
5 Ebd., 107.
6 Yates, C. M. et al, (1980): Alzheimer-like cholinergic deficiency in Down's syndrome. In: Lancet 11, 979; Dobbing, J. (1984): Scientific Studies in Mental Retardation. London: Royal Society of Medicine, 268; Godridge, H. et al., (1987): Alzheimer-like neurotransmitter deficits in adult Down's syndrome brain tissue. In: Journal of Neurology, Neurosurgery & Psychiatry with Practical Neurology 6, 7–778.
7 Bartus, R. T. (2000): On neurodegenerative diseases, models, and treatment strategies: lessons learned and lessons forgotten a generation following the holinergic hypothesis. In: Experimental Neurology 163, 495–529; Baxter, M. G. & Chiba, A. A. (1999): Cognitive functions of the basal forebrain. In: Current Opinion in Neurobiology 9/2, 178–183.
8 Whittle, N. et al. (2007): Fetal Down syndrome brains exhibit aberrant levels of neurotransmitters critical for normal brain development. In: Pediatrics 120/6, e1465–e1471.
9 Granholm, A. C. E. et al. (2000): Loss of cholinergic phenotype in basal forebrain coincides with cognitive decline in a mouse model of down's syndrome. In: Experimental Neurology 161/2, 647–663; Cooper, J. D., et al. (2001): Failed retrograde transport of NGF in a mouse model of Down's syndrome: reversal of cholinergic neurodegenerative phenotypes follow-

dung von Acetylcholin ist bei ihnen jedoch erhöht. Damit gleichen die Mäusegehirne den Nervenzelltod aus.[10]

Donepezil, Doping für das Gehirn

Gleichen die Gehirne von Personen mit einer Trisomie 21 den Acetylcholinmangel ebenfalls aus? Jedenfalls wohl nicht auf die gleiche Weise wie Mäusegehirne, ergeben die Befunde: Die Aktivität des Enzyms ChAT (Choline-Acetyl-Transferase), verantwortlich für die Bildung von Acetylcholin, erwies sich in den Gehirnen erwachsener Personen mit Trisomie 21 als herabgesetzt.[11]

Das Enzym Acetylcholinesterase (AChE) spaltet Acetylcholin nach Freisetzung im synaptischen Spalt und Bindung an den Rezeptor. Übrig bleiben Cholin und Essigsäure[12] (siehe auch: Enzyme, Katalysatoren im Gehirn, 50 ff.).

Es gibt ein Medikament, das bei leichter Vergesslichkeit das Erinnerungs- und Denkvermögen verbessert: Donepezil. Wie auch das ätherische Öl des Salbeis verzögert es den Abbau eines Botenstoffs (Acetylcholin) im Gehirn.[13]

Beim Alzheimer-Syndrom ist Donepezil allerdings ein Mittel der zweiten Wahl, weil seine Wirkung nur mäßig bis schwach ist. Eine Studie mit Personen, die unter den Bedingungen einer Trisomie 21 leben, fand jedoch erste Indizien

ing NGF infusion. In: Proceedings of the National Academy of Sciences of the United States of America 98/18, 10439–10444; Hunter, C. L. et al. (2003): Behavioral comparison of 4 and 6 month-old Ts65Dn mice: age-related impairments in working and reference memory. In: Behavioural Brain Research 138/2, 121–131; Hunter, C. L. et al. (2004): Minocycline prevents cholinergic loss in a mouse model of Down's syndrome. In: Annals of Neurology 56/5, 675–688.

10 Cooper (2001), 10439–10444; Contestabile, A. et al. (2006): Choline acetyltransferase activity at different ages in brain of Ts65Dn mice, an animal model for Down's syndrome and related neurodegenerative diseases. In: Journal of Neurochemistry 97/2, 51–526; Contestabile, A. et al. (2008): The place of choline acetyltransferase activity measurement in the »cholinergic hypothesis« of neurodegenerative diseases. In: Neurochemical Research 33/2, 318–327. Chen, Y. et al. (2008): In vivo MRI identifies cholinergic circuitry deficits in a Down syndrome model. In: Neurobiology of Aging 30, 1453–1465.

11 Risser, D. et al. (1997): Excitatory amino acids and monoamines in parahippocampal gyrus and frontal cortical pole of adults with Down syndrome. In: Life Sciences 60/15, 1231–1237.

12 Offene Neuralrohrdefekte (Spina bifida und Anencephalus) erkennt man unter anderem daran, dass sich AChE im Fruchtwasser befindet.

13 Hauptbestandteil des ätherischen Öls ist jedoch Thujon, ein Nervengift (siehe auch: GABA, die Hemmung hemmen, 62 f.).

für eine leichte Verbesserung der Steuerung von Bewegung, Emotionen und Aufmerksamkeit.[14]

Die Alzheimer-Forschung hat den Schwerpunkt aus diesem Grund – und weiteren Gründen – auf andere Symptome verlagert. Sie knüpft direkt bei den Beobachtungen Alzheimers an.

Alzheimer beschrieb zwei Symptome bei einer verstorbenen Patientin: erstens viele Eiweißklumpen (senile Plaques) außerhalb der Nervenzellen und zweitens seltsam verfilzte Fasern. Für das erste Symptom ist das in der Zellmembran sitzende Amyloid-Vorläuferprotein verantwortlich. In kurze Abschnitte zerlegt, ballt es sich zu Plaques zusammen, dem gefürchteten beta-Amyloid. Für das zweite Symptom ist das Tau-Protein verantwortlich, an dem zu viele Phosphatgruppen andocken. Es zerstört das Zellskelett und Transportwege in der Nervenzelle (Mikrotubuli) und fördert die Bildung der charakteristischen Fibrillenbündel. Welche Rolle spielt das Chromosom 21 beim Alzheimer-Syndrom?

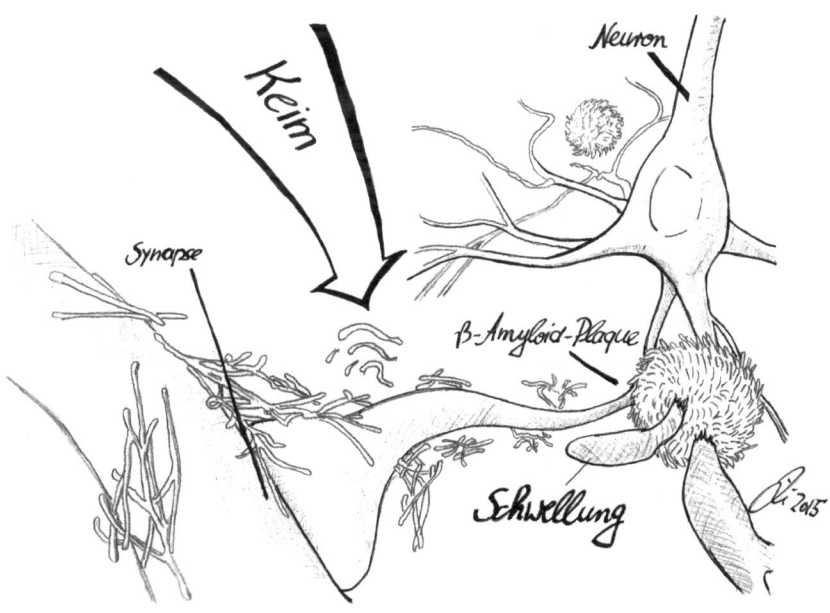

---

14 Heller, J. H., Spiridigliozzi, G. A., Sullivan, J. A., Doraiswamy, P. M., Krishnan, R. R. & Kishnani, P. (2003): Donepezil for the treatment of language deficits in adults with Down syndrome: A preliminary 24-week open trial. American Journal of Medical Genetics 15, 111–116; Mohan, M., Carpenter, P. K. & Bennett, C. (2009) Donepezil for dementia in people with Down syndrome. In: Cochrane Library. DOI: 10.1002/14651858.CD007178.pub2.

In der Forschung stehen mittlerweile fünf Gene im Verdacht, das Alzheimer-Syndrom zu befördern. Aber nur eines dieser fünf, das Amyloid-Precursorprotein (APP), liegt auf dem Chromosom 21 und regt die Synapsenbildung an.[15] Man macht es aber auch für Ablagerungen im Gehirn verantwortlich.

Eine Abschaltung der dritten Kopie des Gens bei Trisomie-21-Modell-Mäusen hatte jedoch keinen verringernden Effekt auf diese Ablagerungen[16] (siehe auch: Noradrenalin, Rock'n'Roll im Gehirn, 72 f.). Für das Alzheimer-Syndrom scheinen hauptsächlich Gene verantwortlich zu sein, die nicht auf dem Chromosom 21 liegen.[17] Es lohnt sich also, die enge Verknüpfung einer Trisomie 21 mit erhöhtem Alzheimer-Risiko zu hinterfragen.

Wie das Gehirn Medikamente neutralisiert

Donepezil bremst die Spaltung von Acetylcholin durch Hemmung des Abbauenzyms im synaptischen Spalt (siehe auch: Enzyme, Katalysatoren im Gehirn, 50 ff.). Dadurch erhöht sich die Acetylcholin-Konzentration im synaptischen Spalt. Die Donepezil-Studie bewirkte nach einem Zeitraum von 24 Wochen bei Versuchspersonen mit einer Trisomie 21 immerhin eine leichte Verbesserung der expressiven Sprache sowie der Stimmungs-, Bewegungs- und Aufmerksamkeitsregulation. In Langzeitstudien mit größerer Anzahl von Versuchspersonen hat sich dieser Effekt leider nicht bestätigt.

Dafür gibt es wahrscheinlich folgenden Grund: Medikamente greifen einseitig in die komplizierte Wechselwirkung von Aufbau und Abbau der Botenstoffe ein. Der Hirnstoffwechsel gerät aus der Balance. Indem das Gehirn allmählich die Balance wiederherstellt, z. B. mit gezügelter Produktion körpereigener Botenstoffe, Änderung der Zahl der Rezeptoren für den Botenstoff usw., vereitelt es eine nachhaltige Wirkung des Medikaments.

Sehr anschaulich vermittelt diesen Effekt der Hollywood-Film *Awakenings – Zeit des Erwachens* aus dem Jahr 1990. Er beruht auf einer wahren Begeben-

---

15 Priller, C. et al. (2006): Synapse formation and function is modulated by the amyloid precursor protein. In: Journal of Neuroscience 26/27, 7212–7221.
16 Salehi, A. et al. (2009): Restoration of Norepinephrine-Modulated Contextual Memory in a Mouse Model of Down Syndrome. In: Science Translational Medicine 1/7, 7–17.
17 Dazu gehören die Presenilin-Gene: PSEN1 liegt auf Chromosom 14 und PSEN2 auf Chromosom 1. Eine Mutation von Presenilin-1 ist in 40 Prozent aller Frühfälle des Alzheimer-Syndroms vorhanden. Noch viel häufiger sind spät einsetzende Formen des Alzheimer-Syndroms: In etwa 60 Prozent tragen Mutationen der Gene Apolipoprotein E (ApoE4-Allel) auf Chromosom 19 und Alpha-2-Macroglobulin (A2M) auf Chromosom 12 zur Gesamtzahl der Fälle bei. Siehe dazu: Squire/Kandel (1999), 226.

heit: Der britische Neurologe Oliver Sacks (1933–2015) behandelte Ende der 60er-Jahre in einem Krankenhaus bei New York Überlebende der Europäischen Schlafkrankheit (Postenzephalitis), die jahrzehntelang in einem Parkinson ähnlichen Rigor erstarrt waren. Mit dem Medikament L-Dopa erweckte Sacks seine postenzephalitischen Patientinnen und Patienten wieder zum Leben.[18]

Gerade in diesem Moment, es ist der 30. August 2015 um 13:00 Uhr, in dem ich diese Zeilen schreibe, erfahre ich vom Tod des 82-Jährigen. Im Jahr 1997 hatte ich ihn in seinem Büro in New York besucht, unter anderem, um die Autismus-Diagnose eines Schülers nach einer Herzerkrankung mit Wirkung auf das Gehirn zu klären.[19]

Der Besuch fand in einem großen Apartmenthaus in Greenwich Village statt, einem Stadtviertel im Süden der Insel Manhattan. Seitdem habe ich alle Veröffentlichungen von Sacks verfolgt. Der Briefwechsel, seine Bücher und seine Vorlesungen an der Universität Hamburg zur nichtlinearen Dynamik des Gehirns haben meine Denkweise und Forschungstätigkeit stark beeinflusst.

Die anfängliche Euphorie über die Wirkung des von ihm durchgeführten Medikations-Versuchs beschreibt Sacks so:

»Die frühen Tage mit dem L-DOPA brachten uns allen Freude – unseren Patienten ging es auf wunderbare Weise besser, und wir, ihre Ärzte, entwickelten ein Gefühl der Stärke. Offensichtlich lag es in unserer Macht, dem Parkinsonismus Einhalt zu gebieten, seine Symptome zu bannen und unseren Patienten eine anscheinend unbegrenzte Heilung zu bringen, zumindest aber eine unbegrenzte Erleichterung von ihren Symptomen.«[20]

Nach einiger Zeit kommt es jedoch wieder zu Rückfällen und seine postenzephalitischen Patienten fallen ins Koma zurück:

»Aber schon bald nach diesen ›Flitterwochen mit L-DOPA‹, während deren alles beherrschbar schien und die bei manchen meiner postenzephalitischen Patienten nur Wochen, gar nur Tage dauerten, begannen die schweren Komplikationen.«[21]

---

18 Sacks, O. (1991): Awakenings. Zeit des Erwachens. Reinbek.
19 Zimpel (2012), 128.
20 Sacks (1991), 405.
21 Ebd.

L-DOPA ist eine Vorstufe zur Synthese verschiedener Botenstoffe im Gehirn, z. B. von Noradrenalin und Dopamin. Letzteres ist für das Lernen von hervorragender Bedeutung. Auch im Zusammenhang mit Trisomie 21?

Dopamin, Anregung mit Suchtfaktor

»Nach der mit Highlights gespickten Eröffnungsfeier […] erleben wir eine tolle Stimmung, großartige sportliche Leistungen und gegenseitige Unterstützung im Team Germany […]«[22], lautet eine Meldung von den Special Olympics World Games 2015 in Los Angeles.

Tolle Stimmung bei sportlichen Leistungen heißt: Das Gehirn schüttet den Botenstoff Dopamin reichlich aus (im *Nucleus accumbens*, siehe auch: Serotonin, ein körpereigenes Antidepressivum, 69 f.). Man spricht sogar vom »Dopamin-Glück«. Doch auch dieses Glück hat Schattenseiten: Es fördert Spielsucht, Drogenabhängigkeit, Esssucht, Sexsucht, Anerkennungssucht usw.

Bei jeder überraschend gut gemeisterten Schwierigkeit schüttet das Gehirn Dopamin aus. Deshalb spielen Kinder, egal, ob mit oder ohne Trisomie 21, von ganz allein das, was sie am meisten herausfordert, ohne sie zu überfordern.[23]

Dopamin ist auch für das positive Gefühl verantwortlich, das mit einem Aha-Erlebnis einhergeht. Man hat sich angestrengt und etwas herausgefunden. Dafür belohnt sich das Gehirn mit einem Dopaminanstieg. Dieses gute Gefühl nennt man auch »intrinsische Motivation«. Körperliches und geistiges Aktivsein belohnt sich selbst in jedem begeisterten Bewegungs- und Denkspiel.

Das Enzym Dopamin-β-Hydroxylase (DBH)[24] wandelt Dopamin in Noradrenalin um. Bei Menschen mit Trisomie 21 lässt sich ein DBH-Mangel nachweisen.[25] Dann wäre eigentlich ein Überschuss an Dopamin, das nicht in Noradrenalin umgewandelt wurde, im Gehirn von Menschen mit Trisomie 21 zu erwarten.

---

22 Miles-Paul, O. (2015): Zufriedene Halbzeitbilanz der Special Olympics. www.kobinet-nachrichten.org/de/1/nachrichten/32091/Zufriedene-Halbzeitbilanz-der-Special-Olympics.htm, letzter Aufruf am 31.07.15.
23 Zimpel, A. F. (2014b): Spielen macht schlau! Warum Fördern gut ist, Vertrauen in die Stärken Ihres Kindes aber besser. München; Zimpel, A. F. (2013a): Lasst unsere Kinder spielen! Der Schlüssel zum Erfolg. 3. Aufl., Göttingen.
24 Das Gen, das DBH kodiert, befindet sich auf Chromosom 9 (Genlocus q34) und nicht auf Chromosom 21.
25 Coleman, M. et al. (1974): Serum dopamine-β-hydroxylase levels in Down's syndrome. In: Clinical Genetics 5/4, 312–315.

Untersuchungen der Gehirne von Feten mit Trisomie 21 bestätigen diese Erwartung nicht. Im Stirnhirn (Frontalcortex) zeigt sich sogar ein Mangel an Dopamin, aber kein Mangel an Noradrenalin.[26]

Im Gehirn kommt Dopamin in fast allen Regionen vor. Die höchste Konzentration enthält ein kleines Areal im verlängerten Rückenmark (*Substantia nigra*, schwarze Substanz). Schrumpft sie, entsteht das Parkinson-Syndrom.

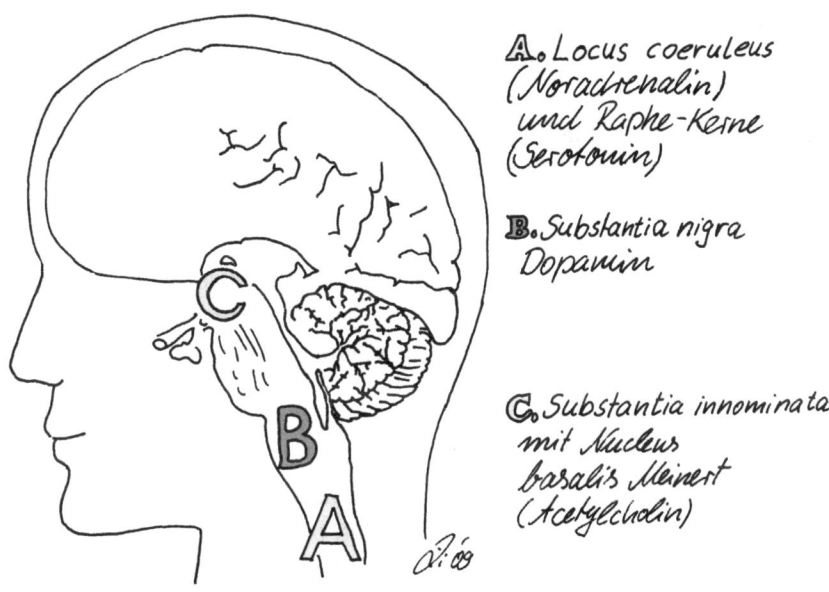

Im Frontalhirn sorgt Dopamin für Antrieb und Wachheit. Fallen Kinder in der Schule als unaufmerksam auf, diagnostiziert man bei ihnen immer häufiger eine Aufmerksamkeitsdefizit- oder Hyperaktivitätsstörung (ADHS). Auch Kinder mit Trisomie 21 erhalten ab und zu diese Diagnose.

Scheinbar stellt man unruhige und verträumte Kinder mit dem Medikament Ritalin (Methylphenidat) ruhig. Aber Ritalin ist ein Aufputschmittel. Wie soll das gehen?

Kinder mit ADHS haben einen größeren Bedarf an körperlicher Bewegung und geistiger Nahrung als andere Kinder. Sie sind unruhig und abgelenkt, weil sie sich langweilen. Das Aufputschmittel hilft ihnen, Monotonie besser zu ertragen, weil es künstlich Noradrenalin und vor allem Dopamin stimuliert. Der

---

26 Whittle (2007), e1465–e1471.

Preis für »bravere« Kinder: Gefährdung der diffizilen Stoffwechsel-Balance im Gehirn. Es gibt einen weiteren Botenstoff im Gehirn, der aufputscht: Glutamat.

Glutamat, mehr als nur Geschmacksache

Glutamat ist ein Salz, genauer: die ionisierte Form der Glutaminsäure. Sein Geschmack ist weder salzig, bitter, süß noch sauer. Trotzdem sorgt diese Aminosäure für den Wohlgeschmack von Tomaten, Käse, Pilzen und Fleisch. Diese Geschmacksqualität nennt man auch *umami*, was auf Japanisch so viel wie »herzhaft« oder »fleischig« bedeutet.

Berühmt wurde Glutamat im Zusammenhang mit dem »China-Restaurant-Syndrom«. Als Gewürz wirkt es als Geschmacksverstärker und überdeckt natürliche Aromen. Bei manchen Personen löst es empfindliche Lebensmittelunverträglichkeiten aus. Aber Glutamat kann viel mehr. Es ist ein Botenstoff in den meisten erregenden (exzitatorischen) Synapsen im Gehirn und bewirkt, dass Kalzium in die Nervenzellen einströmt. Kalzium ist der Stoff, der Nervennetze knüpft (siehe auch: Mäusegedächtnis, 42 f.).

Da Glutamat an fast allen Hirnfunktionen beteiligt ist, waren zu Beginn des letzten Jahrhunderts die Hoffnungen in diesen Stoff groß. Man fütterte voller Erwartungen Kinder mit Glutamat, konnte jedoch weder positive noch negative Wirkungen nachweisen. Laborexperimente belegten später (wenn auch nur geringe) positive Effekte bei Erwachsenen auf das Kurzzeitgedächtnis – allerdings: auf Kosten des Langzeitgedächtnisses.[27]

Das ändert jedoch nichts an der Eigenschaft Glutamats, ein Botenstoff zu sein, der die Hirntätigkeit auf Touren bringt. Von seiner anregenden Wirkung profitieren unter anderem die Großhirnrinde, das Kleinhirn und die Nervenbahnen, die Signale von den Augen ins Gehirn weiterleiten.

Bei Erwachsenen mit einer Trisomie 21 konnte man tatsächlich einen Glutamatmangel in einigen Bereichen des Gehirns nachweisen. Deshalb vermutet man immer noch darin eine mögliche Ursache für Lernschwierigkeiten.[28]

Der Neurologe Alberto Costa hat eine Tochter mit Trisomie 21. Sie heißt Tyche. An der Case Western Reserve University School of Medicine in Cleveland, Ohio, forscht er mit Trisomie-21-Modell-Mäusen. Und tatsächlich, er

---

27 Lynch, G. (1997): Evidence that a positive modulator of AMPA-type glutamate receptors improves delayed recall in aged humans. In: Experimental Neurology 145, 89–92.
28 Godridge (1987), 775–778; Risser (1997), 1231–1237.

konnte mit einem Wirkstoff, der Glutamat unterstützt, positive Effekte auf das Gedächtnis seiner transgenen Mäuse nachweisen.[29]

Memantin, so heißt der Wirkstoff, unterstützt die von Glutamat angeregte Langzeitpotenzierung (LTP, siehe auch: Mäusegedächtnis, 43 ff.). Bildlich ausgedrückt: Es räumt die Ionenkanäle im Hippocampus frei.

Das weckt Hoffnungen, Lernen und Gedächtnis chemisch zu fördern. Eine »Medikamenten-Kur gegen geistige Beeinträchtigung« klingt im ersten Moment unproblematisch. Ist es aber nicht. Die geistige Entwicklung eines Menschen ist eng mit der Entwicklung seiner Gesamtpersönlichkeit verbunden. Ein chemischer Eingriff in die Persönlichkeitsentwicklung ist immer eine Grenzüberschreitung.

Memantin, Hoffnung auf eine Lernpille

An der Studie des Neurologen Costa nahmen 173 Erwachsene teil. Bei allen hatte man Trisomie 21 diagnostiziert, und sie waren alle älter als 40 Jahre. Es handelte sich um eine randomisierte Doppelblindstudie (siehe auch: Hirnwachstumsgene oder Stress in früher Kindheit?, 35 f.).

Über 52 Wochen erhielten die 88 Personen der Experimentalgruppe Memantin (10 Milligramm täglich), die 85 Personen der Kontrollgruppe dagegen nur ein Placebo. Ergebnis: Der Unterschied zwischen beiden Gruppen war zu gering, um wissenschaftlich interpretierbar zu sein.[30]

Man spekuliert, dass die über 40-Jährigen für den Nachweis der Wirksamkeit vielleicht ungeeignet waren. Immerhin gab es schwache Hinweise darauf, dass das sprachliche Erinnerungsvermögen durch das Medikament verbessert wurde. Deshalb gibt Alberto Costa nicht auf. Er fühlt sich seiner Tochter Tyche verpflichtet. Diesmal setzt er auf eine Studie bei jüngeren Personen mit Trisomie 21 im Alter zwischen 18 und 30 Jahren. Das Medikament will man diesmal über einen längeren Zeitraum (16 Wochen) verabreichen. Erste Ergebnisse verspricht er im Jahre 2018.[31]

---

29 Costa, A. C. & Scott-McKean, J. J. & Stasko, M. R. (2008): Acute injections of the NMDA receptor antagonist memantine rescue performance deficits of the Ts65Dn mouse model of Down syndrome on a fear conditioning test. In: Neuropsychopharmacology 33/7, 1624–1632.
30 Ballard, C. et al. (2012): Memantine for dementia in adults older than 40 years with Down's syndrome (MEADOWS): a randomised, double-blind, placebo-controlled trial. In: Lancet 379/9815, 528–536.
31 Costa, A. C. & Scott-McKean, J. J. (2013): Prospects for improving brain function in individuals with Down syndrome. In: CNS Drugs 27/9, 679–702. https://clinicaltrials.gov/ct2/show/NCT02304302, letzter Aufruf am 25.08.2015.

Trotz allem sind die Erwartungen gedämpft. Die Gründe dafür liegen auf der Hand: Trisomie-21-Modell-Mäuse zeigen keine bedeutenden Hinweise auf Glutamatmangel. Auch bei Feten mit Trisomie 21 fand man keinen Glutamatmangel.[32]

Der Neuroendokrinologe Bruce McEwen an der Rockefeller University in New York zeigte anhand von Labormäusen mit Glutamatmangel, dass diese hypersensibel für Stress sind.[33] Aber auch Umweltbedingungen haben einen unmittelbaren Einfluss auf den Glutamatstoffwechsel im Gehirn: 60 Prozent der Mäuse, deren Käfig in unvorhersehbarer Weise geschüttelt wurde oder die beim Schlafen gestört wurden, kamen damit gut klar. Die restlichen 40 Prozent entwickelten Depressionen (erkennbar an Nahrungsverweigerung und Rückzug). Bei Letzteren sind eine große Zahl (präsynaptischer metabotroper) Glutamatrezeptoren (mGlu2) im Hippocampus abgestorben. Diese Rezeptoren regulieren die Ausschüttung von Glutamat. Wird Stress zum Dauerzustand, schrumpfen die entsprechenden Hippocampus-Areale (siehe auch: Ort des Lernens, 45 ff.).

Den Verlust der Glutamatrezeptoren bewirken epigenetische Prozesse (siehe auch: Genetik und Epigenetik, 24 f.). Mit dem Wirkstoff Azetylcarnitin kann man diese epigenetischen Veränderungen bei Mäusen sogar wieder rückgängig machen.[34] Die beste Lernpille ist offensichtlich Stressvermeidung. Für Personen mit Trisomie 21, die mit vielen Vorurteilen zu kämpfen haben (siehe auch: Geistigbehindert schon vor der Geburt?, 13 ff.), ist das leichter gesagt als getan.

GABA, die Hemmung hemmen

Medikamente können das Leben erleichtern. Viele Menschen mit Trisomie 21 profitieren bereits von Thyroxin (siehe auch: Ein Bild sagt mehr als tausend Worte, 25 ff.), andere von Antiepileptika usw. Sie von solchen Medikamenten fernzuhalten, wäre unverantwortlich. Doch wirkt Memantin überhaupt? 2018 werden wir klüger sein.

Vielleicht lassen sich Lernschwierigkeiten ja gar nicht auf zu wenig Erregung am synaptischen Spalt zurückführen. Die Ursache könnte ja auch zu viel Hem-

---

32 Rueda, N. (2012): Mouse Models of Down Syndrome as a Tool to Unravel the Causes of Mental Disabilities. In: Neural Plasticity, 584071. Published online 2012 May 22. doi: 10.1155/2012/584071.
33 McEwen, B. et al. (2015): Recognizing resilience: Learning from the effects of stress on the brain. In: Neurobiology of Stress 1/1, 1–11.
34 Nasca, C. et al. (2015): Mind the gap: glucocorticoids modulate hippocampal glutamate tone underlying individual differences in stress susceptibility. In: Molecular Psychiatry 20/6, 755–763.

mung sein. Trisomie-21-Modell-Mäuse haben im Unterschied zum Wildtyp eine erhöhte Anzahl von Nervenzellen im Hippocampus, die auf GABA reagieren.[35]

GABA (Gamma-Aminobuttersäure, engl.: *gamma-aminobutyric acid*) ist wie Glutamat ein mächtiger Botenstoff im Gehirn. In der Wirkung ist GABA die Gegenspielerin von Glutamat. Als wichtigster hemmender Botenstoff im Zentralnervensystem beeinflusst sie etwa 40 Prozent aller Synapsen in Gehirn und Rückenmark. Rein quantitativ ist GABA der Hirn-Botenstoff schlechthin.

GABA beruhigt das Nervensystem (im Zusammenspiel mit Endovalium). Epilepsie und Schlafstörungen behandelt man mit GABA-fördernden Medikamenten (GABA-Agonisten), z. B. mit Barbituraten.

Neben GABA-fördernden Medikamenten gibt es auch noch »GABA-Helfer«, die Benzodiazepine. Anders als Barbiturate wirken sie stärker an den Synapsen, an denen es an GABA mangelt. Ihre beruhigende Wirkung hilft gegen Ängste, Krämpfe und Muskelverspannungen.

Unerwünschte Nebeneffekte sind Abhängigkeit, Erinnerungslücken und Beeinträchtigung der Reaktionszeit. Falsche Dosierung verstärkt Depressionen und stört die Atmung.

GABA-hemmende Medikamente (GABA-Antagonisten) hemmen dagegen die Hemmung. Das ist wie bei einer doppelten Verneinung: »Ich werde nicht anhalten.« bedeutet ganz einfach: »Ich fahre weiter.« So ist es auch mit GABA-Hemmern: Indem sie die Hemmung hemmen, stimulieren sie die Hirntätigkeit. Das kann aber auch zu Angst, Unruhe, Tremor und Krampfanfällen führen.

Thujon ist so ein GABA-Hemmer. Es ist ein Bestandteil des ätherischen Wermut-Öls, das für die Absinth-Herstellung verwendet wird. Als Nervengift bewirkt es bei hoher Dosierung Verwirrtheit und epileptische Anfälle. Tierexperimente belegen, dass die anfallsteigernde Wirkung des Absinths unter anderem auf eine Blockierung von GABA-Rezeptoren zurückzuführen ist.[36]

Wie reagieren die Trisomie-21-Modell-Mäuse? GABA-hemmende Wirkstoffe wie Mavoglurant (AFQ056) und Ro4938581 bringen bei ihnen das Gedächtnis in Schwung.[37] Allerdings steigt auch das Risiko für Epilepsie. Mit Triazolophthalazin konnte man jedoch die Nebenwirkungen bei Mäusen vermeiden.[38]

---

35 Kleschevnikov, A. M. et al. (2012): Increased efficiency of the GABAA and GABAB receptor-mediated neurotransmission in the Ts65Dn mouse model of Down syndrome. In: Neurobiology of Disease 45/2, 683–691.
36 Thujon fördert zusätzlich die Desensibilisierung von Serotonin-5-HT3-Rezeptoren.
37 Wiseman, F. K. (2009): Cognitive Enhancement Therapy for a Model of Down Syndrome. In: Science Translational Medicine 1/7, 9.
38 Braudeau, J. et al. (2011): Specific targeting of the GABA-A receptor α5 subtype by a selective inverse agonist restores cognitive deficits in Down syndrome mice. In: Journal of Psychopharmacology 25/8, 1030–1042.

Basmisanil, eine Bremse im Hirn lösen

Erste klinische Studien mit GABA-Hemmern an Menschen mit Trisomie 21 laufen zur Zeit in Argentinien, Frankreich, Großbritannien, Italien, Kanada, Mexiko, Neuseeland, Singapur, Spanien und den USA. Die Basler Pharmafirma Roche setzt auf gute Erfahrungen mit Trisomie-21-Modell-Mäusen.[39]

In Zusammenarbeit mit der Pharmakologin Carmen Martínez-Cué von der Universidad de Cantabria in Spanien wird der Wirkstoff Basmisanil (RG-1662, RO5186582) derzeitig an jungen Erwachsenen erprobt.[40] In einer Doppelblindstudie (siehe auch: Memantin, Hoffnung auf eine Lernpille, 61 f.) sollen 180 Teilnehmende zwischen 12 und 30 Jahren über einen Zeitraum von 26 Wochen zweimal täglich den Wirkstoff in Tablettenform zu sich nehmen. Die Journalistin Stefanie Flamm beschreibt es so:

»Maria-Clemencia Hernandez, Mitte fünfzig, arbeitet in der Zentrale von Hoffmann-La Roche in Basel, einem denkmalgeschützten Gebäude aus den sechziger Jahren direkt am Rhein. Aus Sicht der 82.000 Mitarbeiter des weltweit agierenden Konzerns gibt es kein Krankheitsschicksal, das man akzeptieren muss. […] In Teambesprechungen vergleicht Maria-Clemencia Hernandez das Gehirn von Menschen mit Down-Syndrom gerne mit einem Auto, das mit angezogener Handbremse fährt: Es verbraucht viel Energie, ohne je richtig in Fahrt zu kommen.«[41]

Gibt es Gründe für Skepsis? Wie ich finde, leider ja: In Feten mit einer Trisomie 21 fand man **weniger** GABA als bei Feten ohne Trisomie 21.[42]

Ein weiterer Hinweis auf GABA-Mangel ist die erhöhte Häufigkeit von verschiedenen Formen der Epilepsie bei Trisomie 21.[43]

Forschung auf diesem Gebiet ist jedoch in jedem Falle begrüßenswert. Flamm berichtet von Aurélien, einem Teilnehmer der Studie, der allein in sei-

---

39 Lüthi, T. (2011): Medikamente gegen geistige Behinderung. In: Neue Züricher Zeitung 13.11.2011. www.nzz.ch/medikamente-gegen-geistige-behinderung-1.13300396, letzter Aufruf am 28.07.2015.
40 Martínez-Cué, C. (2013): Reducing GABAA a5-Receptor-Mediated Inhibition Rescues Functional and Neuromorphological Deficits in a Mouse Model of Down Syndrome. In: The Journal of Neuroscience 27/33 (9), 3953–3966.
41 Flamm, S. (2015): Eine Pille für Oskar. In: DIE ZEIT 30, 12.08.2015, www.zeit.de/2015/30/down-syndrom-medikament-heilung, letzter Aufruf am 26.08.2015.
42 Whittle (2007), e1465–e1471.
43 Arya, R. et al. (2011): Epilepsy in children with Down syndrome. In: Epileptic Disorders 13/1, 1–7.

ner eigenen Wohnung lebt und eine Ausbildung zum Hotelfachmann absolviert hat: »Wollen Sie immer noch teilnehmen an diesem Medikamentenversuch?«[44], fragt ihn der Arzt.

> »›Ja‹, antwortet Aurélien. – ›Fühlen Sie sich in der Lage, die Pillen zwei Mal täglich, einmal morgens und einmal abends, ohne fremde Hilfestellung einzunehmen?‹ – ›Ja.‹«[45]

Solange Menschen mit Trisomie 21 die Wahl bleibt, sich gegen ein Medikament zu entscheiden ... Was aber, wenn Bildungseinrichtungen Eltern unter Druck setzen? Bei Kindern mit ADHS ist das mit dem Aufputschmittel Ritalin (Methylphenidat) längst Praxis (siehe auch: Dopamin, Anregung mit Suchtfaktor, 58 ff.).

Hirndoping, klüger auf Rezept?

Oskar, der Sohn der Journalistin Stefanie Flamm, lebt unter den Bedingungen einer Trisomie 21. Die Journalistin und Mutter stellt sich dem moralischen Dilemma in einem aufrüttelnden ZEIT-Artikel:

> »Für uns ist es kein verbotener Gedanke mehr, Oskar die grünen Pillen zu geben. Gerade weil das Medikament nicht die Wunderdroge ist, als die es mir ursprünglich vorkam. Gerade weil es, natürlich, doch stimmt, was die Ärzte uns anfangs sagten: Man kann das Down-Syndrom nicht heilen. Aber man kann versuchen, die Folgen zu lindern, seinem Kind zu helfen, besser klarzukommen in einer Welt, die täglich komplizierter wird – auch mit einem Medikament.«[46]

Betrifft die Diskussion um Lernpillen nur Menschen mit Trisomie 21? Keinesfalls. Am Ende meiner Schulzeit und im Studium war ein starker Kaffee mit viel Traubenzucker vor Prüfungen Standard. Wäre Ritalin so verfügbar wie Kaffee und Traubenzucker gewesen, was dann? Seit einem halben Jahrhundert gibt es in unserer Gesellschaft eine Entwicklung, die kaum noch zu stoppen ist – ob wir das wollen oder nicht. Das Zauberwort heißt »Neuro-Enhancement«.

---

44 Flamm (2015) DIE ZEIT 30, 12.08.2015.
45 Ebd.
46 Ebd.

Klüger auf Rezept? Wie verlockend. Stress auf der Arbeit? Wieder mal ein Versprecher mit unangenehmen Folgen? Fehler durch Unkonzentriertheit? All das ist Vergangenheit! Und, keine Quälerei mehr mit den Hausaufgaben der Kinder, die schon wieder hinter dem Lerntempo der Klasse hinterherhinken. Medikamente gegen Depressionen, Vergesslichkeit, Zwangsgedanken, Lampenfieber, Jetlag usw. gehören längst zum Alltag, Nebenwirkungen inklusive. Ein Betrug an Mutter Natur? Na klar, was sonst. Gefährliche Nebenwirkungen? Ja, auch das.[47] Wir reden hier nicht von Bachblütentees. Eine repräsentative Umfrage unter Tausenden von Studierenden in Deutschland ergab:

»Etwa 5 % aller Studierenden betreiben pharmakologisches Hirndoping, das heißt, sie nehmen verschreibungspflichtige Medikamente, Schmerzmittel, Beruhigungsmittel, Psychostimulanzien oder Aufputschmittel ein. Von den Hirndopenden nehmen mehr als ein Drittel (35 %) Medikamente verschiedenster Art ein (Schmerzmittel, Schlafmittel, Antidepressiva, Antidementiva). Cannabis wird von fast jedem vierten Hirndopenden (23 %) zur Bewältigung studienbezogener Leistungsanforderungen konsumiert, methylphenidathaltige Substanzen von 18 % der Hirndopenden. Weitere 5 % der Studierenden gehören zu den Soft-Enhancenden.«[48]

Das ist nur die Spitze des Eisberges, und die Entwicklung geht weiter. Trifft uns das unerwartet? Nein: Schon 1932 sah der britische Schriftsteller Aldous Huxley (1894–1963) diese Entwicklung in seinem Roman *Schöne neue Welt* voraus.[49]

Neuro-Enhancement oder lebenswichtige Medizin?

Wenn circa 20 Prozent der Studierenden an deutschen Universitäten zumindest phasenweise der Versuchung unterliegen, durch Substanzeinnahmen, wie z. B. Antidepressiva, Demenztabletten, Betablocker und Ritalin, ihre Leistung zu steigern, obwohl die Beipackzettel vor gravierenden Risiken und Nebenwirkungen warnen, ist das bedrohlich. Kurzfristige Leistungssteigerungen können langfristig zu Schäden im Gehirn führen. Kein Wunder, dass viele den hinter dem verharmlosenden Wort »Neuro-Enhancement« stehenden Medikamentenmissbrauch genauso verdammen wie Doping im Sport.

---

47 Lieb, K. (2009): Hirndoping: Warum wir nicht alles schlucken sollten. Mannheim.
48 Middendorff, E. et al. (2012): Formen der Stresskompensation und Leistungssteigerung bei Studierenden. In: HIS: Forum Hochschule, 1.
49 Huxley, A. (2013): Schöne neue Welt. Ein Roman der Zukunft. Frankfurt/M.

Ist es deshalb vernünftig, Medikamente die manipulativ auf die Hirntätigkeit einwirken, pauschal zu verdammen? Natürlich nicht. Das zeigt besonders drastisch das folgende Beispiel.

Ein Schock für Eltern: Ihr Kind ist unheilbar krank und wird bald sterben! Bei der glücklicherweise sehr seltenen NCL 2 (neuronaler Ceroid-Lipofuszinose) sterben Nervenzellen im Gehirn von Kindern ab. Nach und nach verlieren diese elementare Fähigkeiten wie Gehen oder Sprechen. Ihre Sehkraft lässt nach (oft bis zur völligen Erblindung), und ihre Lebenserwartung ist sehr gering. Bis circa zum vierten Lebensjahr gibt es zunächst keine Anzeichen für diesen Hirnabbau. Die ersten Anzeichen können beispielsweise epileptische Anfälle und eine verwaschene Sprache sein.

Es sind 15 NCL-Formen bekannt, neun davon betreffen das frühe Kindesalter. Mutationen auf verschiedenen Genen verursachen den Verlust eines Chromosomenabschnittes, der für die Bildung eines lysosomalen Enzyms notwendig ist. Die Folge: Fette und Proteine lagern sich als Abfallstoffe in den Zellen ab.

An der Universitäts-Klinik Hamburg-Eppendorf hat man ein Enzym gefunden, dessen Verabreichung als Medikament den Hirnabbau stoppen könnte. Das Enzym spritzt man den Kindern in ein unter der Kopfhaut implantiertes Reservoir, das alle zwei Wochen nachgefüllt werden muss. Die Pharmafirma BioMarin erhielt die Genehmigung für ihre Enzymtherapie-Studie von der deutschen Ethikkommission, wie ich finde zu Recht.[50]

Ist die Forschung mit dem Wirkstoff Basmisanil in gleicher Weise gerechtfertigt? Anfänglich hatte ich Zweifel: Hier geht es doch nicht um Leben oder Tod, sondern um Neuro-Enhancement, oder?

Eltern setzen jedoch viele Hoffnungen in dieses Medikament: »Stellen Sie sich doch einmal vor«, sprach mich die Mutter eines Sohnes mit Trisomie 21 an, »die Studie mit diesem Medikament wäre erfolgreich! Dann gäbe es weniger Abtreibungen bei der Diagnose des Down-Syndroms!« Geht es also doch um Leben oder Tod?

---

50 www.ncl-deutschland.de/home.html, letzter Aufruf am 16.09.2015.

Zusammenfassung

Konkurrenzdruck verleitet immer mehr Menschen zum Hirndoping. Abgesehen von den gefährlichen Nebenwirkungen stellt sich die Frage: Wer kann sich solche Medikamente leisten? Die Gefahr einer Schere zwischen Bildungsabschlüssen, erworben unter leistungssteigernden Medikamenten, und Bildungsabschlüssen ohne diese kleinen Helfer birgt sozialen Sprengstoff.

Die Grenzen zu sinnvollen Medikationen (z. B. beim Parkinson- oder Tourette-Syndrom, bei Epilepsie oder Depression) sind fließend. In genau diesem Graubereich liegt die »Lernpille« für Personen mit einer Trisomie 21. Wir werden von Menschen mit Trisomie 21 lernen, ob die Vor- oder Nachteile überwiegen. Hier kommt es auf Zwischentöne an. Bei Autismus und ADHS gehört diese Diskussion längst zum Alltag:

> »Methylphenidat, landläufig auch Ritalin genannt, nehme ich nun seit einigen Jahren. [...] Ritalin wirkt bei mir leider nur so lala. Wie bei vielen Menschen, bei denen Autismus und Aufmerksamkeitsdefizit zusammenkommen, reagiere ich nicht überwältigend auf die Substanz und benötige eine relativ hohe Dosis. Allerdings reicht das immer noch, um einen wahnsinnigen Unterschied zu meinem Dasein ohne Methylphenidat zu machen.«[51]

---

51 Eckenfels, M. (2013): Meine Erfahrungen mit Methylphenidat. mela.geekgirls.de/2013/11/21/meine-erfahrungen-mit-methylphenidat/, letzter Aufruf am 01.10.2015.

IV. Neurodiversität und Aufmerksamkeit

Serotonin, ein körpereigenes Antidepressivum

»Ein Arzt erzählte mir, dass Kinder mit Down-Syndrom auch ›Sonnenscheinkinder‹ genannt werden, weil sie mit ihrem Lächeln und ihrem unwiderstehlichen Charme eine Helligkeit und Wärme in unsere Herzen zaubern, wie es nur die Sonne kann.«[1]

Ja, Begegnungen mit Personen, die unter den Bedingungen einer Trisomie 21 leben, können etwas ganz Besonderes sein. Auf mich haben viele Begegnungen tatsächlich wie ein natürliches Antidepressivum gewirkt, vergleichbar mit aufbauender Poesie, Lieblingsmusik und Sonnenbad.

Aus neuropsychologischer Sicht ist an jeder antidepressiven Wirkung eine körpereigene Droge beteiligt: Serotonin. Gebildet wird sie aus der essenziellen Aminosäure Tryptophan, die in nahezu allen Nahrungsmitteln vorhanden ist. »Wenn Schokolade als Antidepressivum empfohlen wird, dann liegt dies daran, dass in dieser Süßigkeit manchmal viel Tryptophan enthalten ist.«[2]

Tryptophan und Serotonin. Man könnte meinen, »Sonnenscheinkinder« hätten besonders viel davon. Doch das Gegenteil ist der Fall! Dafür, dass bei Trisomie 21 eine genetische Prädisposition für Depression nicht ausgeschlossen werden darf, spricht der Nachweis von Serotoninmangel im Stirnhirn von Feten mit Trisomie 21.[3]

Und, machen wir uns nichts vor: Ein Leben mit einer Trisomie 21 bedeutet leider alles andere als »eitel Sonnenschein«. Auch die verständnisvollsten und liebevollsten Eltern können Diskriminierung, Unterforderung, Unverständnis und Ausgrenzung ihrer Kinder im Alltag nicht vollkommen verhindern. Des-

---

1   Heilemann, M. (1995): Aus der Sicht der Eltern. www.down-syndrom.org/inf/perspektiven.shtml, letzter Aufruf am 29.07.15.
2   Zehentbauer (2010), 160.
3   Whittle (2007): Fetal, e1465–e1471.

halb macht Depression, die »heimliche Volkskrankheit« des 21. Jahrhunderts, auch vor »Sonnenscheinkindern« nicht halt.

»Über Depressionen bei Menschen mit Down-Syndrom wird erst in den letzten Jahren berichtet. Im Vergleich zu anderen scheinen Menschen mit Down-Syndrom häufiger an einer Depression zu erkranken. Trotzdem ist dies bei Fachleuten nicht immer bekannt.«[4]

Etwa jeder siebte Mensch weltweit leidet einmal in seinem Leben an einer Depression.[5] Die Symptome sind: Niedergeschlagenheit, Freudlosigkeit, Antriebslosigkeit, Erschöpfung, Müdigkeit und Konzentrationsschwierigkeiten. Der empirische Befund, dass bei Erwachsenen mit Trisomie 21 ein Serotoninmangel im Stirnhirn vorliegt, wäre also allein schon aus deren Lebenssituation erklärbar.[6]

Wie sieht das bei den genmanipulierten Trisomie-21-Modell-Mäusen aus? Bei ihnen fand man keinen Serotoninmangel.[7]

Es gibt jedoch eine andere Spur zum besseren Verständnis von »Sonnenscheinkindern«: Oxytocin. Diesen Botenstoff nennt man auch »Kuschelhormon«. Er fördert die Wirkung von Serotonin im »Belohnungszentrum« des menschlichen Gehirns (dem *Nucleus accumbens*).[8]

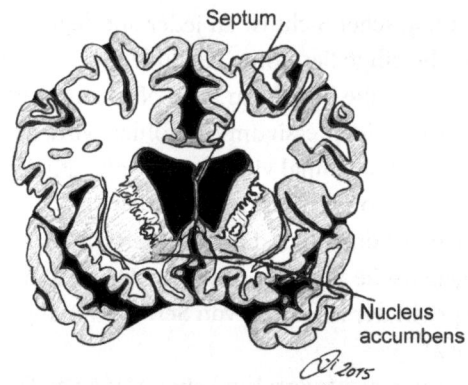

---

4 Grasse, (2007): Sebastian – Die Geschichte einer Depression. In: Leben mit Down-Syndrom, 25.
5 Ledford, H. (2014): If depression were cancer. In: Nature 515, S. 182–184.
6 Yates, C. M. et al. (1986): Regional brain 5-hydroxytryptamine levels are reduced in senile Down's syndrome as in Alzheimer's disease. In: Neuroscience Letters 65/2, 189–192; Risser (1997), 1231–1237.
7 Megías, M. et al. (1997): Cholinergic, serotonergic and catecholaminergic neurons are not affected in Ts65Dn mice. In: NeuroReport 8/16, 3475–3478.
8 Malenka, R. C. et al. (2013): Social reward requires coordinated activity of nucleus accumbens oxytocin and serotonin. In: Nature 501, 179–84.

Oxytocin, Depressionen wegkuscheln

Sozialer Stress fördert Depressionen. Man spricht bei Depression auch von »erlernter Hilflosigkeit«. Depressive Menschen erkennt man neurologisch an einem hyperaktiven Stirnhirn (mit Schwerpunkt im medialen präfrontalen Kortex).[9] Außerdem gehen Depressionen häufig mit einem verkleinerten Hippocampus einher[10] (siehe auch: Ort des Lernens, 45 ff.). Wie passt das zusammen mit der Tendenz zu sozialer Offenheit und Herzlichkeit, die man bei vielen Personen mit einer Trisomie 21 antrifft?

Eine mögliche Erklärung liefert die Neuropsychologin Alice Borella von der State University in New York. Zwar fand sie keine Besonderheiten bei Trisomie-21-Modell-Mäusen in Oxytocin produzierenden Zellen (im Hypothalamus, genauer: im *Nucleus supraopticus* und im *Nucleus paraventricularis*). Auffallend waren jedoch die geringeren Anzahlen von Nervenzellen in der wichtigsten efferenten Bahn der Amygdala (der Stria terminalis).

Die Amygdala gilt als »Angstzentrum« im Gehirn. Die ansonsten sehr aktiven Trisomie-21-Modell-Mäuse schnüffeln weniger an ihren Artgenossen herum und zeigen sich insgesamt sozial eher ängstlich-vermeidend.[11]

Über ein Nasenspray eingeatmetes Oxytocin gelangt direkt in den Hirnstoffwechsel. Es zeigt bei Erwachsenen eine messbare Wirkung: Das Vertrauen in andere Personen wächst.[12] Andererseits kurbeln vertrauensvolle, dauerhafte Beziehungen (z. B. beim Sex) in länger andauernden Beziehungen nachweislich die Oxytocin-Produktion an.[13]

Besonderheiten in der Stria terminalis könnten darauf hinweisen, dass Menschen mit einer Trisomie 21 stärker auf gelingende, respektvolle und anregende Beziehungen angewiesen sind als andere Personen. Vielleicht lernen viele von ihnen deshalb schon früh, wie man andere Personen aufheitert und für sich einnehmen kann?

---

9 Wang, M. et al. (2014): Synaptic Modifications in the Medial Prefrontal Cortex in Susceptibility and Resilience to Stress. In: The Journal of Neuroscience 34/22, 7485–7492.
10 Lagopoulos, J. et al. (2015): Subcortical brain alterations in major depressive disorder: findings from the ENIGMA Major Depressive Disorder working group. In: Molecular Psychiatry, Online-Publikation vom 30.06.2015; doi: 10.1038/mp.2015.69.
11 Borella, A. et al. (2003): Characterization of social behaviors and oxytocinergic neurons in the S-100β overexpressing mouse model of Down Syndrome. In: Behavioural Brain Research 141/2, 229–236.
12 Fehr, E. et al. (2005): Oxytocin increases trust in humans. In: Nature 435, 673–676.
13 Liu, Y. & Wang, Z. X. (2003): Nucleus accumbens oxytocin and dopamine interact to regulate pair bond formation in female prairie voles. In: Neuroscience 121, 537–544.

Die Oxytocin-Produktion im Gehirn steigt auch bei nicht sexuellen Körperkontakten, wie z. B. bei Umarmungen, Küsschen und Massagen. Es genügt, sich Luftküsse zuzuwerfen, das eigene Spiegelbild anzulächeln oder sich liebevolle menschliche Nähe vorzustellen.[14] Ich kenne viele Personen mit Trisomie 21, die mit oxytocinfördernden Verhaltensweisen nicht geizen.

Vielleicht deshalb »Sonnenscheinkinder«? Wenn dies so wäre, hätten wir hier einen Hinweis auf eine hohe emotionale Intelligenz. Denn so begegnet man konstruktiv und vorbeugend einer drohenden Gefahr von Depressionen und Gedächtnisschwäche infolge eines Serotoninmangels.

Aber es könnte natürlich auch ganz anders sein. Monotone Tätigkeiten in Werkstätten für behinderte Menschen bieten auf die Dauer wenig Anregung und Erfolgserlebnisse. Diese sind für die Bildung der Botenstoffe Dopamin und Noradrenalin wichtig. Ihr Mangel kann bei Erwachsenen ebenfalls nachweislich depressive Verstimmungen auslösen.

Noradrenalin, Rock'n'Roll im Hirn

Immer wieder äußern sich Eltern besorgt, dass ein zu vertrauensseliges Verhalten ihrer Kinder mit Trisomie 21 sexuelle Übergriffigkeit und Gewalt provozieren könnte.[15] Frühe Aufklärung und Stärkung des Selbstbewusstseins der Kinder sind die beste Vorbeugung. Von mir wissenschaftlich begleitete Studien zu den Aufklärungsprojekten »Wilde Mädchen«[16] und »Wilde Kerle«[17] zeigen, dass Jugendliche mit Trisomie 21 an Aufklärung sehr interessiert sind. Eigene Gefühle achtsam zu beobachten und die Erkenntnis, dass ein aufrichtiges Ja zur Begegnung mit anderen immer die Erlaubnis zu einem Nein einschließt, ist Übungssache. Sozialtraining ist eine Investition, die sich mit Stressvermeidung selbst belohnt.

Der ungesunde Dauerstress bei Gewalt- oder Ausgrenzungserlebnissen geht mit einer erhöhten Ausschüttung des Botenstoffs Noradrenalin einher.[18] Von einer Posttraumatischen Belastungsstörung (PTBS) spricht man, wenn dieser

---

14 Zehentbauer (2010), 166.
15 Anonym (2014): Sexuelle Übergriffe unter Jugendlichen. Erfahrungsbericht. In: KIDS Aktuell 29, 61.
16 Rudolph, et al. (2011): Das Präventionspilotprojekt »Wilde Mädchen«. In: KIDS Aktuell 23/04, 35–37.
17 Teilnehmer und Betreuer der Jungengruppe von KIDS Hamburg e. V. (2014): Die wilden Kerle auf großer Tour. In: KIDS Aktuell 30, 30–37.
18 McEwen, B. (2015): The Brain on Stress: Insight from Studies Using the Visible Burrow System. In: Physiology & Behavior 1, 47–56.

Zustand über mehr als einen Monat anhält. Diese Störung ist bei Personen mit Trisomie 21 leider nicht selten zu beobachten. Die Symptome sind:
- eine Neigung zu körperlicher Übererregung (z. B. Schlafstörungen, Konzentrationsschwierigkeiten und Hypersensibilität),
- zwanghaftes Erinnern (z. B. können sich nach einer Übergriffigkeit unfreiwillige Gedanken an Orte, Stimmen und Körperempfindungen aufdrängen),
- Vermeidung alltäglicher Situationen (z. B. die fehlende Bereitschaft, nach einem Gewalterlebnis Räume mit fremden Personen zu betreten).

Dauerstress ohne Erholung macht krank (siehe auch: Hirnwachstumsgene oder Stress in früher Kindheit?, 35 f.). Wohldosiert hält Stress dagegen gesund. Noradrenalin hilft uns, in gewissen Situationen über uns selbst hinauszuwachsen, indem es Alarmbereitschaft im Hirn auslöst.

Als Signal zur Umwandlung von Noradrenalin in Adrenalin pumpt der Organismus Cortisol aus der Nebenniere in den Blutkreislauf. Es hebt beispielsweise den Blutdruck an, erhöht den Herzschlag, erweitert die Luftwege, kurbelt den Fettabbau an und hemmt das Immunsystem zum Schutz vor Entzündungsreaktionen. Zwar steigt die Infektionsanfälligkeit, aber auch die Aufmerksamkeit, die Lernfähigkeit und die Reaktionsbereitschaft.

Geringe Noradrenalinkonzentrationen im Stammhirn *(Locus caeruleus)* begünstigen Lernschwierigkeiten bei Trisomie 21. Als Beleg dafür injizierte man Trisomie-21-Modell-Mäusen das Parkinson-Medikament Droxidopa (L-DOPS). Die Nervenzellen verwandeln es in Noradrenalin und steigern nachweislich die kognitive Leistung der Mäuse.

Das überzählige Gen APP (Amyloid-Precursor-Protein) gilt als Ursache für die Degeneration des *Locus caeruleus* bei Menschen und Mäusen. Es produziert den Vorläufer zum so genannten Amyloid-β-Protein, dessen Ablagerungen in Gehirn und Blutgefäßen von Alzheimererkrankten erhöht sind. Man schaltete die dritte Kopie des Gens APP bei Modell-Mäusen aus. Wider Erwarten traten die degenerativen Effekte bei den Mäusen trotzdem auf.[19]

Noradrenalin bleibt jedoch Hoffnungsträger für die Überwindung von Lernschwierigkeiten.[20] Zwar ist die Konzentration von Noradrenalin in Feten mit Trisomie 21 unauffällig[21], bei Erwachsenen mit Trisomie 21 jedoch zu gering.[22] Ein Zeichen für mangelnde geistige Anregung?

---

19 Salehi (2009), 7–17.
20 Wiseman (2009a), 7–9.
21 Whittle (2007), e1465–e1471.
22 Risser (1997), 1231–1237.

Menschen sind anders und Mäuse auch

Inwieweit sind Daten aus Studien mit Mäusen in der Hirnforschung überhaupt auf den Menschen übertragbar? Seit Ende des letzten Jahres (2014) liegt ein Atlas vor, der die Expression aller Gene in den Gehirnen von sechs gesunden, neurotypischen Erwachsenen kartiert. In den USA hat das Allen Institut für Hirnforschung Seattle (Washington) diesen Atlas frei zugänglich gemacht (human.brain-map.org).

Mit Genexpression ist die Produktion von Proteinen je nach Ausprägungsformen der Gene (Allele) gemeint. Sie beginnt mit der Synthese von RNA und endet mit der Proteinproduktion, die Einfluss auf den Zellstoffwechsel nimmt.

Schon bei genetisch gleichen eineiigen Zwillingen lassen sich beispielsweise (geringfügige) Abweichungen in der Genexpression nachweisen. Wie groß müssen dann erst Unterschiede in der Genexpression gleicher Gene bei Mensch und Maus sein?

Die Genexpression hängt z. B. von der Verfügbarkeit eines Gens ab. Darüber bestimmt unter anderem seine Lage auf dem Chromosom. Bei den Trisomie-21-Modell-Mäusen verteilen sich die menschlichen Gene vom Chromosom 21 auf mehrere Chromosomen (siehe auch: Mäusegedächtnis, 43 ff.).

Die Verfügbarkeit der Gene hängt auch von ihrer Faltung, Wicklung und Verpackung ab (siehe: Genetik und Epigenetik, 24 f.). Lassen sich Genexpressionen in den Gehirnen von Mäusen und Menschen überhaupt vergleichen?

Die Genexpressionsanalyse mithilfe des Hirn-Atlanten ergab:

»Etwa 90 Prozent der proteincodierenden Gene des Menschen finden sich zumindest in ähnlicher Form auch bei Mäusen. Doch rund ein Drittel dieser gemeinsamen Erbfaktoren wird sehr unterschiedlich genutzt [...].«[23]

Und in der Tat: Orientiert man sich nur an den Botenstoffkonzentrationen, findet man mehr Unterschiede als Gemeinsamkeiten zwischen Menschen (Spalte 2 und 3) und transgenen Mäusen (Spalte 4):

---

23 Lein, E. & Hawrylycz, M. J. (2015): Die genetische Kartierung des menschlichen Gehirns. In: Spektrum der Wissenschaft, 32.

Botenstoff im Gehirn	Menschliche Feten mit Trisomie 21	Erwachsene Personen mit Trisomie 21	Trisomie-21-Modell-Mäuse (Ts65Dn)
Acetylcholin (Angst vor Alzheimer)	*Mangel* (verminderte Enzymaktivität, ChAT)	*Mangel* (verminderte Enzymaktivität, ChAT)	*Mangel* (erhöhte Enzymaktivität, ChAT)
Dopamin (Anregung mit Suchtfaktor)	*Mangel* im Fronto-Cortex	keine Auffälligkeit	keine Auffälligkeit
Glutamat (mehr als nur Geschmackssache)	keine Auffälligkeit	*Mangel*	keine Auffälligkeit
GABA (die Hemmung hemmen)	*Mangel*	keine Auffälligkeit	(erhöhte Zahl von Rezeptoren)
Serotonin (ein körpereigenes Antidepressivum)	*Mangel* im Fronto-Cortex	keine Auffälligkeit	(geringere Zahl von Rezeptoren)
Oxytocin (Depressionen wegkuscheln)	keine Angaben	keine Angaben	(fehlende Nervenzellen in der *stria terminalis*)
Noradrenalin (Rock'n'Roll im Hirn)	Keine Auffälligkeit	*Mangel* (veränderte Enzymaktivität mit zunehmenden Alter)	Degeneration *(locus caeruleus)*

Als Gemeinsamkeit von Menschen und transgenen Mäusen bleibt scheinbar nur der Acetylcholinmangel (siehe erste Spalte der Tabelle).

Neurodiversität statt Neurodegeneration

Im Gehirn gibt es eine unvorstellbar große Anzahl von Acetylcholin-Rezeptoren. Man schätzt, dass circa zehn Prozent der Synapsen Acetylcholin als Botenstoff verwenden. Dabei scheinen die meisten Acetylcholin-Synapsen erregend zu sein. Sie regeln unter anderem die Wachheit, die Aufmerksamkeit, die Emotionen und die Bewegungen.

Acetylcholinbildende Neuronen befinden sich hauptsächlich im *Nucleus basalis Meynert*, einem Teil des Pallidums, das wiederum ein Teil der Basalganglien ist (siehe auch: Bewegungslernen und das 21. Chromosom, 84 ff.). Das ist ein Bereich des Gehirns, der aus verschiedenen Nervenzellgruppen besteht. Er befindet sich mitten im Gehirn und ist für die Spontaneität, Affektfärbung, Willensstärke, zeitliche Planung, Vorausschau und Auswahl geeigneter Bewegungsmuster mitverantwortlich. Insgesamt besteht das Pallidum aus einem bewegungsfördernden und einem bewegungshemmenden Teil, wobei der bewegungsfördernde Teil überwiegt.

Wenn die Alzheimer-Demenz vor allem eine Acetylcholinmangelkrankheit ist, bedeutet das im Umkehrschluss auch, dass Acetylcholinmangel immer zur Alzheimer-Krankheit führen muss? Um es vorwegzunehmen: nicht unbedingt.

Zwar lässt sich bei Personen mit Trisomie 21 Acetylcholinmangel nachweisen, aber kein Abbau der über Acetylcholin kommunizierenden Zellen im Hippocampus, die vor allem Lernen und Aufmerksamkeit fördern. Einen solchen Abbau konnte man bislang nur bei den transgenen Trisomie-21-Modell-Mäusen nachweisen (siehe auch: Acetylcholin, Angst vor Alzheimer/Donepezil, Doping für das Gehirn, 52 ff. und 54 ff.):

	Personen mit Trisomie 21	Trisomie-21-Modell-Mäuse (Ts65Dn)
vorderer **Hippocampus**	schon in Feten verkleinert	anfangs unauffällig, mit zunehmendem Alter abnehmende Anzahl der Zellen
Enzym-Aktivität **(ChAT)** zur Bildung von Acetylcholin	herabgesetzt	erhöht

Als weiteren Beleg für die Zelldegeneration im Mausmodell führt man die erhöhte Enzymaktivität (ChAT) zur Bildung von Acetylcholin an. Denn damit versucht ja der Gehirnstoffwechsel der Mäuse, die Zelldegeneration auszugleichen. Für Menschen mit Trisomie 21 gibt es keines der beiden empirischen Indizien für degenerative Prozesse, die im Mausmodell vorliegen: Erstens ist der vordere Hippocampus schon von Anfang an in den menschlichen Feten mit Trisomie 21 verkleinert und zweitens gibt es keine ausgleichende Erhöhung der Enzymaktivität (ChAT) zur Bildung von Acetylcholin.

Die Daten sprechen eher dafür, dass Acetylcholinmangel eine konstante neurologische Bedingung ist, unter der Menschen mit einer Trisomie 21 leben. Das würde bedeuten, dass ihr Hirnstoffwechsel anders ausbalanciert ist als bei neurotypischen und anderen Personen im Neurodiversitätsspektrum. Dann haben wir es hier nicht mit Degeneration, sondern mit einer weiteren Variante menschlicher Neurodiversität[24] zu tun!

---

24 Singer, J. (1998): Odd People. In The Birth of Community Amongst People on the »Autistic Spectrum«. Thesis to the faculty of Humanities and Social Sciences at University of Technology, Sydney; Singer, J. (1999): Why can't you be normal for once in your life? From a ›problem with no name‹ to the emergence of a new category of difference. In: Corker, M. & French (Hg.): Disability discourse, Buckingham, 59–67; Silverman, C. (2008a): Brains, pedigrees and

Die Neurodiversitäts-Bewegung ist aus dem »autism rights movement« hervorgegangen. Auf dem Nationalen Symposium für Neurodiversität an der Syracuse University 2011 haben sich dieser Bewegung neben Personen mit Diagnosen im Autismusspektrum auch Menschen mit den Diagnosen Dyspraxie, Dyslexie, ADHS, Dyskalkulie, Tourette-Syndrom usw. angeschlossen.

Dem Altern seinen Schrecken nehmen

Die Überzeugung, dass Menschen mit Trisomie 21 häufiger und früher vom Alzheimer-Syndrom betroffen sind, vertritt die Wissenschaft nahezu unisono. Eine Ausnahme bildet die »Compensation Age Theory«[25]. Sie besagt, dass die Intelligenz von Menschen mit Lernschwierigkeiten von Lebenserfahrung profitiert. Ihre Lernfähigkeit wächst im Erwachsenenalter stärker als bei anderen Personengruppen.

Das Alter von Menschen mit Lernschwierigkeiten, gemeint sind hier auch hauptsächlich Personen mit einer Trisomie 21, spielt also nicht immer eine negative, sondern oft sogar eine positive Rolle. Die Ausgangsthese lautet: Jedes Gehirn verfügt über ein großes Potenzial, Funktionseinbußen auszugleichen.

Erste Forschungsergebnisse belegen tatsächlich, dass die Lernfähigkeit von Menschen mit Trisomie 21 und ähnlichen Syndromen im Alter ab 30 Jahren noch einmal richtig zunehmen kann. Das widerspricht der weitverbreiteten Meinung, Menschen mit Trisomie 21 würden frühzeitig altern.

Bei Wikipedia ist derzeit unter dem Stichwort »Down-Syndrom« immer noch zu lesen: »Bis zum 40. Lebensjahr entwickeln fast alle Menschen mit Trisomie 21 diagnostische Zeichen der Alzheimer-Krankheit.«[26] Doch selbst dann gäbe es keinen Grund, den betroffenen Personen Bildungsmöglichkeiten zu verwehren. Auch unter den Bedingungen des Alzheimer-Syndroms lassen sich Lernfortschritte nachweisen.[27]

---

promises: Lessons from the politics of autism genetics. In: Gibbon, & Novas, C. (Hg.): Biosocialities, genetics and the social sciences: Making biologies and identities. London, 38–55; Silverman, C. (2008b): Fieldwork on another planet: Social science perspectives on the autism spectrum. In: BioSocieties 3, 325–341; Singer J. (2007): Light and dark: Correcting the balance. www.neurodiversity.com.au, letzter Aufruf am 17.10.2015.

25 Lifshitz, H. & Rand, Y. (1999): Cognitive modifiability in adult and older people with mental retardation. In: Mental Retardation 37/2, 125–138. Lifshitz, H. & Tzuriel, D. (2004): Durability of effects of instrumental enrichment in adults with intellectual disabilities. In: Journal of Cognitive Education and Psychology 3, 297–322.
26 https://de.wikipedia.org/wiki/Down-Syndrom, letzter Aufruf am 09.08.2015.
27 Lifshitz, H. & Klein, P. (2011): Mediation between staff-elderly persons with intellectual disability with Alzheimer disease as a means of enhancing their daily functioning – a case study. In: Education and Training in Mental Retardation and Developmental Disabilities 46/1, 106–116.

Dazu kommt ein weiterer Befund über den Hirnstoffwechsel, der eine Gefährdung für Neurodegeneration im Alter nahelegt: Die Konzentration von Noradrenalin in Feten mit Trisomie 21 ist zunächst unauffällig, bei Erwachsenen mit Trisomie 21 dann aber zu gering (siehe auch: Noradrenalin, Rock'n'Roll im Hirn, 72 f.).

Alle Befunde zusammengenommen ergeben ein argumentatives Patt. Ist die Konzentrationsabnahme von Noradrenalin nun genetisch bedingt oder ein Zeichen für mangelnde geistige Anregung?

Für Letzteres spricht einiges: Botenstoff-Konzentrationen im Gehirn sind Momentaufnahmen komplizierter Stoffwechselprozesse, auf die auch Umwelteinflüsse einwirken. Selbstorganisationsprozesse ermöglichen dem Gehirn, abweichende Konzentrationen körpereigener Botenstoffe durch Verschluss vorhandener oder zusätzliche Bildung fehlender Rezeptoren auszugleichen.[28]

Mit Trisomie 21 an der Universität studieren?

1959 konstatierte der Heilpädagoge Karl König (1902–1966), dass die Vergreisung bei Menschen mit Trisomie 21 sogar schon im Alter von 20 Jahren einsetze:

»Was bei den anderen Menschen nun beginnt: die eigentliche Zeit des Erwachsenseins und der Lebensfülle wird beim Mongoloiden zu einem Ende: Er fängt zu altern an und ist um das zwanzigste Jahr ein alternder Mann oder ein ältliche Frau.« Und weiter: »Aus einem verspäteten Kind ist ein verfrühter Greis geworden.«[29]

Bereits ein Gegenbeispiel genügt, um solche Allaussagen über die verfrühte Vergreisung zu widerlegen. Es gibt mittlerweile unzählige Gegenbeispiele – hier sind einige der spektakulärsten:
- Als erste Akademikerin der Welt studierte 1998 die Japanerin Aya Iwamoto mit Trisomie 21 englische Literatur und übersetzt heute Bücher.
- In Malaga (Spanien) absolvierte 1999 der Buchautor und Filmstar Pablo Pineda erfolgreich ein Universitätsstudium in Erziehungswissenschaften.
- In Italien schloss der Italiener Francesco Aglio 2007 sein Wirtschaftsstudium in Cremona erfolgreich ab und arbeitet heute als Wirtschaftsberater in einer Gemeinschaftskanzlei.[30]

---

28 Zehentbauer (2010), 158.
29 König (1959), 208.
30 Halder, C. (2010): Dottore Francesco Aglio! In: Leben mit Down-Syndrom 63, 53; Südtirol Nachrichten Nr. 15–513/09, 21.06.2009, 10–11.

- In Valladolid (Spanien) hat Ángela Bachiller 2013 als erste Stadträtin mit Down-Syndrom (Trisomie 21) ihre Arbeit aufgenommen.[31]
- Am 5. Mai 2013 erhielt Karen Gaffney für ihre besonderen Leistungen die Doktorwürde an der Columbia University in Portland. Sie ist die erste Person mit Trisomie 21, welche von einem College oder einer Universität die Doktorwürde erhalten hat.

Einige Länder tragen diesen Tatsachen längst Rechnung. Beispiele:
- In Irland studieren seit 2011 fünf Menschen mit einer geistigen Beeinträchtigung an der National University of Ireland, Maynooth.
- In Kanada sind es über 60 Menschen mit Lernschwierigkeiten, die seit 1987 an Universitäten studieren.
- Und nun studieren, wie schon gesagt, in Israel ebenfalls fünf Personen mit der Diagnose einer geistigen Behinderung im regulären Bachelorstudium.[32]

In einem Workshop im Mai 2014 gingen wir der Frage nach, warum das an der Universität Hamburg nicht gelingt.[33] Dafür reiste Frau Prof. Dr. Hefziba Lifshitz-Vahav extra aus Tel Aviv an. Die Bar Ilan Universität bereitet gegenwärtig 26 Personen mit der Diagnose »geistige Beeinträchtigung« auf ein Bachelorstudium in Erziehungswissenschaft vor. Die meisten davon leben unter den Bedingungen einer Trisomie 21.

Von Rabbis und Nonnen lernen

Die pädagogische Idee Lifshitz-Vahavs geht auf eine zufällige Entdeckung zurück. Sie beobachtete, wie Rabbis in Synagogen Erwachsene mit Trisomie 21 im Lesen und Schreiben unterrichteten. Dabei vermittelten sie ihnen ohne viel Mühe ab-

---

31 Marot, J. (2013): Spanien hat erste Stadträtin mit Downsyndrom. derstandard.at/1373514255235/ Spanien-hat-erste-Stadtraetin-mit-Downsyndrom, letzter Aufruf am 03.10.15.
32 Lifshitz-Vahav, H. (2013): Otzmot – Innovative Program for Students with Intellectual Disabilities: First-of-its-Kind in Israel In: BIU TODAY The Bar-Ilan University Magazine, 2–3; Lifshitz, H. et al. (2011a): Analogies solving by individuals with and without intellectual disability: different cognitive patterns as indicated by eye movements. In: Research in Developmental Disabilities 32/2, 326–344; Lifshitz, H. et al. (2011b): Explicit Memory among Individuals with Mild and Moderate Intellectual Disability: Educational Implications. In: European Journal of Special Needs Education, 26/1, 11–124.
33 Röhm, A. & Zimpel, A. F. (2014): Mit geistiger Beeinträchtigung an der Universität studieren? In: Leben mit Down-Syndrom 77, 51–56.

strakte religiöse Konzepte, wie z. B.: Gott, Gerechtigkeit, Böses und die Wirksamkeit eines Gebets.[34]

Wie ist das möglich, wenn es schon Feten mit Trisomie 21 am Wachstumsfaktor BDNF (engl.: »Brain-derived neurotrophic factor«) mangelt?[35] Dieser Wachstumsfaktor ist vor allem bei der Neurogenese Erwachsener wichtig. Im Hippocampus, der Großhirnrinde und im Vorderhirn ist er die Voraussetzung für Gedächtnis und abstraktes Denken.[36]

Außerdem ist ja, wie gesagt, auf dem Chromosom 21 das Amyloid-Precursor-Protein codiert (siehe auch: Noradrenalin, Rock'n'Roll im Hirn, 72 f.). Die durch die Trisomie erhöhte Genexpression (siehe auch: Menschen sind anders und Mäuse auch, 74 f.) macht man schließlich für das Alzheimer-Syndrom verantwortlich.[37]

Der für seine Gedächtnisforschung mit dem Nobelpreis für Medizin ausgezeichnete Neuro-Wissenschaftler Eric Kandel (* 1929) stellt fest:

»Die Ansicht, dass die Amyloidablagerung ein frühes und kritisches Element bei der Pathogenese der Alzheimer-Krankheit ist, wird auch durch Untersuchungen des Down-Syndroms gestützt. Das Down-Syndrom ist die häufigste Form geistiger Retardierung; es resultiert aus dem Vorhandensein einer dritten Kopie des Chromosoms 21 (Trisomie 21), desjenigen Chromosoms, das das Gen für das Amyloid-Precursorprotein trägt. Wenn Menschen mit Down-Syndrom älter als 30 Jahre werden, entwickeln sie fast immer Alzheimer, und ihr Gehirn zeigt die Amyloidplaques, die für diese Krankheit so typisch sind.«[38]

---

34 Lifshitz, H. & Katz, Y. J. (2009): Religious concepts among individuals with intellectual disability: A comparison between adolescents and adults. In: European Journal of Special Needs Education 24/2, 183–201.
35 Chao, M. Y. et al. (2006): Neurotrophin signalling in health and disease. In: Clinical Science 110/2, 167–173; Sofroniew, M. V. et al. (2001): Nerve growth factor signaling, neuroprotection, and neural repair. In: Annual Review of Neuroscience 24, 1217–1281; Campenot, R. B. & McInnis, B. I. (2004): Retrograde transport of neurotrophins: fact and function. In: Journal of Neurobiology 58, 217–229.
36 Yamada, K. & Nabeshima, T. (2003): Brain-derived neurotrophic factor/TrkB signaling in memory processes. In: Journal of Pharmacological Sciences 91/4, 267–70.
37 Schupf, N. & Sergievsky G. H. (2002): Genetic and host factors for dementia in Down's syndrome. In: The British Journal of Psychiatry 180, 405–410; Lott, I. & Head E. (2005): Alzheimer disease and Down syndrome: factors in pathogenesis. In: Neurobiology of Aging 26/3, 383–389.
38 Squire/Kandel (1999), 225–226.

Das klingt plausibel. Was aber wäre, wenn bei Personen mit gleichen biologischen Befunden keine »geistige Retardierung« eintritt?

Der Neurologe David Snowdon an der Kentucky-Universität untersuchte 1986 in einer Langzeitstudie Hunderte von amerikanischen katholischen Ordensschwestern (circa 600) im Alter zwischen 76 und 107 Jahren. Die vergleichbaren Lebensbedingungen der Frauen und ihre regelmäßige Erreichbarkeit für Laboruntersuchungen erhöhen die Glaubwürdigkeit des Ergebnisses: Viele der Nonnen, in deren Gehirnen nach ihrem Tod reichlich Amyloidplaques nachweisbar war, zeigten zu Lebzeiten keine Einbußen ihrer intellektuellen Leistungsfähigkeit.[39]

Es bleibt die Frage: Was machten diese Nonnen richtig? Die bisher einzigen wirklich gesicherten Gegenmaßnahmen gegen das Alzheimer-Syndrom sind Stressvermeidung und eine gesunde Lebensweise.

Aussonderung beginnt schon beim Sprechen

Einen Möglichkeitsraum kann man einer Person zu- oder absprechen. Immer stößt man damit eine nicht-lineare Dynamik von Kaskaden sich selbst erfüllender oder sich selbst widerlegender Prophezeiungen an. Die Leistung einer Person ist immer auch das Ergebnis einer Lern- und Beziehungsgeschichte, deren Lernkultur gewisse Leistungen behindern und befördern kann.

Die Hirnforscherin Naomi Eisenberger von der Universität Kalifornien in Los Angeles konnte belegen, dass bei sozialer Missachtung im Gehirn eines Menschen ähnliche Hirnregionen aktiv sind wie bei körperlich zugefügten Schmerzen. Das zeigt sich in einer gesteigerten Aktivität des *Gyrus cinguli,* einer Hirnregion, die sich in der Furche zwischen den beiden Hirnhälften befindet. Diese wird aktiv, wenn einem Menschen körperlicher Schmerz zugefügt wird. Bei sozialer Missachtung wird zusätzlich noch das rechte Stirnhirn aktiv, von dem schon länger bekannt ist, dass es auf sozial unangenehme Situationen reagiert.[40]

Aussonderung beginnt schon beim Sprechen. Wenn wir von Menschen mit Down-Syndrom sprechen, bezeichnen wir sie oft als Menschen mit einer angeborenen geistigen Behinderung. Das beinhaltet meiner Meinung nach eine

---

39 Snowdon, D. (2001): Aging with Grace: What the Nun Study Teaches Us About Leading Longer, Healthier and More Meaningful Lives. New York.
40 Eisenberger, N. I., Lieberman, M. D. & Williams, K. D. (2003): Does rejection hurt? An fMRI study of social exclusion. Science 302, 290–292; Eisenberger, N. I. (2012): The pain of social disconnection: Examining the shared neural underpinnings of physical and social pain. In: Nature Reviews Neuroscience 13, 421–434.

Abwertung und die Gefahr einer sich selbst erfüllenden Prophezeiung (siehe auch: Vorwort, 9 f.).

Auch wenn wir versuchen, mit Euphemismen bestimmte Begriffe positiv zu definieren, bleibt der Inhalt doch eindeutig abwertend. Es hilft nicht, nur nach schöneren Worten zu suchen. Ich bevorzuge die Formulierung von *People first* (siehe auch: Bin ich dumm?, 33 f.): »Menschen mit Lernschwierigkeiten«. Und ich spreche von »Menschen mit Trisomie 21« statt von »Menschen mit Down-Syndrom«. Damit ist das Problem längst nicht vom Tisch. Am Ende wird alles mit »dumm« oder »wenig intelligent« übersetzt.

Dabei geht es meines Erachtens um etwas vollkommen anderes: Selbst die schönsten Umschreibungen, wie z. B. »Menschen mit einem gewissen Extra«, »Sonnenscheinkinder« usw., lenken vom Wesentlichen ab: Empathie zu schenken, sich um Verstehen zu bemühen.

Meine diagnostische Methode heißt etwas umständlich »Systemische Syndromanalyse«[41]. Es geht im Wesentlichen um Perspektivwechsel, genauer: die Beantwortung der Frage »Unter welchen Umständen würde ich genauso handeln?«. Das Axiom lautet: Jedes Verhalten hat einen subjektiven Sinn. Auf der Basis dieses Axioms grenzt man über Hypothesenbildung und Experiment den tatsächlichen Grund des Verhaltens ein.[42]

Ganz im Sinne der Neurodiversitäts-Bewegung, hervorgegangen aus dem *Autism Rights Movement* (siehe auch: Neurodiversität statt Neurodegeneration, 75 ff.), fordert die Asperger-Autistin und Journalistin Mela Eckenfels: »Statt Autisten mit viel Aufwand pflegeleicht zu machen, sollte man ihnen ihre eigene Entwicklung zugestehen.«[43] Sie bezieht sich auf den autistischen Blogger Tom Plastow: »Wenn ihr davon sprecht, Autismus zu heilen, dann sprecht ihr von Eugenik.«[44]

Genauso wenig wie Autismus lässt sich Trisomie 21 »heilen«. Auch Menschen mit Trisomie 21 haben ein Recht auf ihre eigene Entwicklung. Welche Bedürfnisse und Eigenwerte aber liegen der Entwicklung von Menschen mit Trisomie 21 zugrunde?

---

41 Zimpel, A. F. (1992): Die pädagogische Idee als Ziel der Förderdiagnostik. In: Behindertenpädagogik 31/4, 361–369; Macykowski, M. (2013): Das Gegenteil von Praxis ist Technik. In: Zimpel (2013b), 130–133.
42 Ebd., 169.
43 Eckenfels, M. (2014): Meinung: Empathie statt Eugenik! In: Spektrum.de Kommentar 18.06.2014, www.spektrum.de/news/meinung-empathie-statt-eugenik/1295945, letzter Aufruf am 20.09.2015.
44 Plastow, T. (2014): Dear »Autism Parents«, We Don't Want To Be Cured. Letzter Aufruf am 20.09.2015. tomplastow.wordpress.com/2014/02/09/dear-autism-parents-we-dont-want-to-be-cured-2/.

Empathie für Neurodiversität

»Tatsächlich verhalten sich Autisten anders, weil ihr Kopf, ihre Sinne, ihr ganzes Sein anders funktioniert […]. Ihr Reizfilter ist deutlich schwächer und der ständige Strom unsortierter Sinneseindrücke und Informationen kann sie verstummen lassen. Typisch autistische Verhaltensweisen wie Schaukeln, Wiegen, Flattern mit den Händen oder Summen, ›selbststimulierendes Verhalten‹, sind für die Umwelt gewöhnungsbedürftig und oft nervtötend. Autisten helfen sie aber, die Umweltreize zu regulieren und die innere Anspannung durch Reizüberflutung abzubauen.«[45]

Das erklärt die Journalistin Mela Eckenfels, die selbst von der Diagnose Autismus betroffen ist.

Gerade diese gegenüber neurotypischen Personen höhere Hypersensibilität, kombiniert mit der Notwendigkeit, Reizüberflutung abzuwenden, setzt bei vielen Personen mit Autismus ein Potenzial gesteigerter Aufmerksamkeit frei. Das hat den DAX-Konzern SAP dazu bewegt, einen Perspektivwechsel einzuleiten. Der größte europäische Softwarehersteller sucht »Menschen, die anders denken«. So formuliert es zumindest die Personalchefin Luisa Delgado:
»Bis 2020 sollen ein Prozent der weltweit zuletzt rund 65.000 Mitarbeiter von SAP Menschen mit autistischer Störung sein.«[46] Dies soll in Zusammenarbeit mit der dänischen Firma Specialisterne *(Specialist People Foundation)* geschehen. Das ist eine sozial engagierte Zeitarbeitsfirma, die sich zum Ziel gesetzt hat, eine Million Menschen mit Autismus ins Arbeitsleben zu bringen.

Besonderheiten der Aufmerksamkeit gehen mit Stärken und Schwächen beim Lernen einher: Der virtuose Gebrauch der Gebärdensprache bei Gehörlosigkeit schult das räumliche Denken. Bei Autismus bewirkt die aktive Vermeidung von Reizüberflutung durch Hyperfokussierung eine Schärfung der Aufmerksamkeit für Details. Diese geschärfte Aufmerksamkeit ermöglicht Personen, die unter den Bedingungen von Autismus leben, eine beeindruckende Konzentrationsfähigkeit auf Ereignisse, die wenig variieren und die Menschen ohne Autismus als monotonen Stress erleben.[47]

---

45 Eckenfels (2014), letzter Aufruf am 20.09.2015.
46 Kölner Stadt-Anzeiger vom 21.05.2013. http://www.ksta.de/digital/sap-stellt-bis-2020-hunderte-autisten-ein,15938568,22819432.html, letzter Aufruf am 28.06.2013.
47 Zimpel, A. F. (2015): Achtung Andersdenkende! Stärke: gesteigerte Aufmerksamkeit, Problem: Sozialkompetenz. Neuropsychologische Potenziale des Autismusspektrums als soziale Bereicherung. In: Behinderte Menschen 1/2015, 31–37.

Wie ist das bei Menschen mit einer Trisomie 21? Welche Stärken und Schwächen sind bei ihnen zu beachten? Um diese Fragen zu beantworten, benötigen wir ein besseres Verständnis dafür, welche Hirnareale das Chromosom 21 direkt beeinflusst, bevor soziale Prozesse der Ausgrenzung, Unterforderung und sich selbst erfüllender Prophezeiungen ihre Wirkung entfalten.

Julio Montoya von der Universidad del Valle in Kolumbien verfolgte im Hirn-Atlas des Allen Institut für Hirnforschung die Genexpression des Chromosoms 21 im menschlichen Gehirn. Er wurde fündig.[48]

Von den 19 Genen in der Down Syndrome Critical Region (DSCR) des Chromosoms 21 fallen in Nervenzentren des Gehirns 11 Gene auf, entweder durch auffällig hohe oder auffällig geringe Genexpression (siehe auch: Menschen sind anders und Mäuse auch, 74 f.). Die neuropsychologischen Besonderheiten, unter denen Menschen mit einer Trisomie 21 leben, sind ein weiterer Farbtupfer im Gesamtspektrum menschlicher Neurodiversität. Sie betreffen Bewegung, Emotionen und Aufmerksamkeit.[49]

Bewegungslernen und das 21. Chromosom

»Er schaut immer erst nach links und rechts, wenn er schon auf die Straße gelaufen ist«, berichtete besorgt ein Lehrer an einer von mir wissenschaftlich begleiteten Schule in Hamburg. Der 8-Jährige mit Trisomie 21 war sich der Bedeutung des Nach-links-und-rechts-Schauens durchaus bewusst. Nur die Koordination der drei Richtungen – links, rechts und Laufrichtung – bereitete ihm sichtlich mehr Mühe als den anderen Schülerinnen und Schülern der Klasse.

Bewegung und Denken von Menschen mit einer Trisomie 21 werden oft als verlangsamt beschrieben. Doch das Problem liegt tiefer, wie das Beispiel zeigt. Ist der 8-Jährige zu langsam oder zu schnell beim Überqueren der Straße? Antwort: beides. Was das spontane Loslaufen anbelangt, ist er zu schnell. Zu langsam ist er dagegen, um rechtzeitig nach links und rechts zu schauen.

Die weit verbreitete »Entdeckung der Langsamkeit« als Grundlage sonderpädagogischer Förderung greift also viel zu kurz. Vielmehr kommt es darauf an, die Bewegungssteuerung durch geeignete Zeichensysteme so zu unterstüt-

---

48 Montoya, J. C. et al. (2014): Global differential expression of genes located in the Down Syndrome Critical Region in normal human brain. In: Colombia Médica 45/4, 154–161.
49 Zimpel, A. F. (2008): Bewegung, Emotion und Aufmerksamkeit. Die Neuropsychologie der geistigen Entwicklung bei Trisomie 21. In: KIDS aktuell – Magazin zum Down-Syndrom 17/2008, 9–12.

zen, dass sich unwillkürliche und willkürliche Bewegungsabläufe harmonisch aufeinander einstimmen können.

Dazu passt, dass es Hirnareale gibt, die mit Bewegungslernen direkt im Zusammenhang stehen und von Genen auf dem Chromosom 21 beeinflusst werden. Es handelt sich um eine Gruppe von acht Genen.[50] Deren Expression wirkt vor allem auf Bewegungszentren ein, genauer: auf die Basalganglien, die das extrapyramidalmotorische System (EPMS) im Gehirn bilden.

Schwerpunkte der Genexpression (vom Chromosom 21)		
für die einzelnen Gene	in folgenden Hirnarealen	mit Wirkung auf
DSCR6	linker und rechter *Nucleus caudatus*	Bewegung
DSCR3	Putamen	Bewegung
RCAN1	Putamen	Bewegung
DSCR3	linkes und rechtes Pallidum	Bewegung
SH3GBR	linkes und rechtes Pallidum	Bewegung
DYRK1A	linkes und rechtes Pallidum	Bewegung
CLIC6	linkes und rechtes Pallidum	Bewegung
PRMT2	linkes und rechtes Pallidum	Bewegung

Zu den Basalganglien (siehe auch: Neurodiversität statt Neurodegeneration, 75 ff.) gehören:
- *Nucleus caudatus* (lateinisch für »Schweifkern«), wichtig für die Steuerung der Willkürmotorik,
- *Putamen* (lateinisch für »Schale«), der zusammen mit dem
- Pallidum, einem Teil des Zwischenhirns, den *Nucleus lentiformis* (»Linsenkern«) bildet. Der *Nucleus lentiformis* steuert die Kontrolle von Bewegungsabläufen.

Nucleus caudatus und *Putamen* bilden eine Einheit. Diese Einheit heißt »Striatum«. Dazu gehört auch der *Nucleus accumbens*, das so genannte »Belohnungszentrum« im Gehirn (siehe auch: Dopamin, Anregung mit Suchtfaktor/Serotonin, ein körpereigenes Antidepressivum/Oxytocin, Depressionen wegkuscheln, 58 ff., 69 f. und 71 f.).

---

50 Montoya (2014), 156.

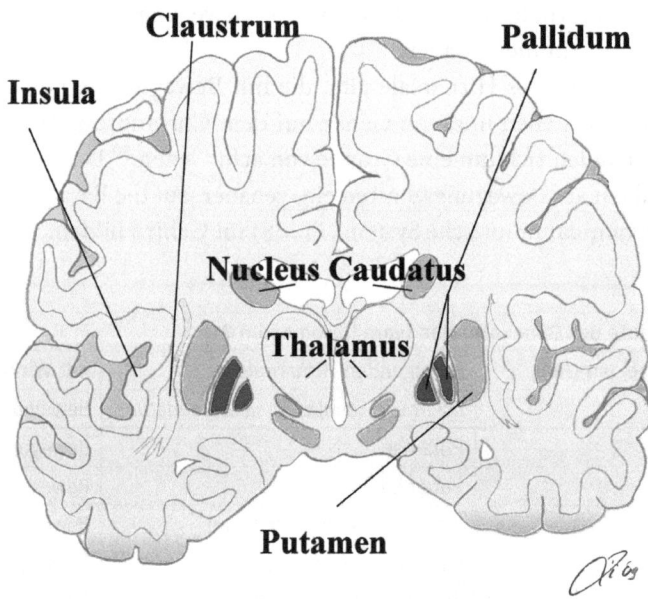

Gegenspieler des Striatums sind die bewegungshemmenden und bewegungsfördernden Nervenzellen im Pallidum. Wie die Zügel bei einem Pferd steuern sie die Stärke von spontanen Bewegungsimpulsen.

Übrigens: Der oben genannte Schüler mochte das Spiel »Hilf dem ängstlichen Pferdchen!«. Ein Student führte mit ihm ein imaginäres Pferdchen an gedachten Zügeln, das große Angst vor der Überquerung jeder Straße hatte. Im Rollenspiel tröstete der Junge das Pferd, das vor der Straße scheute: »Schau mal, von links kommt nichts, und von rechts ist auch kein Auto zu sehen!« So lernte er, sich selbst zu helfen.

Acetylcholin im Streifenkörper

Das Striatum oder *Corpus striatum* (*striatus,* lateinisch für »gestreift«) nennt man auch »Streifenkörper«. Das hat den folgenden Grund: Während der frühen pränatalen Entwicklung wächst die längste projektive Nervenbahn *(Capsula interna)* zwischen den Nervenkernen des Striatums hindurch. Graue und weiße Substanz vermischen sich dadurch zu einem Streifenmuster.[51]

---

51 Benninghoff, A. (1992): Makroskopische und mikroskopische Anatomie des Menschen. 14. Aufl., München, 410–415.

Übrigens: Nur im Formalin-Präparat hat die Substanz aus vielen Nervenzellkörpern eine graue Färbung. Im lebendigen Gehirn ist sie eher rosa. Die weiße Substanz besteht hauptsächlich aus Nervenbahnen und nur wenigen Zellkörpern.

Der untere Teil des Striatums heißt *Substantia innominata* (lateinisch: »Substanz ohne Namen«). Die Bezeichnung ist wohl ein Studentenwitz, weil ein Anatomie-Professor vergaß, der Hirnregion einen Namen zu geben.

Ein wichtiger Teil der Substantia innominata ist der *Nucleus basalis Meynert* (siehe auch: Dopamin, Anregung mit Suchtfaktor, 58 ff.). Das ist die Wirkungsstätte des schon oft erwähnten Enzyms ChAT, das den Botenstoff Acetylcholin produziert (siehe auch: Enzyme, Katalysatoren im Gehirn, 50 ff.).

Der *Nucleus basalis Meynert* ist besonders aktiv, wenn man sich in einer neuen Situation zurechtfinden muss. Seine Aktivität zeigt den Grad der Konzentration der Aufmerksamkeit an. Bei Feten und bei erwachsenen Personen mit Trisomie 21 ist seine Aktivität vermindert (siehe auch: Acetylcholin, Angst vor Alzheimer/Donepezil, Doping für das Gehirn, 52 ff. und 54 ff.).

Es gibt zwei Arten von Acetylcholin-Rezeptoren: die nicotinischen und die muscarinischen Rezeptoren. Die Wirkstoffe Nicotin und Muscarin binden ausschließlich an einen der beiden Rezeptorentypen. Nicotinische Acetylcholin-Rezeptoren finden sich z. B. in den motorischen Endplatten der Skelettmuskulatur sowie in Fasern des parasympathischen und des sympathischen Nervensystems. Sie wirken immer erregend.

Muscarinische Acetylcholin-Rezeptoren wirken dagegen hemmend, z. B. im Herzen und an den Speicheldrüsen. Das Zentrum der Wirkung von Acetylcholin befindet sich also mitten im Gehirn und ist deshalb auch an der Emotionskontrolle beteiligt.

Beispiel: Ein Mädchen mit Trisomie 21 in einer Integrationsklasse reagierte bei einem überraschenden Feueralarm mit großer Angst. Sie hielt sich beide Ohren zu. Den eindringlichen, stakkatoartigen Pfeifton konnte sie dadurch nur wenig mildern. Unter der Führung der Klassenlehrerin begab sie sich mit allen anderen auf den Sportplatz. Als Zeichen für das Ende des Alarms ertönte ein dreimaliges Klingelzeichen. Die Mitteilung, dass es sich nur um einen Probealarm gehandelt hatte, löste ein allgemeines Aufatmen aus. Der Schulalltag nahm wieder seinen routinierten Verlauf.

Nur das Mädchen mit Trisomie 21 weinte den ganzen Tag. Wollte sie jemand beruhigen, wandte sie sich genervt ab. Nach einer Weile beteuerte sie: »Ich weiß ja, dass nichts Schlimmes passiert ist. Aber ich kann nicht aufhören mit Weinen.«

Emotionen und das 21. Chromosom

Emotionen sind bei Menschen mit Trisomie 21 offensichtlich intensiver und lang anhaltender – egal, ob es sich um positive oder negative Gefühle handelt. Didaktisch leitet sich daraus eine hohe Verantwortung ab: Frustrationen durch Misserfolge beim Lernen können eine unerwünscht langwierige und nachhaltige Wirkung entfalten.

Einmal geweckte Aversionen gegen ein Fachgebiet schaukeln sich manchmal so sehr auf, dass sie Lernschwierigkeiten verursachen können. Beispiel: Zwei Jungen mit Trisomie 21 in einer Integrationsklasse reagierten auf die Worte »Mathematik« und »Rechnen« mit heftigster Ablehnung. Aus Protest wollten sie sofort den Raum verlassen. Es kostete die Lehrerin unglaublich viel Kraft, sie daran zu hindern.

Besser ist es, mit der Kraft der Lernenden zu unterrichten. Auf die Frage, was sie stattdessen mögen, antworteten beide Jungen: Musik! Studierende organisierten eine musikalische Förderung für beide. Taktschläge zählen im Drei- und Vierviertaltakt, ganze, halbe und Viertelnoten – alles war kein Problem, solange wir es nicht als »Mathematik« bezeichneten.

Zu diesen Beobachtungen passt: Montoya fand auch im *Nucleus accumbens* (siehe auch: Serotonin, ein körpereigenes Antidepressivum/Dopamin, Anregung mit Suchtfaktor, 69 f. und 58 ff.) eine erhöhte Genexpression. Er gehört gemeinsam mit dem Hippocampus (siehe auch: Ort des Lernens/Acetylcholin, Angst vor Alzheimer, 45 ff. und 52 ff.) zum limbischen System, dem »emotionalen Machtzentrum im Gehirn«.[52] Zwei Gene auf dem Chromosom 21 wirken sich in diesem System besonders aus:[53]

Schwerpunkte der Genexpression (vom Chromosom 21)		
für die einzelnen Gene	in folgenden Hirnarealen	mit Wirkung auf
DYRK1A	Limbisches System	Emotion
KCNJ6	Limbisches System	Emotion

Das limbische System verbindet uns über spontane Gefühls- und Stimmungszustände mit unserer Vergangenheit. Es ermöglicht die Erinnerung an Erlebnisse und die damit verbundene Emotion. Zum limbischen System gehören unter anderem in beiden Hirnhälften jeweils:

---

52 Häusel, H. G. (2008): Brain View: Warum Kunden kaufen. Freiburg, 80.
53 Montoya (2014), 156.

- die Amygdala (aktiv bei Angstgefühlen; bei sehr ängstlichen Kindern ist diese Hirnstruktur vergrößert),
- der Hippocampus (aktiv beim Erinnern; bei traumatisierten Kindern ist diese Hirnstruktur verkleinert),
- der *Gyrus cinguli* (aktiv bei angestrengter Aufmerksamkeit und Konzentration; diese Hirnstruktur ist bei Kindern mit gut entwickelter Impulskontrolle vergrößert).

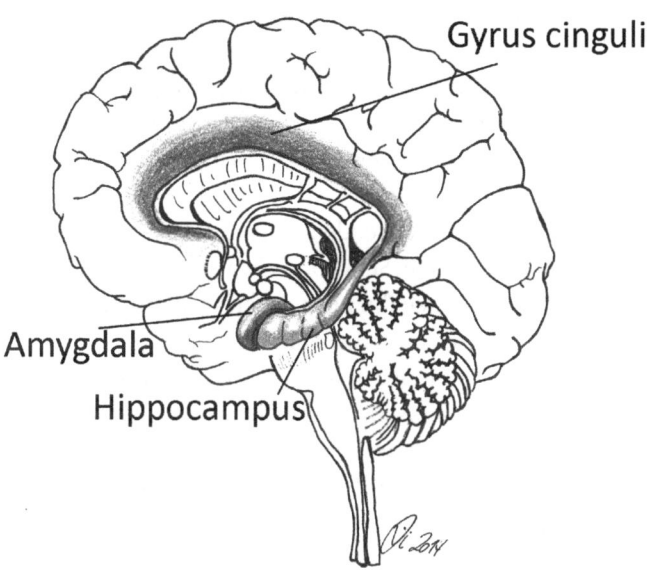

Wir erinnern nicht nur, was wir gelernt haben, sondern auch, wie wir uns dabei gefühlt haben. Sind die Gefühle überwiegend negativ, erinnern wir uns nicht gern. Gelerntes, an das wir uns ungern erinnern, ist Ausdruck verschwendeter Lebenszeit, kurz: Bulimie-Lernen.

Emotionen, die beim Lernen angeregt werden, sollten deshalb direkt mit einem als sinnvoll erlebten Lerngegenstand in Verbindung stehen und nicht von ihm ablenken. Beispiel: Wenn du mit der Rechenaufgabe fertig bist, gehen wir ins Kino! So wird Rechnen zur lästigen Barriere. Besser wäre, die Freude zu demonstrieren, die man selbst beim Rechnen hat. Damit erhöht man die Wahrscheinlichkeit, dass der emotionale Funke überspringen kann.

Kurzzeitgedächtnis und das 21. Chromosom

Gelingt es, positive Emotionen für einen Lernbereich zu wecken, können sich Lernende mit einer Trisomie 21 erstaunlich lange auf einen Lerngegenstand konzentrieren. Manche sind darin sogar Vorbild für ihre Mitschülerinnen und Mitschüler in Inklusionsklassen. Generell sollten Lernziele deshalb niemals losgelöst von der Motiventwicklung aufgestellt werden und in einer demokratischen Lernatmosphäre ausgehandelt werden.

Doch selbst, wenn diese Voraussetzungen gegeben sind, können Probleme auftreten: In einem überfüllten Seminar im Mai 2006 wandte sich ein 30-jähriger Mann mit Trisomie 21 selbstbewusst an die anwesenden Studierenden mit der Bitte, lesen und schreiben zu lernen – aber nur am Computer. Das Problem in der anthroposophischen Wohngruppe war, dass man dort Computer verpönte. Deshalb wandte er sich an die Uni.

Einmal wöchentlich nahm er seitdem an einem von Studierenden angebotenen Lese- und Schreibkurs teil. Sein körperlich anstrengender täglicher Achtstundenjob in der Werkstatt hielt ihn nicht davon ab, pünktlich nach Feierabend zu den Unterrichtsterminen zu erscheinen.

Was war sein Motiv? Der junge Mann orientierte sich zu diesem Zeitpunkt schon souverän im Hamburger Nahverkehr, plante seine Aktivitäten durch Notizen im Taschenkalender und kannte alle Buchstaben. Schreiben konnte er die Namen aller für ihn bedeutsamen Personen. Doch beim Erlernen des spontanen, fließenden Lesens und Schreibens hatte er Probleme.

In verschiedenen Projekten, an denen Lernende unter den Bedingungen einer Trisomie 21 teilnahmen, zeigten Schüler und Schülerinnen mit Trisomie 21 Besonderheiten in der Simultanerfassung: Immer wieder war zu beobachten, dass Schülerinnen und Schüler auch Mengen von drei bis vier Objekten einzeln abzählten. Dies war auch bei dem jungen Mann der Fall. Selbst beim Abschreiben von kurzen Wörtern, wie z. B. »Haus« oder »Lied«, nutzte er seine Finger, um sich jeden einzelnen Buchstaben merken zu können.[54]

---

54 Speetzen, L. O. (2008): Aufmerksamkeit und Schriftsprache. Eine exemplarische Studie unter besonderer Berücksichtigung der Trisomie 21. Examensarbeit Universität Hamburg, 72–73; Paetz, D. (2008): Lesen? Ich habe schon gearbeitet! Simultanagnosie als behindernde Bedingung bei Trisomie 21; Examensarbeit Universität Hamburg.

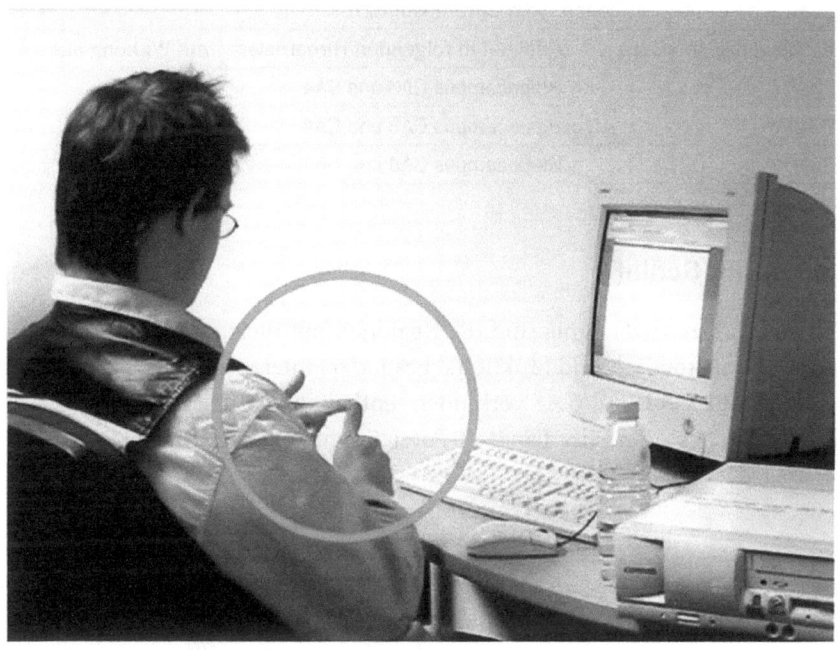

Die Ursache dafür sind Besonderheiten des Kurz- und Arbeitsgedächtnisses (siehe auch: Ort des Lernens, 45 ff.). Das passt gut zu Montoyas Befund, dass auch im Hippocampus erhöhte Genexpressionen von Abschnitten des Chromosoms 21 vorliegen:[55]

Schwerpunkte der Genexpression (vom Chromosom 21)		
für die einzelnen Gene	liegen in folgenden Hirnarealen	mit Wirkung auf
DSCR3	Hippocampus CA1 und CA2	Lernen
KCNJ6	Hippocampus CA1 und CA2	Lernen

Mit CA sind die Pyramidalzellen des Ammonshorns *(Cornu Ammonis)* gemeint (siehe auch: Ort des Lernens, 45 ff.). Im Hippocampus gibt es eine eingerollte Rindenstruktur. Sie umfasst vier nummerierte Abschnitte: CA1 bis CA4.

Die Gene DSCR3 und KCNJ6 des Chromosoms 21 steuern hauptsächlich das Wachstum der Abschnitte CA1 und CA2. Auf die Hippocampus-Abschnitte CA3 und CA4 ist der Einfluss des Chromosoms 21 dagegen besonders gering:[56]

---

55 Montoya (2014), 156.
56 Ebd.

Schwache Genexpressionen (vom Chromosom 21)		
für die einzelnen Gene	erfolgen in folgenden Hirnarealen	mit Wirkung auf
PIGP	Hippocampus CA3 und CA4	Lernen
DSCR6	Hippocampus CA3 und CA4	Lernen
PRMT2	Hippocampus CA3 und CA4	Lernen

Lernen im Schlaf

Für das Kurzzeitgedächtnis sind die Regionen mit ungerader Nummer, CA1 und CA3, anatomisch und funktional besonders interessant. Die Schaffer-Kollateralen, die CA3 und CA1 verbinden, enthalten spezielle Glutamat-Rezeptoren (NMDA), die an der Langzeit-Potenzierung beteiligt sind[57] (siehe auch: Mäusegedächtnis, 43 ff.).

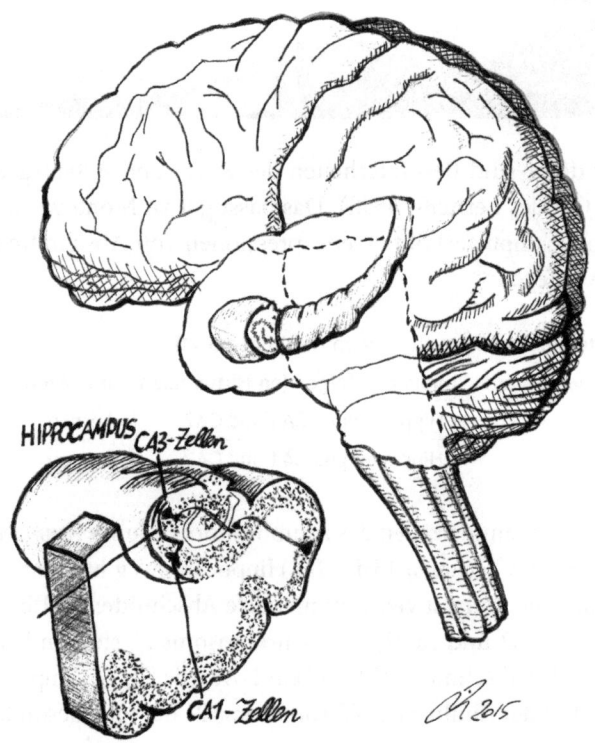

---

57 Squire/Kandel (1999), 122.

Die Schaffer-Kollateralen leiten Signale zur CA1-Region des Hippocampus weiter. Eine einzelne Reizserie von 100 Hz von der Dauer einer Sekunde leitet die frühe Phase der LTP ein. Sie hält bis zu etwa zwei Stunden an (Kurzzeitgedächtnis). Vier Reizserien in 10-Minuten-Abständen lösen die späte Phase der LTP aus. Sie kann mehr als 24 Stunden andauern (Arbeitsgedächtnis).[58]

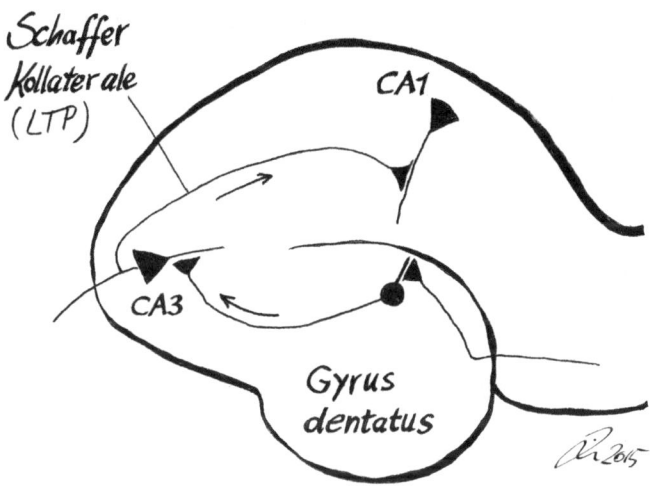

Für ein besseres Verständnis der besonderen Variante von Neurodiversität bei Trisomie 21 rückt damit der Abschnitt CA1 in den Fokus des Interesses, weil nur dieser Abschnitt innerhalb der Schaffer-Kollateralen vom dreifach vorhandenen Chromosom 21 erheblich beeinflusst wird. Diese Region kommuniziert (auch über Acetylcholin) mit vielen anderen Regionen im Gehirn.

Tauschen die Hirnregionen CA1 und CA3 elektrische Impulse über Stunden oder gar Tage bei anhaltender Langzeitpotenzierung aus, kommt es zur Genaktivierung (siehe auch: Genetik und Epigenetik, 24 f.). Die Folge ist eine synaptische Verstärkung einer Nervenverbindung. So gelangen Erinnerungen aus dem Kurzzeitgedächtnis in das Langzeitgedächtnis (siehe auch: Ort des Lernens, 45 ff.).

Dieses Überführen in das Langzeitgedächtnis von Gelerntem passiert höchstwahrscheinlich zum großen Teil im Schlaf. Vermutlich dient Schlaf dazu, die vom Hippocampus tagsüber vorübergehend gespeicherten Gedächtnisinhalte bei Bedarf zu löschen.[59]

---

58 Ebd., 158.
59 Hahn, T. T. G., Sakmann, B. & Mehta, M. R. (2007): Differential responses of hippocampal subfields to cortical up-down states. In: Proceedings of the National Academy of Sciences 104/12, 5169–5174.

Während des Schlafs kommuniziert der Hippocampus mit dem Großhirn. Der *Gyrus dentatus* und die Region CA3 antworten im Schlaf auf Großhirnimpulse. Vermutlich besteht hier kein Unterschied zwischen neurotypischen Personen und Personen mit Trisomie 21.

Das Feld CA1 allerdings meldet sich bei diesem Dialog zwischen Großhirn und Hippocampus nur dann zu Wort, wenn die Großhirnrinde schweigt, präziser: Die Region CA1 wird aktiv, wenn kein Signal eingeht.

Das dreifache Chromosom 21 verursacht Wachstumsbesonderheiten in dieser Region CA1. Hier sind also Unterschiede im Vergleich zu neurotypischen Personen zu erwarten. Ob Menschen mit Trisomie 21 anders träumen? Dieser Befund spricht dafür. Leider kann diese Frage hier nicht weiter verfolgt werden.

Für das Verständnis der Neurodiversität von Personen mit einer Trisomie 21 ist eine andere Frage wichtiger: Welche Bedeutung haben die Signale des Feldes CA1 an das Großhirn im Zusammenhang mit dem Ultrakurzzeitgedächtnis?

Im Brennpunkt des Gedankenstroms

Das Ultrakurzzeitgedächtnis (siehe auch: Ort des Lernens, 45 ff.) verbindet das Gehirn mit dem Hier und Jetzt. Sein Inhalt ist das, was sich im Brennpunkt der Aufmerksamkeit befindet. Kandel umschreibt diesen Brennpunkt der Aufmerksamkeit als das, was gerade den Gedankenstrom besetzt hält.[60]

Aus dem bis hierher Gesagten wird klar, dass dieser Gedankenstrom einen sehr begrenzten Umfang haben muss. Der Brennpunkt der Aufmerksamkeit umfasst das, was wir innerhalb von Millisekunden simultan erfassen können. Dieser Umfang der Aufmerksamkeit entscheidet darüber, was in das Ultrakurzzeitgedächtnis gelangen kann.

Wie ist das bei Menschen mit Trisomie 21? In der Literatur ist immer wieder zu lesen:

»Schüler/innen mit Down-Syndrom [haben, d. A.] statt einer durchschnittlichen Aufnahmespanne von ca. 5–9 bits (Informationseinheiten) […] nur eine Aufnahmekapazität von 3–5 bits.«[61]

---

60 Squire/Kandel (1999), 92.
61 Dittmann, W. (1992): Kinder und Jugendliche mit Down-Syndrom. Aspekte ihres Lebens. Bad Heilbrunn, S. 106.

Bit (binary digit) ist das Maß der Unsicherheit eines Zeichens. Der amerikanische Mathematiker und Elektrotechniker Claude Shannon (1916–2001) baute auf dieser Einheit die moderne Informationstheorie auf.[62] Diese Einheit bezeichnet die kleinstmögliche Unterscheidung, also die Antwort auf eine Ja-Nein-Frage.

Das ist keine Einheit im klassischen Sinne. Man spricht deshalb auch von einer Pseudoeinheit, weil es sich ja eigentlich um eine Zweiheit handelt.[63] Geeignete Veranschaulichungen sind in der Wahrscheinlichkeitstheorie Kopf oder Zahl beim Münzwurf und in der Technik ein An-und-Aus-Schalter. Die Anzahl der Zustände oder Einheiten für eine Angabe in *bit* berechnet man mit dem Logarithmus zur Basis 2:

bit	Logarithmus zur Basis 2 (gerundet)
3	1,58
4	2,00
5	2,32
6	2,58
7	2,81
8	3,00
9	3,17

Die Schätzung der durchschnittlichen Aufnahmekapazität lässt sich also in absoluten Zahlen als durchschnittlicher Aufmerksamkeitsumfang ausdrücken:

Umgerechnet bezeichnet die durchschnittliche Aufnahmekapazität von circa drei bis fünf *bits* für Personen mit Trisomie 21 einen durchschnittlichen Umfang der Aufmerksamkeit von circa ein bis zwei Einheiten.

Für Neurotypische ergibt die Umrechnung von circa fünf bis neun *bits* einen geschätzten durchschnittlichen Aufmerksamkeitsumfang von mehr als zwei bis mehr als drei Einheiten.

Was bedeutet das aus wissenschaftlicher Perspektive? Der kanadische Wissenschaftsphilosoph Ian Hacking fasst das Wesen wissenschaftlicher Forschung in folgender Faustformel zusammen: Sie stimmt drei Tätigkeiten aufeinander ab – Spekulieren, Kalkulieren und Experimentieren.[64] In den Sozialwissenschaften sieht er das große Problem, dass Spekulierende, Kalkulierende und Experimentierende nicht zusammenfinden:

---

62 Shannon, C. E. & Weaver, W. (1949): The mathematical theory of communication. Illinois.
63 Zimpel (2012), 159.
64 Hacking, I. (1996): Einführung in die Philosophie der Naturwissenschaften. Stuttgart, 409.

»Den Sozialwissenschaften mangelt es nicht an Experimenten; es mangelt ihnen nicht an Kalkulationen; es mangelt ihnen nicht an spekulativen Gedanken. Was ihnen fehlt, ist die Zusammenarbeit zwischen den dreien.«[65]

Bevor ich auf die Ergebnisse der Experimente mit 1.294 Personen mit Trisomie 21 eingehe, hier nun also meine Kalkulation: Sie beruht auf der Wechselwirkung hemmender und erregender Nervenzellen im Hippocampus:

Man hat bei Meerschweinchen im Hippocampus die GABA-Rezeptoren mit Penicillin blockiert. Das Penicillin »verstopft«, bildlich gesprochen, die Poren in den Nervenzellen, durch die sonst GABA einfließt. Das Plus in der folgenden Abbildung steht für die stimulierenden Botenstoffe Glutamat und Acetylcholin. Das Minus steht dagegen für den hemmenden Einfluss von GABA. Das Schema in der Abbildung zeigt die zirkuläre Verschaltung der Pyramiden- und Korbzellen im Hippocampus. Die (von Moosfasern aktivierten) Pyramidenzellen erregen (+) die Korbzellen, die ihrerseits die Pyramidenzellen hemmen (-).

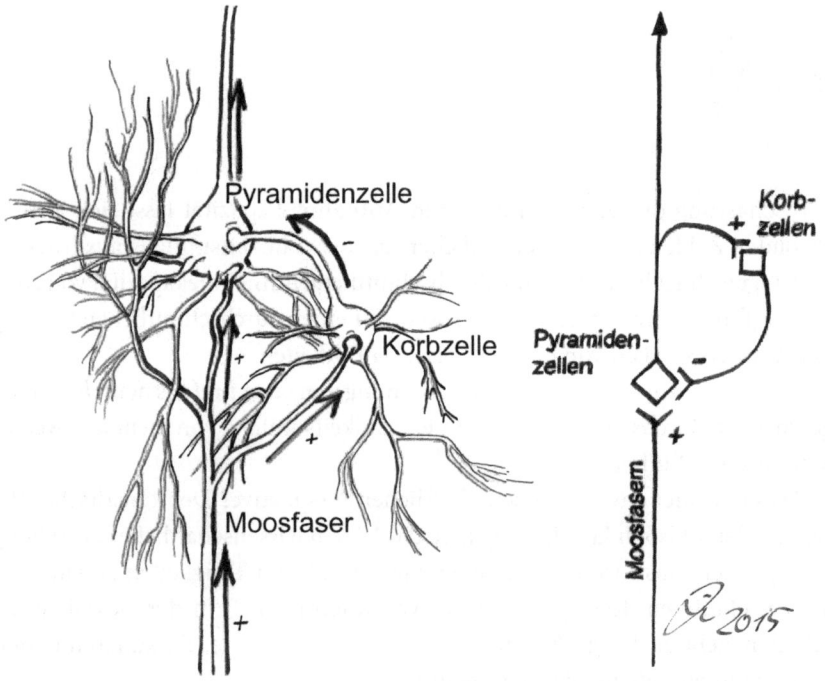

---

65 Ebd., 410.

Feigenbaum-Diagramm: Kalkulation und Hypothese

Gibt man unterschiedlich hohe Dosen von Penicillin auf das Zellnetzwerk des Hippocampus, blockiert man immer mehr GABA-Rezeptoren. Bei niedrigen Penicillin-Konzentrationen ergeben sich periodische Muster mit einer relativ geringen durchschnittlichen Impulsfrequenz. Bei höheren Penicillinkonzentrationen treten schließlich Oszillationen des Membranpotenzials auf, die nicht mehr periodisch sind, und die durchschnittliche Impulsfrequenz ist deutlich erhöht.[66]

Diese Dynamik solcher Rückkoppelungen erforschte Mitte der Siebzigerjahre des letzten Jahrhunderts der US-amerikanische Physiker Mitchell J. Feigenbaum.[67] Seine Kalkulation beruht auf der wiederholten Anwendung quadratischer Funktionen auf sich selbst. Als Beispiel wählte er die reelle Funktion

$$f(x) = ax(1-x).$$

Sie geht auf den Mathematiker Pierre-Francois Verhulst (1804–1894) zurück[68] und beschreibt Wechselwirkungen von Anregung und Hemmung, wie in den oben beschriebenen Nervenzellen des Hippocampus. Im Feigenbaum-Diagramm kann man die Werte dieser Gleichung bei verschiedenen a-Werten darstellen.

Das Feigenbaum-Diagramm setzt sich aus den verschiedenen Fixpunkten (Eigenwerten) der Funktion zusammen. Von links nach rechts habe ich den a-Wert der Funktion allmählich von 2 bis fast 4 angehoben. Jedem a-Wert entspricht eine unterschiedliche Matrix von Fixpunkten.[69]

---

66 An der Heiden, U. (1991): Der Organismus als selbstherstellendes dynamisches System. In: Zänker, K. (Hg.): Kommunikationsnetzwerke im Körper. Psychoneuroimmunologie. Aspekte einer neuen Wissenschaftsdisziplin. Heidelberg. 143–154.
67 Feigenbaum, M. J. (1980): The metric universal properties of period doubling difurcations and the spectrum for a route to turbulence. In: Annals of the New York Academy of Sciences 357, 330–336; Feigenbaum, M. J. (1984): Universal behavior in nonlinear systems. Universality in chaos. Bristol, 49–84.
68 Verhulst, P. F. (1845): Recherches mathématiques sur la loi d'accroissement de la population. In: Nouveaux mémoires de l'Académie royale des sciences et belles-lettres de Bruxelles 18, 1–41, Verhulst, P. F. (1847): Deuxième mémoire sur la loi d'accroissement de la population. In: Mémoires de l'Académie Imperiale et Royale des Sciences et Belles-Lettres de Bruxelles 20, 1–32.
69 Der Faktor a ist eine positive reelle Zahl. Die Anwendung der quadratischen Funktion $f(x) = ax(1-x)$ auf sich selbst beginnt hier mit dem Anfangswert $x0 = 0,1$.

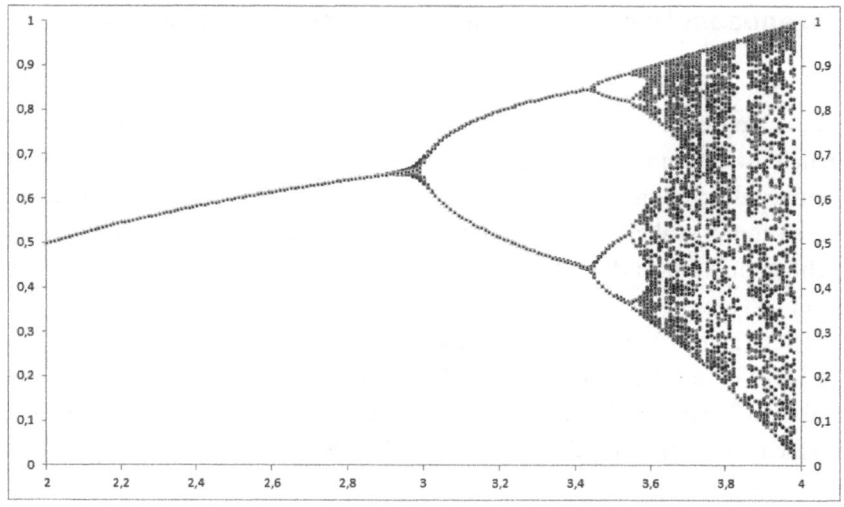

Bei a = 2,8 pendeln sich die Funktionswerte auf einen einzigen Fixpunkt ein. Wählt man a = 3,2, dann ergibt sich schon ein etwas verändertes Bild: Die Funktionswerte pendeln sich nun nicht mehr auf einen Fixpunkt ein, sondern auf zwei.

Ein ganz anderes Bild ergibt sich bei a = 3,9: Die Funktion besitzt kein stabiles periodisches Verhalten mehr, sie springt in chaotischer Weise zwischen allen möglichen Werten hin und her.

Definieren wir diesen Bereich (rechts: zwischen a = 3,6 bis a = 4) als Ausdruck der Reizüberflutung und Hypersensibilität bei Autismus-Spektrum-Störungen (ASS), ergibt sich für Neurotypische der Bereich mit vier Eigenwerten (zwischen a = 3,4 bis a = 3,6).

Links davon liegt ein Bereich mit zwei Fixpunkten, der nach meiner Kalkulation für die Aufmerksamkeitsbesonderheiten bei Trisomie 21 steht (zwischen a = 3,0 bis a = 3,4).

Der Bereich ganz links (zwischen a = 2,0 bis a = 3,0), mit nur einem Fixpunkt, steht dann für die Einschränkung des Umfangs der Aufmerksamkeit auf nur eine Einheit (Chunk). Das ist bei Simultanagnosie der Fall.

Simultanagnosie vergleicht man oft fälschlicherweise mit einem Tunnelblick. Das ist die Einschränkung des Sehfeldes auf einen punktförmigen Bereich. Die von Simultanagnosie Betroffenen verfügen jedoch über ein vollständiges Sehfeld. Nicht ihre Wahrnehmung ist eingeschränkt, sondern ihre Aufmerksamkeit.[70]

---

70 Das ist beispielsweise bei Personen mit einer sehr kleinen Verletzung im Übergangsgebiet zwischen dem hinteren Scheitelhirn und Hinterhaupthirn der Fall.

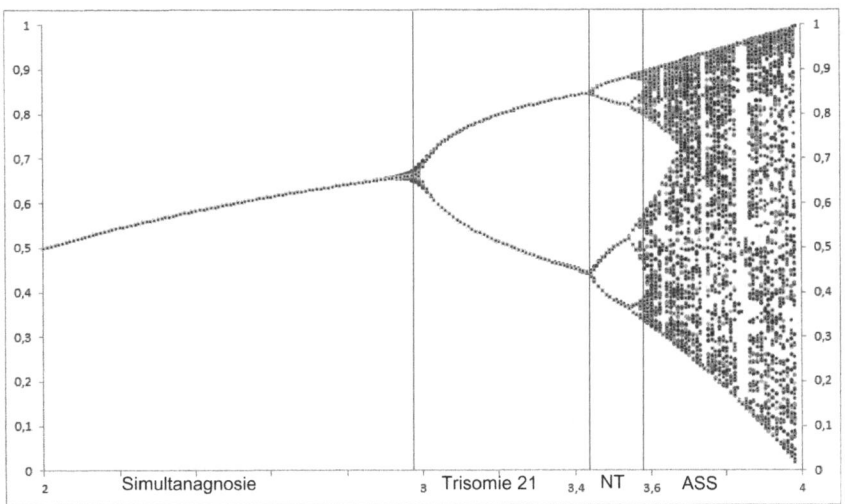

Sie sind nicht mehr imstande, das Zentrum eines Kreises zu fixieren. Denn sie können zum selben Zeitpunkt entweder nur den Kreis oder den mit Bleistift markierten Mittelpunkt wahrnehmen.[71]

Bei Trisomie 21 spreche ich deshalb von Simultandysgnosie. Damit ist eine Einengung des Aufmerksamkeitsumfangs auf weniger als vier Objekte zur selben Zeit gemeint.[72] In unseren Experimenten bestätigte sich diese Hypothese bei allen von uns untersuchten Personen mit einer Trisomie 21.

Ziel der experimentellen Untersuchung ist ein besseres Verständnis der Form von Neurodiversität, unter der Menschen mit Trisomie 21 leben. Die sich aus der Kalkulation ergebende Hypothese lautet: Bei Menschen mit Trisomie 21 ist der Aufmerksamkeitsumfang konstant auf zwei Einheiten (Chunks) verringert. Dass diese Hypothese verschiedenen empirischen Untersuchungen standhält, verdeutlicht das nächste Kapitel.

Fassen wir zusammen: Das dreifache Chromosom 21 hat Auswirkungen auf die Genexpression im limbischen System, mit Folgen für Emotionen, im Striatum, mit Folgen für die Bewegungssteuerung, und im Hippocampus, mit Folgen für das Kurzzeitgedächtnis. Diese Auswirkungen auf das Gehirn sind mein Hauptargument, Trisomie 21 als eine Bereicherung der menschlichen Neurodiversität anzuerkennen.

---

71 Lurija, A. (1992): Das Gehirn in Aktion. Reinbek/H., 118–122.
72 Zimpel, A. F. (2013c): Studien zur Verbesserung des Verständnisses von Lernschwierigkeiten bei Trisomie 21 – Bericht über die Ergebnisse einer Voruntersuchung. In: Zeitschrift für Neuropsychologie 24/1, 35–47.

Zusammenfassung

Neurodiversität beinhaltet die Anerkennung der menschlichen Vielfalt funktionierender Nervensysteme als gleichberechtigte Lebensformen, die neurotypische Variante natürlich eingeschlossen. Ein Schlaganfall, eine Hirnverletzung usw. kann neurotypischen Personen von heute auf morgen das große Spektrum menschlicher Neurodiversität drastisch vor Augen führen.

Prozentual beträgt in der Bevölkerung der Anteil von Menschen, deren Neurodiversität mit Nachteilsausgleich verbunden ist: bei ADHS vier Prozent, bei Epilepsie 3,5 Prozent, bei Autismus ein Prozent, beim Tourette-Syndrom 0,5 Prozent usw.

Wie ist das bei »Doppeldiagnosen«, z. B.: Trisomie 21 und Autismus oder Trisomie 21 und Epilepsie? Wie ist das mit dem Nachteilsausgleich Dyskalkulie und Legasthenie? Beides geht regelmäßig mit einer Trisomie 21 einher.

Die Ignoranz von Neurodiversität führt beim Lernen im Gleichschritt zwangsläufig zu Lernschwierigkeiten. Dies gilt für Autismus und für Trisomie 21 im gleichen Maße.

Deshalb plädiere ich für eine Anerkennung der Trisomie 21 als Variante im Spektrum menschlicher Neurodiversität. Dafür sprechen die in den letzten beiden Kapiteln zusammengetragenen Besonderheiten im Hirnstoffwechsel. Lernenden mit einer Trisomie 21 (circa 0,2 Prozent) stehen der gleiche Nachteilsausgleich und das gleiche Recht auf Teilhabe zu wie Lernenden mit Autismus, Legasthenie, Dyskalkulie usw.

Denkt man diesen Gedanken konsequent zu Ende, liegt der Gewinn auf der Hand: Man kann der großen Verletzlichkeit für Lernschwierigkeiten, die mit einer Trisomie 21 einhergehen, Rechnung tragen, ohne den irreführenden Begriff der geistigen Behinderung zu bemühen.

V. Aufmerksamkeit und Gedächtnis

Navon-Figuren

Fragte man mich in den 1980er-Jahren nach den kognitiven Stärken von Menschen mit einer Trisomie 21 beim Lernen, hob ich ihren herausragenden Sinn für die Gesamtgestalt sowie ihren Blick für das Große und Ganze hervor. Auf die Frage nach Ursachen für Lernschwierigkeiten antwortete ich: Sie neigen dazu, Details zu übersehen.

Das war auch noch 2009 der Fall, z. B. in einem Interview für die 3sat-Sendereihe *Selbstbestimmt*.[1] Meine damalige Einschätzung basierte auf einer empirischen Untersuchung der Neuropsychologin Ursula Bellugi, Direktorin des Laboratoriums für kognitive Neurowissenschaften am Salk Institute in La Jolla, Kalifornien.

Bellugi führte sehr detaillierte Vergleichsuntersuchungen durch. Sie ermittelte Unterschiede zwischen der geistigen Entwicklung von Kindern mit Williams-Beuren-Syndrom auf der einen Seite und Kindern mit Trisomie 21 auf der anderen Seite. In diesen Vergleichsuntersuchungen fielen Kinder mit Trisomie 21 z. B. durch ein besseres Sprachverständnis bei gleichzeitig geringerem Sprechvermögen auf.[2]

Bellugi bemerkte, dass Personen mit Trisomie 21 eher zu kurzen und knappen Drei- bis Fünfwortsätzen neigen und eine geringere Sensibilität für grammatische Details besitzen. Dafür erwiesen sie sich als viel sicherer in der Raumorientierung und überzeugten sie mit ihrem Blick für das Große und Ganze. Das verführte die Neuropsychologin zu folgender Generalisierung: »Personen

---

[1] mdr-Fernsehmagazin »selbstbestimmt!«, Juli-Ausgabe *Grenzen überwinden*, http://www.kobinet-nachrichten.org/de/nachrichten/?oldid=21314, letzter Aufruf am 11.10.2015.

[2] Bellugi, U. & George, M. (2001): Journey from cognition to brain to gene. Perspectives from Williams Syndrome. Cambridge, 21–25; Bellugi, U., Greenberg, F., Lenhoff, H. M. & Wang, P. P. (1998): Williams-Beuren-Syndrom und Hirnfunktionen. In: Spektrum der Wissenschaft 2, 65–67.

mit Down-Syndrom [...] nehmen eher die Gesamtgestalt wahr, übersehen aber viele Details [...].«[3]

Eindrucksvoll illustrierte Bellugi diese Aussage mit Experimenten. Dafür nutzte sie Figuren, die Ende der 70er-Jahre David Navon an der Universität Haifa (Israel) entwickelt hat. Navon fand heraus, dass das Ganze einer Gestalt leichter zu erfassen ist als die Details, aus denen sie sich zusammensetzt.[4] Er demonstrierte dies anhand von Interferenzbildern, z. B. Buchstaben, die sich aus Buchstaben zusammensetzen.

```
AAAAAAA         MMMMMM
A               M
A               M
AAAAA           M
A               MMMM
A               M
A               M
AAAAAAA         M
```

Ein wichtiges Argument Bellugis ist die Art, wie Menschen mit Trisomie 21 solche Navon-Figuren abzeichnen: Im Gegensatz zu Personen mit Williams-Beuren-Syndrom (WBS) neigen Personen mit einer Trisomie 21 eher dazu, die Gesamtgestalt zu zeichnen. Als Studierende dieselben Experimente durchführten, bestätigte sich dieses Ergebnis tatsächlich in einigen Fällen.[5] In eigenen Experimenten beobachtete ich jedoch auch das Gegenteil:

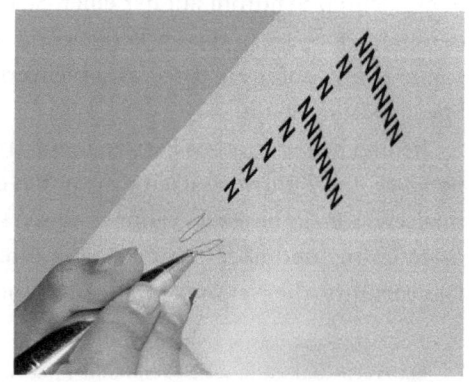

---

3 Bellugi/George (2001), 62.
4 Navon, D. (1977): Forest before trees: The precedence of global features in visual perception. In: Cognitive Psychology 9/3, 353–383.
5 Noack/Macykowski, (2010), 17.

Dieselbe 19-jährige Frau mit Trisomie 21 zeichnete innerhalb einer einzigen Versuchssituation drei Navon-Figuren in verschiedener Weise ab:
- Zuerst orientierte sie sich ausschließlich an den Detailfiguren und abstrahierte von der Gesamtgestalt.
- Bei der zweiten Navon-Figur konzentrierte sie sich stärker auf die Gesamtgestalt, ohne jedoch vollkommen von den Detailfiguren zu abstrahieren.
- Schließlich, bei der dritten Figur, verhielt sie sich ganz so, wie es Bellugi beobachtet hat: Sie abstrahierte von den Details. Sie zeichnete das große D (zweimal, weil ihr nach eigenen Angaben das erste D missglückt war).

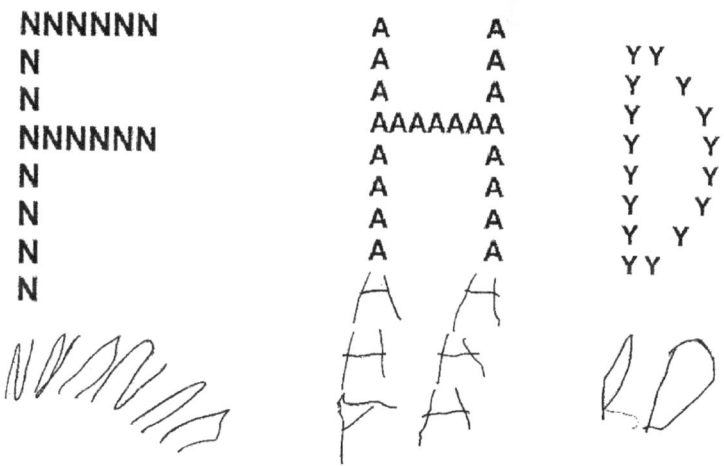

176 Personen mit einer Trisomie 21 (Versuchsgruppe) ließen sich während unserer Studie freiwillig auf das Angebot ein, die Navon-Figuren abzuzeichnen. Alle waren der Aufgabe auch sensomotorisch gewachsen. Im Vergleich zu neurotypischen Personen (Kontrollgruppe) zeigten sie eine relativ ausgeglichene Neigung zur Abstraktion sowohl von der Gesamtgestalt als auch zur Abstraktion von den Details.

Im folgenden Diagramm steht die Höhe der Säulen für eine absolute Anzahl von Personen der Kontroll- und Versuchsgruppe (links jeweils neurotypische und rechts Personen mit Trisomie 21). Die Beschriftung der x-Achse bezieht sich auf die von den Personen berücksichtigten Figur-Eigenschaften: Gesamtgestalt und Detailfiguren, nur Gesamtgestalt, nur Detailfiguren und keines von beiden.

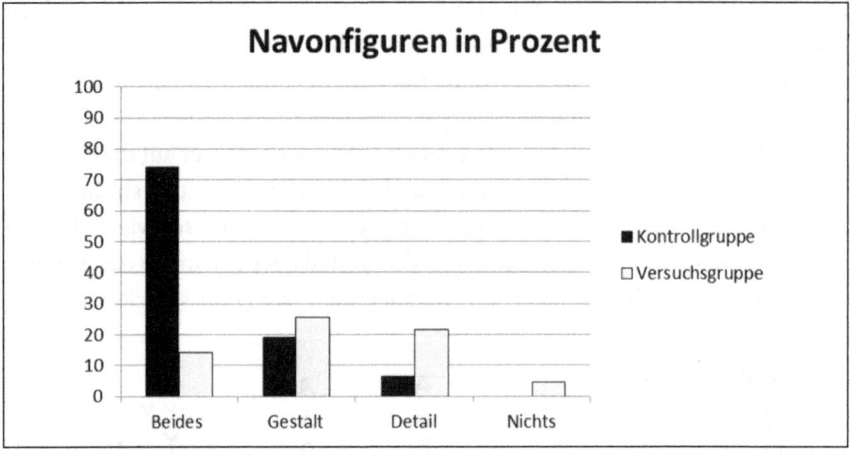

Die generalisierende These »Personen mit Trisomie 21 nehmen eher die Gesamtgestalt wahr, übersehen aber viele Details« hat sich also nicht bestätigt. Auffällig ist jedoch bei den meisten Personen mit Trisomie 21 eine Neigung, entweder von der Gesamtgestalt oder von den Details abzusehen, genauer: zu abstrahieren. Bei Intelligenztests, wie z. B. den Progressiven Matrizen von Raven, führt diese Neigung regelmäßig zu unterdurchschnittlichen IQ-Werten.

Gesamtgestalt und Details

Der britische Psychologe Charles Spearman (1863–1945) identifizierte 1904 mithilfe der Faktorenanalyse einen g-Faktor der generellen Intelligenz (gemeint ist die hauptsächlich angeborene, fluide Intelligenz). Diesen g-Faktor interpretierte Spearman als ein Maß der allgemeinen und angeborenen »geistigen Energie«.[6]

Einer seiner Schüler, der britische Psychologe John Raven (1902–1970), entwickelte ein Verfahren zur Ermittlung des Fähigkeitsgrades beim schlussfolgernden Denken, das er im Jahre 1938 veröffentlichte. Dieses nonverbale, weitgehend kulturunabhängige Verfahren gilt als anerkannte Methode, die den g-Faktor annähernd erfassen kann.[7] Diese Progressiven Matrizen sind auch für Personen geeignet, die der Schriftsprache nicht mächtig sind. Man testete mit ihnen 1942 alle Wehrpflichtigen in Großbritannien.

---

6   Gould, J. (1988): Der falsch vermessene Mensch. Frankfurt/M., 326–327.
7   Gignac, G. E. (2015): Raven's is not a pure measure of general intelligence: Implications for g factor theory and the brief measurement of g. In: Intelligence 52, 71–79.

Raven war auch als Lehrer und Direktor an einer Sonderschule für geistig behinderte Kinder tätig. Auf der Grundlage dieser Erfahrungen veröffentlichte er 1958 die *Coloured Progressive Matrices* (CPM) für jüngere Kinder. (Sie sind auch ein Standardverfahren zur Intelligenzmessung von älteren Menschen und von Menschen mit leichter oder schwerer Lernbehinderung.)

Dass Menschen mit Trisomie 21 besondere Fehlermuster bei Ravens CPM zeigen, ist seit Längerem bekannt.[8] Die Ursachen dafür liegen jedoch immer noch im Dunklen.

Meinen Beobachtungen zufolge überwiegen bei abweichenden Lösungen deutlich die Lösungen, in denen Personen mit Trisomie 21 ein Detail nicht berücksichtigten. Lösungen, in denen sie die ganze Gestalt (bzw. größere Teile der Gesamtgestalt) statt des fehlenden Teils wählten, waren zwar ebenfalls zu beobachten, allerdings seltener.

Bei dem unten abgebildeten Testblatt A_B11 der CPM:
- wäre die Lösung Nummer 4 eine falsche Lösung bei besonderer Berücksichtigung der Gesamtgestalt,
- die Lösung Nummer 6 wäre eine falsche Lösung bei besonderer Berücksichtigung größerer Teile der Gesamtgestalt und
- die Lösungen 1 und 3 wären falsche Lösung mit besonderer Berücksichtigung nur eines Details.

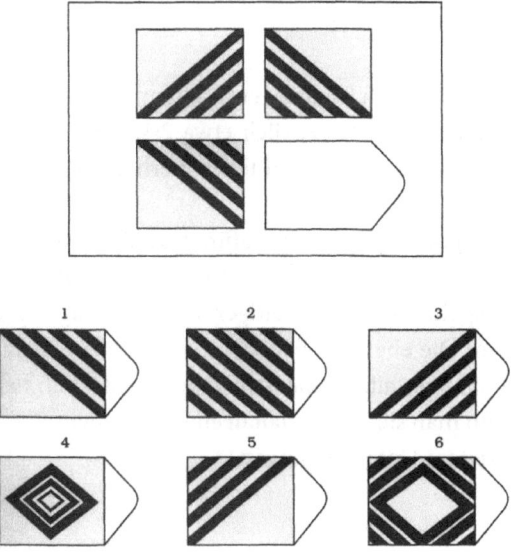

---

8 Gunn, D. M. & Christopher Jarrold, C. (2004): Raven's matrices performance in Down syndrome: Evidence of unusual errors. In: Research in Developmental Disabilities 25/5, 443–457.

Ein häufiger Einwand gegen den Vergleich unterschiedlicher Lösungsstrategien ist, dass der Anteil falscher Lösungsvorschläge, die nur einen Aspekt berücksichtigen, in den CPM deutlich höher ist als der Anteil der falschen Lösungsvorschläge, die sich an größeren Teilen oder der vollständigen Gesamtgestalt orientieren.

Dieser Einwand ist jedoch leicht zu entkräften: Das Verhältnis »Detail : Ganzes« beträgt im Testmaterial tatsächlich etwa 2:1. Das ist aber deutlich geringer im Vergleich zum empirisch ermittelten Verhältnis »Detail : Ganzes« von rund 4:1.

Die Ergebnisse sprechen also eher dafür, dass die meisten falschen Antworten von Personen mit Trisomie 21 im Raven-Test aufgrund des Heraushebens eines einzelnen Aspektes bei gleichzeitiger Vernachlässigung anderer Aspekte zustande kommen. Die ebenfalls beobachtbare Vernachlässigung der Details zugunsten der Gesamtgestalt, wie sie Bellugi beobachtet hat, steht dazu nicht im Widerspruch, wenn man sie als Spezialfall eines allgemeineren Musters ansieht. Das bestätigten weitere Untersuchungen.

Würfelpunkt- und Interferenzbilder

Präzise eine viertel Sekunde (250 Millisekunden) lang erscheinen auf einem Monitor (Computer-Tachistoskop) verschiedene Anzahlen von Punkten. Die Frage lautet: Wie viele Punkte sind das?

Man muss sehr aufmerksam sein, um die Anzahl in einer viertel Sekunde zu erfassen. Denn schon beim zweiten Hinschauen ist das Bild verschwunden.[9]

Die an der Untersuchung beteiligten 451 Personen waren im Altersspektrum zwischen acht Jahren und 55 Jahren. Die Eignung zur Teilnahme an der Untersuchung überprüften wir mit Experimenten des Psychologen und Wissenschaftstheoretikers Jean Piaget (1896–1980).

Piaget war anfänglich Mitarbeiter Binets (siehe auch: Kopfgröße und Intelligenztest, 28 ff.). Gelangweilt von den standardisierten Testfragen begann Piaget, sich für das hinter den Antworten verborgene Denken von Vorschulkindern zu interessieren. So wurde aus dem Biologen ein Psychologe.[10]

Gegenüber Intelligenztests bietet die Ermittlung der kognitiven Entwicklungsstufe mit Experimenten nach Piaget folgende Vorteile:
1. Sie beruhen nicht auf statistischen Modellannahmen (z. B. Normalverteilungsannahme).
2. Sie ermöglichen eine stimmige Einordnung der Ergebnisse in entwicklungspsychologisch begründete Stadien.
3. Sie fokussieren auf Meilensteine der kognitiven Entwicklung und nicht auf Normabweichungen.
4. Sie besitzen bei der Durchführung eine hohe Adaptationsfähigkeit an die Situation der untersuchten Person.
5. Sie bieten Möglichkeiten der Falsifikation bzw. Verifikation der Ergebnisse durch Experimente in der Zone der nächsten Entwicklung.[11]

Voraussetzung für die Teilnahme an der Aufmerksamkeitsmessung am Computer-Tachistoskop war also das Vorhandensein eines entwickelten Zahlbegriffs mit einem sicheren Verständnis der Seriation, Klasseninklusion und Invarianz. Nach Piaget entspricht das dem Stadium der konkret-operationalen Intelligenz.[12]

---

9 Diekmann, G. (2010): Simultandysgnosie und Gestaltwahrnehmung unter der Bedingung von Trisomie 21. Examensarbeit Universität Hamburg.
10 Piaget, J. (1992): Biologie und Erkenntnis. Frankfurt/M.
11 Wygotski, L. (1977): Denken und Sprechen. Frankfurt/M., 259–260.
12 Piaget, J. (1996): Einführung in die genetische Erkenntnistheorie. 6. Aufl., 99. Piaget, J. (1972): Psychologie der Intelligenz. 5. Aufl., Frankfurt/M., 157–166.

Das Computer-Tachistoskop nutzt eine besondere Eigenschaft des Gehirns aus. Umweltreize verarbeitet es nicht kontinuierlich, sondern in Form von aufeinander folgenden, gerade einmal Millisekunden andauernden Zeitfenstern (siehe auch: Das Gedächtnis verteilt sich über das gesamte Gehirn, 47 f.). Das ist vergleichbar mit einer Videokamera oder einem Daumenkino.[13] Einzelne Standbilder verschmelzen in einer Abfolge zu einer flüssigen Wahrnehmung.[14]

Mit der Anwendung des Computer-Tachistoskops konnte ich deshalb gleichzeitig überprüfen, ob die Wahrnehmung bei Menschen mit Trisomie 21 verlangsamt ist. Die Ergebnisse zeigen, dass das nicht der Fall ist. Würfelpunktbilder, die im Millisekundentakt aufblitzen, erkennen Personen mit Trisomie 21 mühelos.

Einige der 24 im Computer-Tachistoskop einzeln präsentierten Bilder sind Pseudo-Würfel-Bilder. Sie bestehen aus sieben oder acht Punkten.

Die Auswertung der mit dem Computer-Tachistoskop ermittelten Ergebnisse zeigte: Menschen mit Trisomie 21 mit voll entwickeltem Zahlbegriff irrten sich kaum bei echten Würfelpunktbildern. Pseudo-Würfel-Bilder aus sieben oder acht Punkten verwechselten sie dagegen nicht selten mit Würfelpunktbildern aus fünf oder sechs Punkten.

An diesem Experiment nahmen 175 Personen mit Trisomie 21 teil. Die folgenden Säulen im Diagramm zeigen die absoluten Personenanzahlen, die die Anzahl der Punkte innerhalb einer Viertelsekunde erkannten. Die Zahlen der x-Achse entsprechen der jeweiligen Anzahl der präsentierten Punkte:

---

13 Zimpel (2012), 118–120.
14 Baumgarten, T. J., Schnitzler, A. & Lange, J. (2015): Beta oscillations define discrete perceptual cycles in the somatosensory domain. In: Proceedings of the National Academy of Sciences. DOI: 10.1073/pnas.1501438112; Zimpel (2012), 118–120.

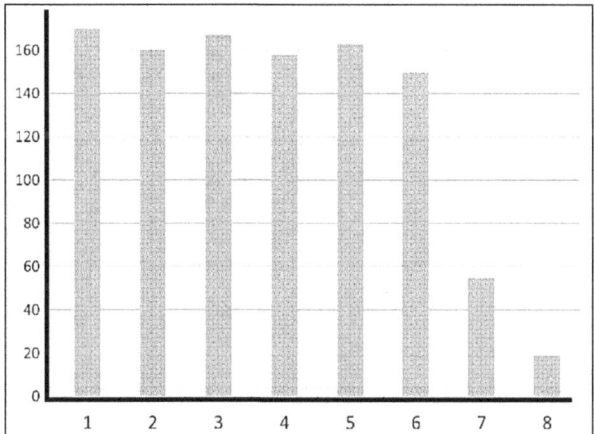

Neurotypische Personen (n = 276) verwechseln Pseudo-Würfel-Bilder seltener. Bei den echten Würfelbildern gibt es kaum Unterschiede zwischen Personen mit Trisomie 21 und neurotypischen Personen:

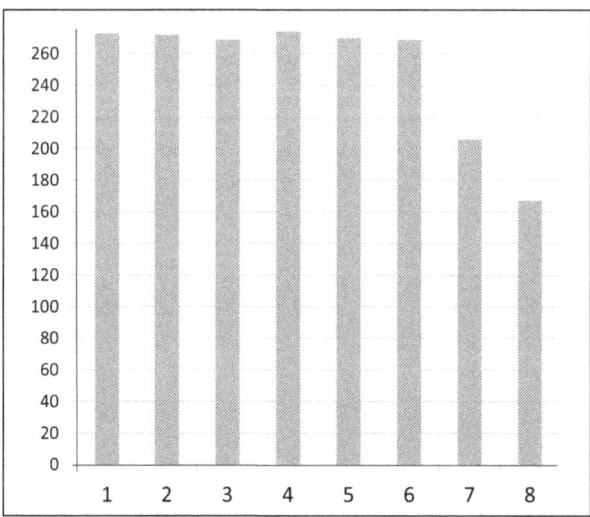

Ganz anders ist das Ergebnis bei Würfelpunktbildern, die nach dem Prinzip von Navon-Figuren aufgebaut sind. (An diesem Experiment nahmen insgesamt 430 Personen teil.) Hier sollen die am Experiment Teilnehmenden innerhalb einer Viertelsekunde zwei Anzahlen nach dem Würfelpunkt-Muster benennen:

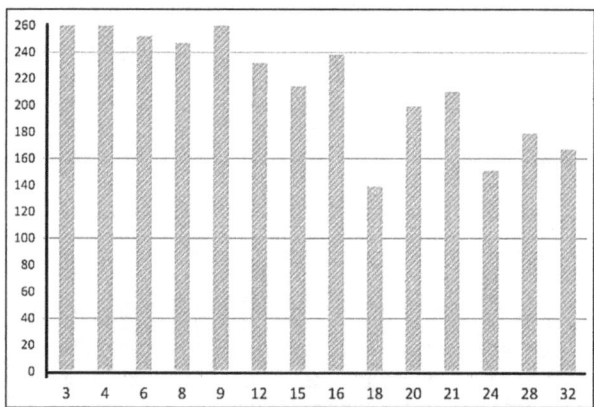

Zumindest bei sehr kleinen Anzahlen hatte keine der 260 neurotypischen Personen Probleme, zwei Würfelpunktzahlen zu nennen. Das zeigt das folgende Säulendiagramm. Die Säulen zeigen wieder die absolute Anzahl der Personen mit richtigen Lösungen über der x-Achse (Gesamtzahl der präsentierten Punkte) an:

Die 170 Personen mit Trisomie 21 zeigten bei den Interferenzbildern nahezu die gleichen Auffälligkeiten wie bei den Navon-Figuren: Sie abstrahierten häufig entweder von den kleinen Detailfiguren oder von der Gesamtgestalt. Jede dieser Abstraktionen führte zwangsläufig zu einer falschen Lösung. Deshalb waren richtige Lösungen bei Personen mit einer Trisomie 21 viel seltener zu beobachten als bei neurotypischen Personen:

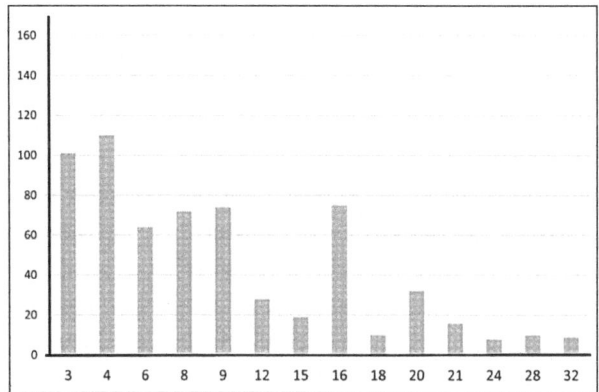

Diese Ergebnisse bestätigen sowohl meine Beobachtungen mit Navon-Figuren als auch die mit den Progressiven Matrizen von Raven. Die meisten falschen Angaben zu den Anzahlen auf den Interferenzbildern kamen aufgrund des Abstrahierens von Details oder durch Abstraktion von der Gesamtgestalt zustande.

Bellugis generalisierende Aussage, Personen mit Trisomie 21 nehmen eher die Gesamtgestalt wahr und übersehen viele Details (siehe auch: Navon-Figuren), bedarf einer Präzisierung: Personen mit Trisomie 21 neigen eher als neurotypische Personen zur Abstraktion (und zwar sowohl von der Gesamtgestalt als auch von Details).

Abstraktion heißt »Absehen von ...«

Die Fähigkeit, lesen und schreiben zu können, ist keinesfalls ein Maßstab für den Wert und die Würde eines Menschen. Die lebenspraktische Bedeutung dieser Fähigkeit ist jedoch kaum von der Hand zu weisen.

Der russische Psychologe Lew Wygotski (1896–1934) hob zu Recht die außerordentliche Abstraktionsleistung hervor, die Kinder beim Erlernen der Schriftsprache vollbringen: »Die Situation der schriftlichen Sprache fordert von dem Kind eine doppelte Abstraktion, die von der lautlichen Seite der Sprache und die vom Gesprächspartner.«[15]

Die besondere Qualität dieser Abstraktion bleibt uns im Alltag zumeist verborgen. Das liegt ganz einfach daran, dass den meisten Menschen unserer Kultur Lesen und Schreiben in Fleisch und Blut übergegangen ist. Wir praktizieren diese Fähigkeit so selbstverständlich, ohne darüber nachzudenken, wie die

---

15 Wygotski (1977), 225.

meisten Vogelarten das Fliegen und Fische das Schwimmen. Erst die psychologische Analyse ermöglicht eine angemessene Würdigung:

»Die Schriftsprache ist gleichsam die Algebra der Sprache. Aber genauso wie die Aneignung der Algebra nicht das Erlernen der Arithmetik wiederholt, sondern eine neue Etappe der Entwicklung des abstrakten mathematischen Denkens darstellt, das das früher geformte arithmetische Denken umgestaltet und auf eine höhere Stufe hebt, genauso führt die Algebra der Sprache oder die schriftliche Sprache das Kind in die höchste abstrakte Ebene der Sprache ein und gestaltet dabei auch das früher gebildete psychologische System der mündlichen Sprache um.«[16]

Abstraktionen entlasten die Aufmerksamkeit und das Gedächtnis.[17] Sie bündeln gesprochene Wörter und Satzteile zeitlich unabhängig und heben sie aus dem vorbeirauschenden Lautstrom heraus.

Das Vorurteil, dass Menschen mit einer Trisomie 21 Probleme beim abstrakten Denken hätten, führte dazu, dass man glaubte, das Erlernen der Schriftsprache sei ihnen nicht möglich. Deshalb erregte in den 60er-Jahren das Buch *Die Welt des Nigel Hunt – Tagebuch eines mongoloiden Jungen* großes Aufsehen. Die Beteuerungen des Vaters im Vorwort illustrieren, dass dieses Buch keinesfalls den Erwartungen entsprach:

»Ich erzähle die nüchterne, ungeschminkte Wahrheit, wenn ich sage, dass er das Lexikon aufs Geratewohl öffnete, das Wort ›Arteriosklerose‹ buchstabierte, wobei er es fehlerfrei aussprach, und vergnügt kicherte: ›Was für ein herrliches Wort!‹«[18]

In den 70er-Jahren zeigte sich, dass Nigel Hunt kein Ausnahmetalent war. Das frühe Lesenlernen wirkt sich bei vielen Kindern mit einer Trisomie 21 sogar zusätzlich positiv auf die Lautsprachentwicklung aus, wie in den 80er-Jahren Studien im englischsprachigen Raum zeigten.[19]

---

16 Ebd.
17 Zimpel (2012), 57–65.
18 Hunt, N. (1979): Die Welt des Nigel Hunt. Tagebuch eines mongoloiden Jungen. 3. Aufl., München, 21.
19 Buckley, J. (1999): Promoting the cognitive development of children with Down syndrom: The practical implications of recent research. In: Rondal, J.A., Perera, J. & Nadel, L. (Hg.): Down's Syndrome: A review of Current Knowledge. London; Oelwein, P. L. (1995): Teaching Reading to Children With Down Syndrome: A Guide for Parents and Teachers, Bethesda.

In der Vergangenheit sprach man Menschen, die unter den Bedingungen einer Trisomie 21 leben, nicht selten die Fähigkeit zum abstrakten Denken ab.[20] Unsere Untersuchungsergebnisse sprechen dafür, dass diese defizitäre Sichtweise auf einem unberechtigten Vorurteil beruht. Dafür sprechen unter anderem die großen Erfolge mit der Ganzwortmethode.[21]

Die Bedeutung des Wortes »Abstraktion« (abgeleitet vom lateinischen *abstrahere* für »abziehen« oder »weglassen«) beschreibt in seiner ursprünglichen Bedeutung den Vorgang des Absehens von Einzel- oder Ganzheiten. Ein Beispiel sind Zeichnungen Pablo Picassos, die auf geniale Weise viele Einzelheiten aussparen. Abstraktion kann aber auch ein Detail herausheben, wie z. B. das Ahornblatt ein Symbol ist für Kanada.

Bei Kinderzeichnungen ist der Eindruck der Abstraktheit in erster Linie den sich erst entwickelnden feinmotorischen Fähigkeiten geschuldet. Bei den Künstlern Pablo Picasso (1881–1973) und Ernst Klee (1879–1940) kann allerdings von feinmotorischen Einschränkungen keinesfalls die Rede sein. Mit wenigen Linien schufen sie abstrakte Kunstwerke, Klee beispielsweise die Engel-Bilder und Picasso die Friedenstaube usw.

Als Kontrast dazu seien die vor Details nur so strotzenden Bilder von Stephen Wiltshire angeführt, bei dem im Kleinkindalter Autismus diagnostiziert wurde und dessen Inselbegabung ihn befähigt, einmal gesehene Gebäude aus dem Gedächtnis detailgetreu zeichnen zu können.[22]

Für Menschen mit Autismus haben Gestalten, die sich aus einzelnen kleinen Figuren zusammensetzen, die Tendenz zu verrauschen. Ein Beispiel ist die Darstellung eines Gesichts aus einzelnen Strichen.[23]

Eine Neigung zur Abstraktion auch bei neurotypischen Personen zeigt sich besonders eindrucksvoll im Phänomen der »inattentional blindness«[24] (Blindheit infolge von Unaufmerksamkeit). Sie lässt sich mit dem folgenden Experiment sehr gut illustrieren:

Man zeigt Versuchspersonen einen Film mit mehreren hin- und herlaufenden Ballspielern, die sich gegenseitig einen einzigen Ball zuwerfen. Die Versuchspersonen erhalten die Aufgabe, die Ballwechsel zu zählen. Da die Ball-

---

20 Zimpel, A. F. (2010a): Zur Neuropsychologie des abstrakten Denkens unter den Bedingungen einer Trisomie 21. In: Leben mit Down-Syndrom 63, 28–29.
21 Bird, G. & Buckley, S. (2000): Handbuch für Lehrer von Kindern mit Down-Syndrom. Eltersdorf; Buckley (1999); Oelwein (1995); Manske, C. (2004): Entwicklungsorientierter Lese- und Schreibunterricht für alle Kinder: Die nichtlineare Pädagogik nach Vygotskij. Weinheim.
22 Sacks, O. (1995): Eine Anthropologin auf dem Mars. Sieben paradoxe Geschichten. Reinbeck, 274–337.
23 Zimpel (2012), 45–48; Zimpel (2014a), 72–73.
24 Mack, A. & Rock, I. (1998): Inattentional Blindness. Cambridge.

wechsel sehr schnell und unregelmäßig sind, absorbiert das Zählen die gesamte Aufmerksamkeit. Dieser Effekt ist so stark, dass den meisten Versuchspersonen nicht auffällt, dass ein als Gorilla verkleideter Mann gemächlich zwischen den Ballspielern hindurch schlendert. Die starke Konzentration auf den Ball zieht also die Aufmerksamkeit von allen anderen Wahrnehmungen ab. Der Effekt dieser Konzentration ist eine elementare Form der Abstraktion.

Eine wichtige neurologische Grundlage für die Konzentration der Aufmerksamkeit auf wenige Beobachtungsgegenstände bildet ein Botenstoff im Gehirn: das Acetylcholin (siehe auch: Acetylcholin, Angst vor Alzheimer, 52 ff.):

> »Dieser Stoff [Acetylcholin, d. A.] beeinflusst die Funktion der Nervenzellen; er veranlasst sie, Informationen schneller weiterzuleiten. Das Nikotin in Zigaretten ahmt diese Transmitter nach und macht uns buchstäblich aufmerksamer, genauso wie Opium die natürlichen Transmitter nachahmt, die Schmerzen beseitigen. Wenn wir aufmerksam sind, schüttet unser Gehirn diese Transmitter sehr selektiv aus, sie erreichen nur jene Gehirnregionen, die die Informationen über das betreffende Ereignis verarbeiten. Gleichzeitig schüttet unser Gehirn aber auch inhibitorische Transmitter aus und aktiviert inhibitorische Nervenzellen, die genau den gegenteiligen Effekt auf andere Hirnregionen ausüben.«[25]

In von mir wissenschaftlich begleiteten Projekten zum Rechnen, Lesen und Schreiben an der Universität Hamburg, an denen regelmäßig Lernende unter den Bedingungen einer Trisomie 21 teilnehmen, konnte ich immer wieder beobachten, dass Schülerinnen und Schüler auch Mengen von drei bis vier Objekten einzeln abzählen. Sind die Anzahlen jedoch in vertrauten Anordnungen angeordnet, wie z. B. die Punkte auf einem Würfel, dann erkennen sie mühelos die Anzahlen.

Was könnte dafür die Ursache sein? Eine naheliegende Erklärung dafür ist ein kleinerer Aufmerksamkeitsumfang (siehe auch: Im Brennpunkt des Gedankenstroms, 94 ff.)!

---

25 Gopnik, A. (2009): Kleine Philosophen. Berlin, 37.

Der Umfang der Aufmerksamkeit

Die Messung des Umfangs der Aufmerksamkeit ist ein traditioneller Gegenstand der Psychologie. Schon Wilhelm Wundt (1832–1920), Gründer des ersten Instituts für experimentelle Psychologie, wies auf Schwierigkeiten bei der Untersuchung des Umfangs der Aufmerksamkeit von Menschen hin: Die Messungen werden dadurch verfälscht, dass die Versuchspersonen einzelne Zeichen gedanklich zu Einheiten zusammenfassen.

Wundt ermittelte in ausgeklügelten Experimenten eine Simultanerfassung von bis zu sechs einfachen Linien, Ziffern oder Buchstaben. Doch bei sinnlosen Silben stieg die Simultanerfassung schon auf sechs bis zehn Buchstaben. Bei Sprichwörtern stieg der Umfang der Aufmerksamkeit auf vier bis fünf kurze Wörter an, die sich aus zwanzig bis dreißig Buchstaben zusammensetzen. Wundt schätzte den Umfang der Aufmerksamkeit sowohl für den Tast- als auch für den Gesichtssinn auf vier bis sechs Einheiten.[26]

George A. Miller (1920–2012) versuchte das Problem zu lösen, indem er vom Inhalt der Aufmerksamkeit abstrahierte. Er definierte eine beliebige Informationseinheit als »Chunk«. Das ist das englische Wort für »Stück«, »Klotz« oder »Brocken«. Ein Chunk kann eine einfache Linie, eine Ziffer, ein Buchstabe, eine sinnlose Silbe oder ein kurzes, simultan erfasstes Wort sein.

Ein Chunk ist eine Sammlung von gedanklichen Unterscheidungen, die fest miteinander verbunden und mit anderen im Arbeitsgedächtnis aktiven Chunks weniger verbunden sind. Miller vermutete, die Größe des menschlichen Kurzzeitgedächtnisses sei auf etwa sieben Chunks festgelegt und könne auch durch Übung nicht gesteigert werden. Seitdem spricht man von der »magischen 7«, wenn es um die Aufnahmekapazität des Ultrakurzzeitgedächtnisses geht.[27]

Neuere, computergestützte experimentelle Untersuchungen ermitteln rund vier Chunks als Limit für den Umfang der Aufmerksamkeit, dem das Ultrakurzzeitgedächtnis nachgeschaltet ist.

Doch wie viele Eigenschaften charakterisieren einen Chunk? Visuelle Objekte sind beispielsweise durch Farbe, Form und Bewegung charakterisierbar. Wie viele Eigenschaften werden bei der Bildung einer visuellen Einheit verbunden? Die Fehlerzahl erinnerter Objekte steigt stark an, wenn die visuellen Einheiten mehr als zwei Eigenschaften aufweisen.[28]

---

26 Wundt, W. (1913): Einführung in die Psychologie. Leipzig, 254–255.
27 Miller, G. A. (1956): The magical number seven, plus or minus two: Some limits on our capacity for processing information. In: Psychological Review 63, 81–97.
28 Schneider, W. X. & Deubel, H. (2000): Characterizing chunks in visual short-term memory: Not more than one feature per dimension? In: Behavioral and Brain Sciences 24/1, 144–145.

Die magische Vier

»Die Elemente einer Menge von Dingen sind rasch abgezählt, wenn es eins, zwei oder drei sind, nicht aber, wenn es mehr als vier sind. Von diesem Punkt an häufen sich auch die Fehler«[29], stellt der französische Neurowissenschaftler Stanislas Dehaene vom Collège de France fest. Er bezeichnet diese Grenze bei »vier« auch als »subitizing limit«[30].

Ohne Hilfsmittel wie Zahlzeichen oder Zahlwörter ist der menschliche Zahlensinn überraschend dürftig. Dies zeigt der Biologe und Verhaltensforscher Peter Gordon am Beispiel eines Jäger- und Sammlervolks im brasilianischen Regenwald am Amazonas: den Pirahas. Sie kennen nur die Zahlwörter »eins«, »zwei« und »viele«.

Gordon zeigte den Pirahas einige Gegenstände und bat sie, genauso viele Dinge vor sich hinzulegen. Das gelang den Pirahas nicht mehr, wenn es sich um mehr als vier Objekte handelte. Eine echte Hilfe für die Pirahas ist eine Gruppierung oder Bündelung der Objekte. Schob man also einige Objekte näher aneinander, sodass die regelmäßige Reihung durchbrochen wurde, konnten die Pirahas die Aufgabe wieder erfüllen.[31]

Hinter der »magischen« Grenze Vier beginnt die Annäherung an Anzahlen durch Bündelung zu Gestalten oder mehr oder weniger gekonntes Schätzen. Zählen Sie beispielsweise die Beine des Elefanten:

---

29 Dehaene, S. (1999): Der Zahlensinn oder Warum wir rechnen können. Basel, 82.
30 Dehaene, S. (1997): The number sense: How the mind creates mathematics. New York, 71; Dehaene, S. & Cohen, L. (1994): Dissociable mechanisms of subitizing and counting: neuropsychological evidence from simultanagnosic patients. In: Journal of Experimental Psychology: Human Perception and Performance 20/5, 958–975.
31 Gordon, P. (2004): Numerical cognition without words: evidence from amazonia. In: Science 306/5695, 496–499.

Auf Anhieb gelingt das nicht. Auch neurotypische Personen müssen da mindestens zweimal hinschauen, weil vier Beine unseren Aufmerksamkeitsumfang voll auslasten.

Die magische Vier bestätigen auch bildgebende Verfahren mit Positronen-Emissions-Tomographie. Sie zeigen, wie sich bei der Simultanerfassung von drei bis vier Elementen und der bündelnden Erfassung der Anzahl von sechs bis neun Elementen Prozesse im Gehirn funktional überlappen. Das gemeinsame Netzwerk für beide Prozesse sind Teile des sekundären okzipitalen Sehzentrums im extrastriären Kortex sowie intraparietale Teile des Scheitelhirns.

Der Vergleich zwischen der Simultanerfassung (drei bis vier Einheiten) und der bündelnden Erfassung der Anzahl (sechs bis neun Einheiten) ergab: Letztere Funktion geht mit zunehmender Aktivität dieses Netzwerkes einher, was bei der Simultanerfassung nicht der Fall ist.[32] Dieses Ergebnis bestätigen auch historische Analysen der Entwicklung der Ziffernnotierung. Sie legen ebenfalls eine optimale Bündelung von Zeichen in drei bis vier Einheiten nahe.[33]

Neuere experimentelle Untersuchungen zeigen, dass vier Einheiten ein Limit für die Simultanerfassung darstellen. Auch historische Analysen der Entwicklung der Ziffernnotierung belegen die Bedeutung der magischen Vier in allen Kulturen unabhängig voneinander.

Die Beachtung der magischen Vier als Maß für den Umfang der Aufmerksamkeit von neurotypischen Personen ist auch von eminenter Bedeutung für die Didaktik. Analysiert man z. B. die Wahrscheinlichkeitsmuster von Buchstabenfolgen, fällt auf, dass diese ebenfalls für ein Aufmerksamkeitsfenster von vier Einheiten optimiert sind.[34] Einschränkungen im Umfang des Aufmerksamkeitsfensters, wie z. B. bei Simultanagnosie, können deshalb auch an der Entstehung einer Dyskalkulie oder Legasthenie beteiligt sein.

Weicht der Umfang der Aufmerksamkeit von Personen mit Trisomie 21 von der magischen Vier ab? Wenn ja, um wie viel? Um diese Frage beantworten zu können, benötigen wir ein verlässliches Messinstrument. Die Eichung dieses Messinstrumentes erfolgte zunächst an neurotypischen Personen.

---

32 Piazza, M. et al. (2002): Are Subitizing and Counting Implemented as Separate or Functionally Overlapping Processes? In: NeuroImage 15, 435–446.
33 Zimpel (2012), 33–44.
34 Ebd., 165–182.

Den Umfang der Aufmerksamkeit messen

Gesucht war also ein geeignetes Verfahren, das die magische Vier bei neurotypischen Personen verlässlich erfasst und auch für Menschen mit Trisomie 21 geeignet ist. An die positiven Erfahrungen mit dem Computer-Tachistoskop konnte ich gut anknüpfen.

Mit Wolken aus kleinen Quadraten, die präzise 250 Millisekunden lang auf einem Monitor erscheinen, wollte ich ermitteln, ab welcher Anzahl neurotypische Personen die Elemente noch simultan erfassen können, ohne diese nur zu schätzen:

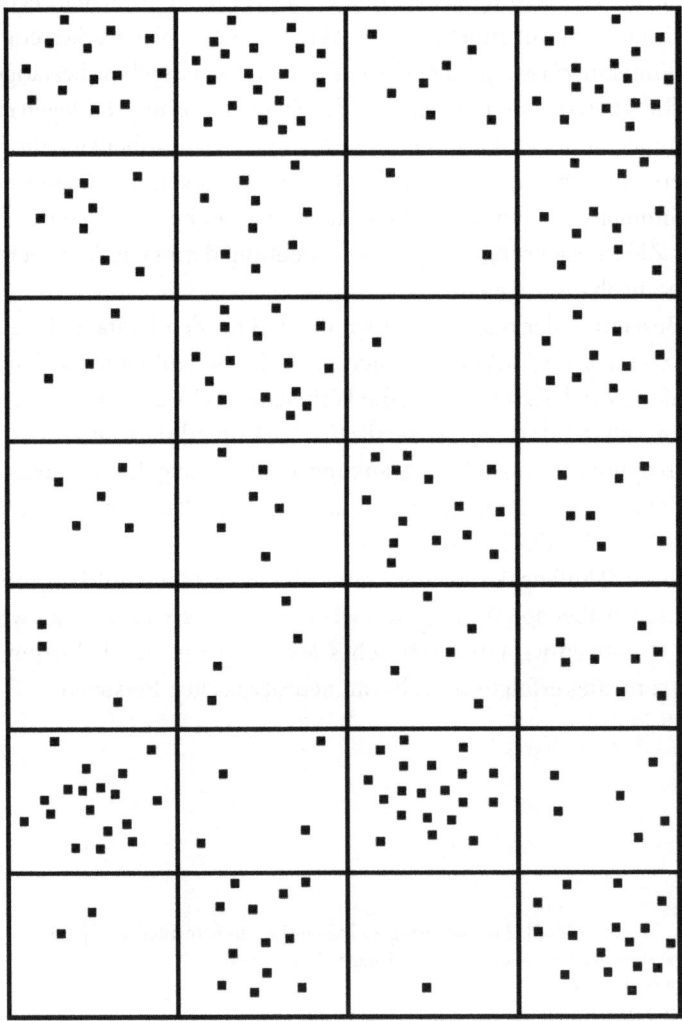

Schon bei einer ersten Studie mit nur 36 neurotypischen Personen zeichnete sich die magische Vier in ermutigender Weise recht klar ab. Im folgenden Diagramm zeigen die Säulen die absolute Anzahl von Personen mit richtigen Nennungen an. Die x-Achse entspricht der jeweiligen Anzahl der gezeigten Quadrate:

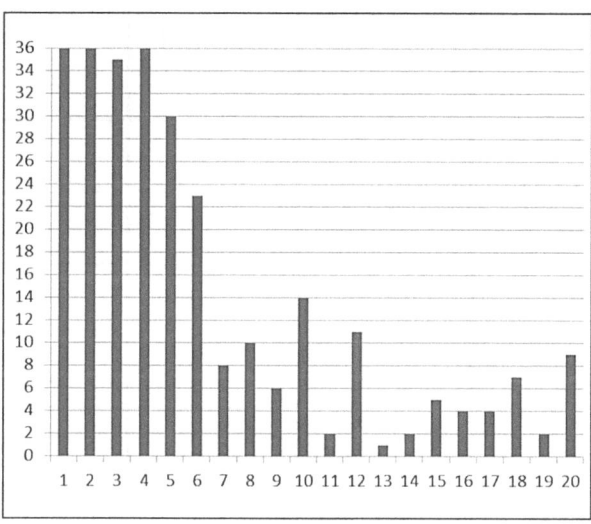

Versuche, die Genauigkeit der Messung zu erhöhen – z. B. durch Verkürzung der Präsentationszeit oder durch Einblendung eines Störbildes –, um eine Orientierung am Nachbild auf der Netzhaut zu erschweren, blieben hinter den Erwartungen zurück, schlimmer noch: Sie senkten die Motivation, am Versuch teilzunehmen.

Eine Frage blieb jedoch offen: Wie kam es dazu, dass mehr als die Hälfte der neurotypischen Personen die Anzahl von sechs Quadraten richtig einschätzte? Das sind viele richtige Schätzungen bei einem Aufmerksamkeitsfenster von vier Einheiten.

Befragungen und Variationen der experimentellen Bedingungen zeigten, dass der Grund dafür in der spontanen Bündelung von Anzahlen in Untergruppen und Gestalten war. Z. B. wurden drei Punkte spontan als ein Dreieck, vier Punkte als Drachenviereck oder fünf Punkte als Buchstabe »M« gesehen und damit die Gesamtzahl der zu schätzenden Einheiten reduziert.

Experimentell zeigte sich z. B. bei Studierenden, dass die Schätzungen präziser wurden, wenn ihnen die Höchstzahl der angezeigten Quadrate bekannt war (bei den Schaubildern beträgt die Höchstzahl zwanzig). Einige Studierende gaben beispielsweise an, dass sie dann bei großen Mengen aktiv nach viermal fünf Quadraten gesucht und geschätzt hatten, wie viele Quadrate bis 20 fehlten.

Auch bei Menschen mit einer Trisomie 21 konnten wir solche Bündelungen von Elementen zu Gesamtgestalten nachweisen.[35] Diese störenden Gestalteffekte ließen sich mit Strichreihen minimieren:

IIIIIIIIIIIIIII	I I I I I I I	IIIIIIIIIIIIIIII	I I I I I I I
I I I I I I I I I	IIIIIIIIIIIIIIII	I I	IIIIIIIIIIII
I I I	IIIIIIIIIIIII	I	IIIIIIIIII
I I I I I	I I I I I I	IIIIIIIIIIII	I I I I I I
I I I	I I I I	I I I I I	IIIIIIIII
IIIIIIIIIIIIIII	IIIIIIIIIIIII	I I I I	IIIIIIIIIIIIIII
I I I I I I	I I	IIIIIIIIIIII	I

Mit diesem Verfahren konnte ich bei Messungen an 36 neurotypischen Personen die magische Vier noch deutlicher eingrenzen. Das folgende Diagramm zeigt, wie viele der neurotypischen Personen die richtige Anzahl genannt haben:

---

35 Noack/Macykowski (2010), 17.

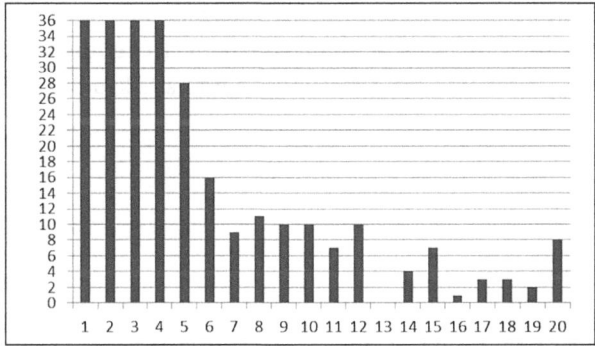

Bis zu einem Umfang von vier Elementen konnten wir keine Fehler messen. Häufigere Fehler treten erst bei fünf Elementen auf und nehmen dann dramatisch zu bei sechs, sieben, acht Strichen usw. Hier bestätigt sich also die magische Vier mit ausreichender Trennschärfe.

Damit war der erste Schritt abgeschlossen, die Eichung eines Verfahrens an der magischen Vier mit neurotypischen Personen. Das bestätigte auch die Anwendung des Verfahrens bei 277 neurotypischen Personen:

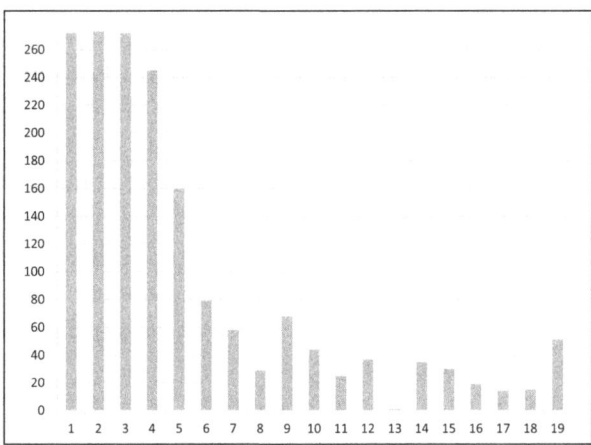

Die Trefferzahl bei fünf Strichen lag nur knapp über der Hälfte der am Versuch Teilnehmenden – bei 160 Personen. Bei fünf Strichen endet die Simultanerfassung bei neurotypischen Personen. Treffer sind das Ergebnis einer guten Schätzleistung. Bei sechs Strichen halbierte sich die Anzahl, und ab sieben Strichen handelte es sich nur noch um Zufallstreffer.

Bei den 176 Personen mit Trisomie 21 erhielten wir, wie vermutet, ein anderes Ergebnis: Menschen mit Trisomie 21 machen sehr selten einen Fehler bei

Mengen, die ein Element haben, und bei Mengen, die zwei Elemente haben. Aber schon bei einer Menge von drei nehmen die Treffer deutlich ab. Bei vier Elementen wird es für sie richtig schwierig. Fünf hatte kaum jemand erfasst:

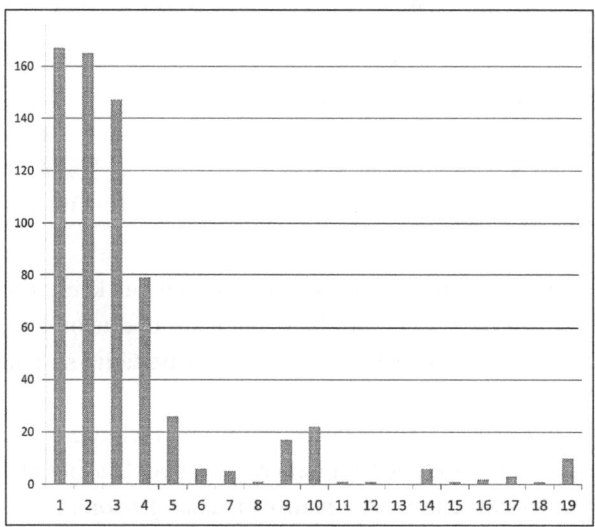

Die Ergebnisse sprechen also bei den 453 Personen mit einem entwickelten Zahlbegriff dafür, dass es Unterschiede im Aufmerksamkeitsumfang gibt. Bei neurotypischen Personen ist der Umfang der Aufmerksamkeit von der magischen Vier begrenzt. Bei Personen mit einer Trisomie 21 schon bei einer kleineren Anzahl von Einheiten, konkret: bei zwei bis drei Einheiten (siehe auch: Im Brennpunkt des Gedankenstroms, 94 ff.).

Wie ist das bei den restlichen Personen mit einer Trisomie 21, deren Zahlbegriff die Stufe der konkreten Operationen noch nicht erreicht hatte? Für diese Personen entwickelte ich verschiedene Verfahren, die indirekt auf den Aufmerksamkeitsumfang schließen lassen.

Memory und Paare finden

Eltern von Vor- und Grundschulkindern berichten mir immer wieder, dass ihre Kinder bei Spielen gewinnen, die wie Memory auf der Basis einer paarweisen Zuordnung funktionieren. Das passt sehr gut zu einem Aufmerksamkeitsumfang von kaum mehr als zwei Einheiten. Diese Beobachtung half mir bei der Ideenfindung. Denn für unsere Studie, an der am Ende mehr als 1.200 Personen mit Trisomie 21 teilnehmen sollten, benötigten wir auch Verfahren für

Personen mit Trisomie 21, die zu diesem Zeitpunkt noch keinen vollständigen Zahlbegriff entwickelt hatten. Nach Piaget befinden sie sich im Stadium des anschaulichen Denkens.[36]

In der Praxis erwies sich die Methode der paarweisen Zuordnung von Bildern dann auch tatsächlich als außerordentlich gut geeignet. Die Gründe dafür sind einfach: Zum Stadium des anschaulichen Denkens gehören ein gut entwickeltes Begriffsverständnis, die Befähigung zum Kategorienwechsel beim Sortieren, die aktive Suche nach Kausalbeziehungen sowie die Befähigung, während eines Spiels in eine Rolle zu schlüpfen und sich im Rollenspiel auf Regeln mit anderen Personen zu einigen.

Die Motivation der jüngeren Teilnehmerinnen und Teilnehmer mit Trisomie 21, sich an einem unserer Memory-Experimente zu beteiligen, war sehr hoch. Von ihnen liegen uns deshalb 684 interpretierbare Ergebnisse vor.

375 von ihnen wählten das Kartenspiel. Es ähnelt dem Spiel »Suche das Gleiche«. Eine spezielle Vorrichtung gibt Karten zunächst mit gegenständlichen und später numerischen Abbildungen vor.

Die Aufgabe besteht nun darin, eine Karte so lange hin und her zu schieben, bis man die Abbildung mit der Vorlage als übereinstimmend empfindet.

309 Kinder und Jugendliche mit Trisomie 21 im Stadium des anschaulichen Denkens arbeiteten jedoch lieber am Computer. Für sie habe ich ein Memory-Spiel programmiert. Ähnlich wie im Kartenspiel sollten sie hier Bilder durch einen Fingerzeig oder Mausklick umdrehen und Paare suchen. Bei ungleichen Paaren erklingt ein verlegenes Hüsteln, und die Karten drehen sich wieder auf die Rückseite. Bei passenden Paaren ist ein anerkennendes Pfeifen zu hören. Wenn alle Paare aufgedeckt sind, dröhnt donnernder Applaus aus

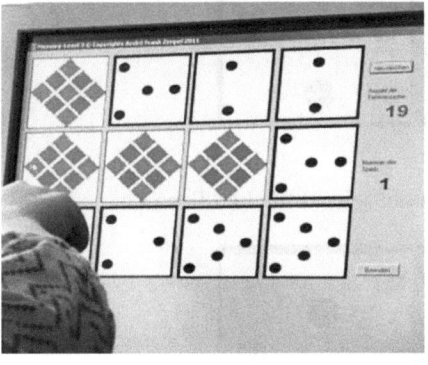

---

36 Piaget, J. & Inhelder, B. (1990): Die Entwicklung des inneren Bildes beim Kind. Frankfurt/M., 344–415.

dem Rechner. Das motivierte nahezu alle Kinder und Jugendlichen, das Spiel über längere Zeit durchzuhalten und von Level zu Level voranzuschreiten.

Die Suche nach Paaren von zwei gleichen Bildern gelingt Personen mit Trisomie 21 tatsächlich genauso gut wie neurotypischen Personen. Besonders schnell finden schon Vorschulkinder mit Trisomie 21 Bildpaare der folgenden Art:

Auch abstraktere Formen aus Punkten ordnen sie in der Regel problemlos zu:

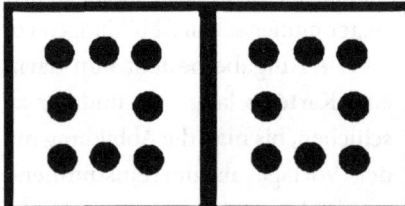 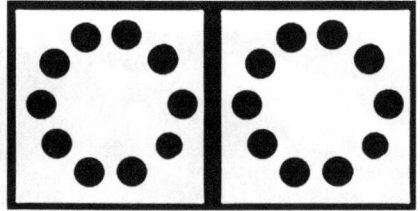

Bei den Formen aus Punkten traten jedoch erste Verwechselungen auf:

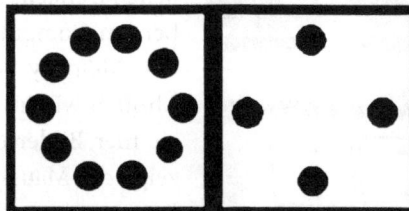

Noch häufiger waren Verwechselungen bei sehr ähnlichen Formen:

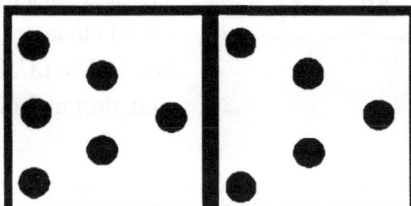

Auffällig viele Kinder und Jugendliche, die nicht zählen konnten, hielten diese beiden Bilder für gleich:

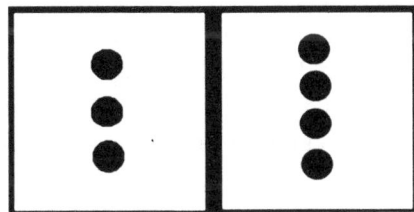

Beim Memory-Spiel am Computer versuchten sie immer wieder, dieses Paar anzuklicken. Wenn dann das verlegene Husten erklang und die Karten sich wieder zurückdrehten, behaupteten einige: »Der Computer ist kaputt!«

Andere wiederholten die falsche Zuordnung bis zu zehnmal und grübelten, warum der Computer das Paar nicht akzeptieren wollte.

Anders reagierten die Kinder und Jugendlichen, die zählen konnten. Sie zählten entweder auf Anhieb oder beim zweiten Versuch und lösten so das Problem relativ mühelos.

Um auch bei diesen Kindern und Jugendlichen den Aufmerksamkeitsumfang zu prüfen, entwickelte ich ein weiteres Computerprogramm, in dem es um das Aufdecken einer Ziffernreihe geht.

Ziffern der Reihe nach aufdecken

Dieses Verfahren setzt eine sichere Kenntnis der Zahlenreihe voraus. Auch wer bei den Piaget-Experimenten noch nicht über ein voll entwickeltes Zahlenverständnis verfügte, wohl aber alle Ziffern und deren Reihenfolge mühelos beherrschte, konnte an diesem Experiment teilnehmen.

Auf einem Bildschirm erscheinen die Ziffern von 1 bis 9 in zufälliger Anordnung für exakt fünf Sekunden. Nach genau dieser Zeit erscheinen schwarze Rechtecke, die jede einzelne Ziffer verdecken.

Aufgabe ist nun, die Rechtecke in der Reihenfolge anzuklicken, in der sie die Ziffern von 1 bis 9 verdecken. Dafür muss man sich präzise die Stelle merken, an der man die jeweilige Ziffer zuletzt sah. Jedes angeklickte Feld deckt die verborgene Ziffer wieder auf. Bei jedem neuen Durchgang verteilt sich die Anordnung der Zahlen erneut nach dem Zufallsprinzip.

Nach einer Instruktionsphase folgen mehrere Durchläufe. Im ersten Durchlauf werden die Ziffern 20 Sekunden lang angezeigt, im zweiten Durchlauf nur noch 10 Sekunden und schließlich 5 Sekunden.

Das eigentliche Experiment beinhaltete drei Durchgänge mit einer Dauer von fünf Sekunden. Nur die Ergebnisse gelangten zur Auswertung, denen mindestens einmal vier Treffer in der Instruktionsphase vorausgegangen waren.

Insgesamt nahmen 280 Personen teil. Von den 146 Personen mit Trisomie 21 gelang es 38 Personen, in der Instruktionsphase mindestens vier Treffer zu erzielen. Von den 134 neurotypischen Personen gelang dies 86 Personen. Das Durchschnittsalter der Versuchsgruppe (Trisomie 21) lag bei 16 Jahren (8–30 Jahre), das der neurotypischen Personen der Kontrollgruppe bei 20 Jahre (5–61 Jahre).

Es folgen die Ergebnisse der 38 Personen mit Trisomie 21:

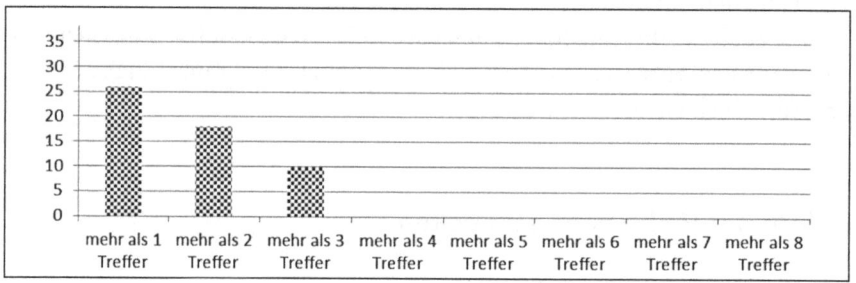

Hier sind zum Vergleich die Ergebnisse der 86 neurotypischen Personen:

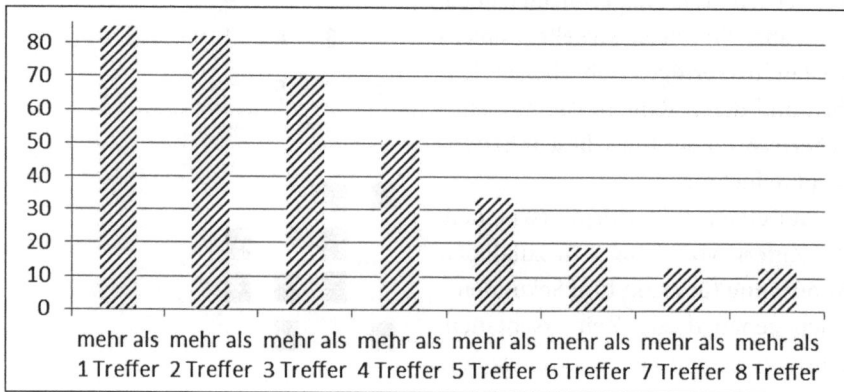

Von den neurotypischen Personen erzielten über die Hälfte mehr als vier Treffer. Diesen Fall hatten wir bei den Personen mit Trisomie 21 nicht ein einziges Mal. Auch dieses Ergebnis legt nahe, dass Menschen mit Trisomie 21 weniger Informationen simultan verarbeiten als neurotypische. Damit unterstützt auch dieses Experiment die These, dass Personen mit Trisomie 21 über einen kleineren Aufmerksamkeitsumfang verfügen.

Wie ist das bei Kindern, die noch nicht das Stadium des anschaulichen Denkens erreicht hatten? Welches Experiment käme für diese Gruppe infrage?

Objektpermanenz

Das Stadium des symbolischen, vorbegrifflichen Denkens beinhaltet Symbolverständnis, Sprachverständnis, die Fähigkeit, Als-ob-Spiele zu kreieren (z. B.: Ein Bauklotz wird wie ein Spielzeugauto geschoben), Selbstgespräche zur Handlungsregulation und das Entschlüsseln von Kausalbeziehungen durch Beobachtung und Probieren. Dieses Stadium der kognitiven Entwicklung beginnt bei neurotypischen Kindern etwa im Alter zwischen 18 und 24 Monaten. Bis zum vierten Lebensjahr hält dieses Stadium in der Regel an.

Wann ist dieses Stadium erreicht? Antwort: Wenn Kinder gedanklich ein Objekt in ihrer Vorstellung festhalten können. Die Objektpermanenz oder -konstanz (beide Bezeichnungen gehen auf den Entwicklungspsychologen Jean Piaget[37] zurück) bezeichnet die Fähigkeit, zu erkennen, dass Objekte weiterhin existieren, auch wenn sie sich nicht mehr im eigenen Wahrnehmungsfeld befinden.[38]

Die Objektpermanenz markiert einen Meilenstein in der kognitiven Entwicklung eines Menschen: Sie kennzeichnet das abstrakte Denken im Übergang zum symbolisch-vorbegrifflichen Denken. Diese Fähigkeit, vom unmittelbar Wahrgenommenen zu abstrahieren, ist eine wesentliche Voraussetzung für die Sprach- und spätere Begriffsentwicklung. Die Objektpermanenz überprüfen verschiedene Piaget-Experimente in einer mehrstufigen Folge.

---
37 Piaget, (1996), 100.
38 Piaget, J. & Inhelder, B. (1973): Die Psychologie des Kindes. 2. Aufl., Frankfurt/M., 24–25.
   Piaget, J. (1974): Der Aufbau der Wirklichkeit beim Kinde, 14–99.

Experiment 1: Man zeigt einen Gegenstand (auf dem Foto einen Gummi- Smiley), den man dann offen unter eins von zwei nebeneinander stehenden Gefäßen legt (auf dem Foto zwei blaue Plastik-Schachteln). Man fordert das Kind auf, zu zeigen, unter welchem Gefäß sich der Gegenstand befindet. Gelingt ihm das, folgt das nächste Experiment.

Experiment 2: Man hält den Gegenstand erst unter das eine Gefäß, versteckt ihn dann aber unter dem anderen. Findet das Kind den Gegenstand auf Anhieb wieder, folgt das nächste Experiment.

Experiment 3: Man versteckt den Gegenstand wieder unter einem Gefäß. Diesmal vertauscht man jedoch die Positionen der Gefäße. Findet das Kind den Gegenstand auf Anhieb wieder, folgt das nächste Experiment.

Experiment 4: Wieder versteckt man den Gegenstand unter einem Gefäß. Dieses Mal vertauscht man die Position der Gefäße jedoch zweimal. Wenn das Kind auch in diesem Fall den Gegenstand wiederfindet, folgt das nächste und letzte Experiment der Serie zur Diagnose der Objektpermanenz.

Experiment 5: Diesmal täuscht man das Verstecken des Gegenstandes unter einem der beiden Gefäße nur vor. Der Gegenstand befindet sich nun, für das Kind unsichtbar, in der Hand der Person, die das Experiment durchführt. Wenn das Kind unter beiden Gefäßen nachschaut, verwundert ist und im Folgenden den Gegenstand an anderen Orten sucht, kann man von einer vollständig entwickelten Objektpermanenz ausgehen.

Kausalzusammenhänge durchschauen und erinnern

Alison Gopnik, eine US-amerikanische Psychologin an der Universität in Berkeley (Kalifornien), entwickelte zur Untersuchung der kognitiven Entwicklung von Kindern im vorbegrifflich-symbolischen Stadium so genannte »Blicket-Detektoren«.[39] Gemeint sind damit technische Geräte, die visuelle oder akustische Effekte erzeugen können. Sie leuchten beispielsweise auf oder spielen Melodien, wenn man auf ihrer Oberfläche bestimmte Dinge (Blickets) positioniert. Blickets sind charakteristisch geformte, dreidimensionale Körper, wie z. B. Würfel, Sterne usw.

Der Witz des Experiments besteht darin, dass die Blickets in unterschiedlichen Graden geeignet sind, Licht und Musik einzuschalten. Gopnik resümiert ihre Forschungsergebnisse:

---

39   Gopnik, A. (2010): Kleinkinder begreifen mehr. In: Spektrum der Wissenschaft 10, 71.

»[…] Kinder denken und schlussfolgern durchaus komplex und scharfsinnig. Sie begnügen sich nicht mit einfachen Regeln und schlichten Assoziationen. Tatsächlich erfassen Kinder merkwürdige Vorgänge und eigenartige Zusammenhänge mit ihrer unbewussten Statistikanalyse wohl manchmal leichter als Erwachsene. Kürzlich haben meine Kollegen und ich sowohl Vierjährige wie Erwachsene mit einem Blicket-Detektor konfrontiert, der sich sonderbar verhielt: Er ging nur an, wenn man zwei Klötze gleichzeitig drauflegte. Die Kinder begriffen das schneller. Den Erwachsenen war vermutlich ihr Vorwissen im Weg, dass Geräte so normalerweise nicht funktionieren.«[40]

In unserem Experiment kamen Blickets zum Einsatz, die wie eine Fernbedienung Wirkungen erzeugen. Dabei handelte es sich um fünf Blickets:
1. einen Gummiball, der ein Auto startet,
2. einen Plastik-Maiskolben, der einen Stoffhasen zum Schnuppern und Hüpfen veranlasst,
3. eine Bockwurst aus Holz, die einen Hund jaulen, bellen und loslaufen lässt,
4. einen Holzzylinder, der einen Hubschrauber startet,
5. eine Plastikpaprika, die ein Stoffschwein zum Grunzen und Loslaufen bringt.

Ist dieser Ursache-Wirkungs-Zusammenhang spielerisch lange genug geprobt, erscheinen alle Spielzeuge als Bildreihenfolge auf einem Monitor. In einer festgelegten zeitlichen Abfolge erscheinen dazu Gummiball, Maiskolben, Bockwurst, Holzzylinder und Paprika als Abbildungen. Eine Eyetracking-Kamera zeichnet spontane Blickbewegungen auf. Die Analyse des Films geht dann der Frage nach, wie viele Kausalbeziehungen spontan aus dem Gedächtnis auftauchen.

Dieses Verfahren ist technisch sehr aufwendig. Manchmal sind die Lichtverhältnisse ungünstig, die Kalibrierung des Eye-Trackers ist zu ungenau oder die Sampling-Rate zu gering.

---

40 Ebd., 72.

Deshalb ist von den vielen durchgeführten Experimenten immer nur ein Teil auswertbar.

In unserer Studie erzielten wir aussagekräftige Ergebnisse bei 30 Kindern mit Trisomie 21 im Alter von drei bis elf Jahren und bei zwölf neurotypischen Kindern im Alter von anderthalb bis sechs Jahren. Trotz des höheren Alters konnten wir unter den 30 Kindern mit Trisomie 21 keinen Hinweis darauf finden, dass sie alle fünf im Spiel erarbeiteten Kausalzusammenhänge spontan aus dem Gedächtnis reproduzieren konnten.

Das illustriert das folgende Säulendiagramm. Die x-Achse ist in die Anzahlen möglicher Kausalbeziehungen gegliedert. Die Säulenhöhe zeigt den prozentualen Anteil der Personen an, die diese Anzahlen von Kausalbeziehungen spontan aus dem Gedächtnis reproduzierten. Die dunklen Säulen auf der linken Seite stehen für Personen mit Trisomie 21 und die hellen Säulen rechts daneben für die Anzahl neurotypischer Personen:

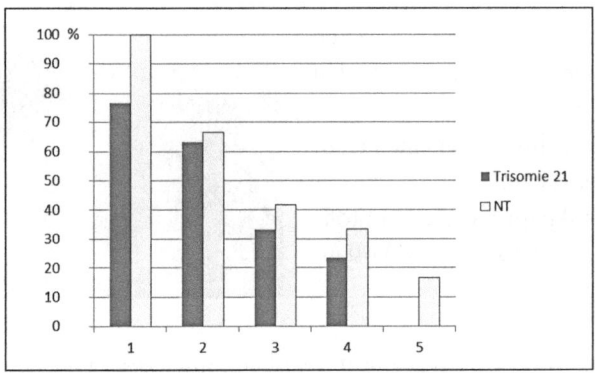

Das Diagramm zeigt, dass die Kinder mit Trisomie 21 weniger Kausalbeziehungen spontan aus dem Gedächtnis abrufen als neurotypische und das trotz deutlich höherem Durchschnittsalter. In den meisten Fällen waren es ein oder zwei Kausalzusammenhänge, die Kinder mit Trisomie 21 spontan erinnerten, in nicht wenigen Fälle auch vier, nie aber fünf.

Gopniks Aussage, Kinder schlussfolgern komplex und scharfsinnig und begnügen sich nicht mit einfachen Regeln und schlichten Assoziationen, gilt auch für Kinder mit Trisomie 21. Aber auch hier zeigte sich, dass sie dazu tendieren, von einigen Kausalbeziehungen abzusehen.

Die Blickets ermöglichen eine Annäherung an die Aufmerksamkeit und das Kurzzeitgedächtnis von Kindern im Stadium des symbolisch-vorbegrifflichen Denkens. Die letzte Gruppe, für die wir noch kein Verfahren entwickelt hatten, waren Kinder im Stadium der sensomotorischen Intelligenz, genauer:

die Kinder, deren Objektpermanenz zu diesem Zeitpunkt noch nicht voll entwickelt war. Einige von ihnen waren zwar schon in der Lage, Hindernisse zur Seite zu schieben, um einen Gegenstand zu greifen. Aber ihr Hauptinteresse lag noch im Üben des gerichteten Tastens und des Gebrauchs von Gegenständen.

Abstrakte Gedanken schon im Kinderwagen

Schauplatz des Geschehens ist das Aufmerksamkeits-Computer-Labor (ACL) in Hamburg. Ein Vorhang gibt die Bühne frei für den Auftritt verschiedener Tiere: Katze, Hund, Zebra, Elefant, Löwe, Krokodil, Giraffe, Nashorn usw.

Es handelt sich allerdings nur um kleine Spielzeugtiere, die nacheinander auf der Bühne eines kleinen Theaters erscheinen. Ein Blickbewegungsmesser (Eye-Tracker) zeichnet am Computer die Blickbewegungen eines Säuglings mit roten Punkten und Verbindungslinien nach. Mit der Zeit empfängt das Gerät immer weniger Blickpunkte. Der Grund: Das Baby auf dem Schoß der Mutter beginnt sich zu langweilen und schaut kaum noch auf die kleine Bühne. Bald hat es das einfach gestrickte Prinzip des kleinen Theater-Spiels durchschaut. Krokodil, Giraffe und Nashorn bringen den Säugling nur noch zum Gähnen.

Doch dann erscheint plötzlich ein kleines Möbelstück aus einer Puppenstube. Das Baby ist überrascht. Eine neue Kategorie! Der Eye-Tracker empfängt wieder eine Salve interessierter Blickpunkte. Offensichtlich hat das Spiel auf der kleinen Theaterbühne für kurze Zeit wieder die Aufmerksamkeit des Babys geweckt.

Die Idee für dieses Experiment stammt von der Psychologin Sabina Pauen von der Universität Heidelberg. Sie zeigt mit solchen Experimenten, dass Babys und Kleinkinder Sinneseindrücke schon in Kategorien ordnen wie Erwachsene – und das, bevor sie überhaupt anfangen zu sprechen.[41]

Wie ist das bei Babys und Kleinkindern mit Trisomie 21? Antwort: genauso! Sie bemerken den Kategorienwechsel und zeigen das mit erhöhter Aufmerksamkeit. Die Tendenz zur Abstraktion bei einer Trisomie 21 beginnt also schon im Säuglings-Alter.

Doch was ist mit numerischen Abstraktionen? Neurotypische Babys interessieren sich dafür! Sie lösen intuitiv Additionsaufgaben, z. B.: $1+1=2$, das behauptet zumindest die US-amerikanische Entwicklungspsychologin Karen Wynn von der Yale University in New Haven (Connecticut). Sie demonstrierte

---

41 Pauen, S. et al. (2010): Do animals and furniture items elicit different brain responses in human infants? In: BΩrain and Development 32, 863–871; Pauen, S. & Höhl, (2011): Ereigniskorrelierte Potentiale: Ein neuer Zugang zur Erforschung der Objektverarbeitung bei Babys. In: Zeitschrift für Neuropsychologie 22, 109–120.

schon in den 1990ern: Fünf Monate alte Säuglinge zeigen Erstaunen, wenn 1 + 1 nicht 2 ergibt. Dieses Erstaunen zeigen sie durch länger andauerndes Hinschauen, wie etwa beim Kategorienwechsel von Tieren zu Möbeln.

Beispiel: Die Babys auf dem Schoß der Mutter verfolgen ein Kasper-Theater-Spiel, in dem sich zu einer Puppe eine zweite gesellt. Anschließend fällt der Vorhang. Eine Hand nimmt eine Puppe weg (2 – 1 = …). Sahen die Babys nach der Öffnung nur eine Puppe, verloren sie schnell das Interesse (2 – 1 = 1). Waren jedoch zwei Puppen zu sehen (2 – 1 = 2), starrten die Babys länger auf den Bildschirm.

Mit Videoaufnahmen lässt sich die Dauer des Interesses genau ermitteln und festhalten. Wenn nur eine Puppe oder drei Puppen statt der erwarteten zwei zu sehen waren, starrten die Säuglinge eine Sekunde länger zur kleinen Bühne als sonst. Werden die Anzahlen jedoch zu groß, verschwimmen sie im Aufmerksamkeitsfenster der Babys.[42]

Gilt das auch für Babys mit Trisomie 21? Auch dieser Frage sind wir auf den Grund gegangen.

Mäuse- und Ententheater

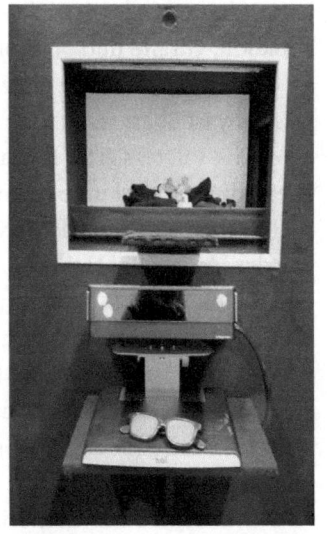

»Fabian ist 1½. Er beobachtet aufmerksam eine blaue Maus. Wir sind bei Wissenschaftlern der Uni Hamburg. Sie zeigen Fabian jetzt eine Gruppe von drei Mäusen. Fabian wirkt plötzlich unkonzentriert. Er scheint das Interesse zu verlieren. Er schaut erst wieder hin, als dort nur zwei Mäuse auftauchen.«[43]

So lautet der Kommentar einer populären Wissenschaftssendung, die über unsere Studie berichtete.

Im Gegensatz zu Wynns Babytheater beginnt unser Spektakel gleich mit sechs Entchen.

---

42 Wynn, K. (2002): Do infants have numerical expectations or just perceptual preferences? In: Developmental Science 2, 207–209. Wynn, Karen (1992): Addition and subtraction by human infants. In: Nature 358/08, 749–750.
43 Wieghaus, G. (2012): Früh übt sich. In: WDR Quarks & Co., 08.05. Wieghaus, G. (2012): Frühe Förderung ist wichtig. In: Lernfähigkeit von Kindern mit Down-Syndrom höher, 3sat nano, 31.08.

Während der Vorführung zeichneten wir mithilfe eines Eye-Trackers die Blickbewegungen auf. Auf dem nächsten Bild sind es die Blickbewegungen von Paul, einem Baby auf dem Schoß der Mutter. Sie trägt eine dunkle Brille, damit wir nicht versehentlich ihre Augenbewegungen aufzeichnen:

Wie bei allen Teilnehmenden an diesen Untersuchungen, hat man bei ihm eine Trisomie 21 diagnostiziert. Die Theater-Vorführung, der er so aufmerksam folgt, besteht im Wesentlichen aus vier Akten:

1. Akt: Auf der Bühne sind sechs kleine Spielzeug-Entchen (manchmal auch Mäuse oder Ähnliches) zu sehen. Dann fällt der Vorhang. Eine Hand, bekleidet mit einem dunklen Handschuh, entführt sichtbar eins von sechs Entchen. Nachdem der Vorhang wieder aufgeht, sind nur noch fünf Entchen zu sehen. Dann schließt sich der Vorhang erneut. Die dunkle Hand bringt das Entchen wieder hinter den Vorhang zurück. Der Vorhang öffnet sich erneut. Und siehe da: Die sechs Entchen sind wieder vollständig. Immer wieder abwechselnd sehen die Babys Operationen, die numerisch folgenden Aufgaben entsprechen: $6-1=5$ und $5+1=6$. Das wird so lange wiederholt, bis sich das Kind gelangweilt abwendet. (Am Anfang zeigt der Eye-Tracker Salven von roten Punkten, die uns zeigen, wie das Bühnengeschehen die Aufmerksamkeit auf sich zieht. Dann nehmen die Blickpunkte ab. Einige Babys fingen sogar an, demonstrativ zu gähnen, so sehr langweile sie inzwischen das auf die Dauer ereignislose Spektakel.)

2. Akt: Hier ist alles fast genauso, nur geht es nicht mehr mit rechten Dingen zu. Obwohl zu den fünf Entchen eines dazukommt, bleiben es fünf ($5+1=5$), und obwohl danach eins weggenommen wird, bleiben es fünf ($5-1=5$).

3. Akt: Hier ist die Welt wieder in Ordnung und dazu sogar noch übersichtlicher. Man entführt nach dem Vorhang ein Entchen von dreien, und als sich der Vorhang hebt, sind zwei zu sehen ($3-1=2$); und umgekehrt: Ein Entchen kommt zu den zweien dazu, und drei sind zu sehen ($2+1=3$).

4. Akt: Im letzten Akt herrscht wieder verkehrte Welt: $2+1=2$ und $2-1=2$.

Jeder Akt wiederholt sich so lange, bis die Babys wegschauen, weil sie das Interesse verloren haben. Die Auswertung erfolgt über den Vergleich der Dauer jeden Aktes bis zum Eintritt der Sättigung. Im folgenden Säulendiagramm entspricht die Länge der Säule der Zeit in Sekunden bis zur Sättigung. Die x-Achse zeigt an, zu welchem Akt die jeweilige Säule gehört. Bei Paul sieht das Ergebnis so aus:

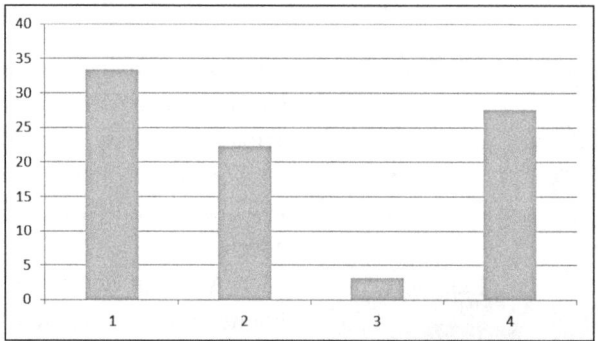

Offensichtlich hat der 4. Akt ihn besonders überrascht. Bei den wenigen Entchen ist ihm offensichtlich die verkehrte Welt aufgefallen. Bei den vielen Entchen dagegen nicht. Bei Sven, zum Zeitpunkt der Untersuchung acht Monate alt, sieht das Diagramm etwas anders aus:

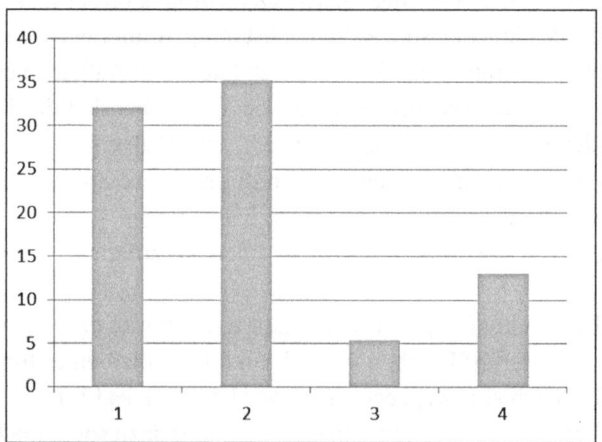

Sven hat scheinbar schon bei den vielen Entchen im 2. Akt irgendwie bemerkt, dass hier falsch gespielt wird. Im 4. Akt konnte er sich offensichtlich davon überzeugen: Manchmal stimmt hier etwas nicht!

Was aber beiden Diagrammen gemeinsam ist: Im 4. Akt kam die Aufmerksamkeit noch einmal in Schwung. Diesen Effekt konnten wir bei 20 von 26 untersuchten Babys mit Trisomie 21 messen. Dabei wäre eigentlich eher ein Verlauf zu erwarten gewesen, wie er im folgenden Diagramm dargestellt ist:

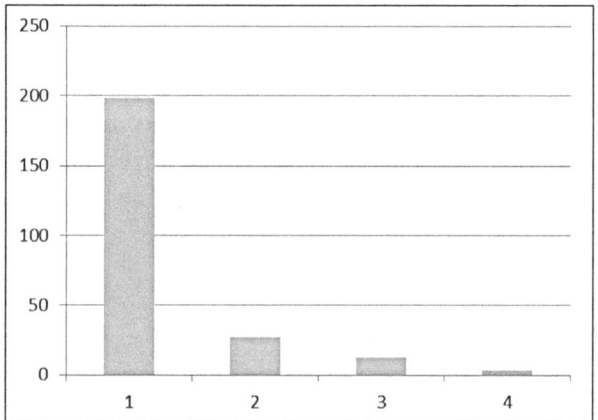

Warum? Naja, im Prinzip ist ja immer wieder dasselbe zu sehen: Entchen werden weggenommen und wieder dazugesetzt. Im ersten Akt mag das noch interessant sein, aber dann immer weniger. Als Verlauf wäre also ein schnell versiegendes Interesse zu erwarten gewesen. Ein solcher Verlauf, der ein stetig abnehmendes Interesse anzeigt, war aber nur in sechs von 26 Fällen zu beobachten.

Wenn wir alle Messungen der Blickdauer aller 26 Babys addieren und mit einer leicht geschwungenen Kurve verbinden, ergibt sich ein Bild, das deutlich von einer Kurve zunehmender Sättigung (oder Habituation) abweicht:

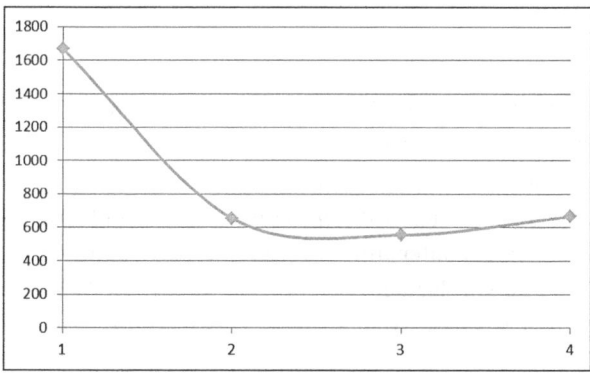

Statt stetig abzufallen, steigt die Kurve der Blickdauer im vierten Akt sogar etwas an. Die Manipulationen von Anzahlen bei überschaubaren Mengen von drei und zwei Figuren sind dem kleinen Publikum des Entchen-Theaters offensichtlich aufgefallen.

Dieses Ergebnis spricht dafür, dass sich schon Babys mit Trisomie 21 – genauso wie neurotypische – intuitiv für abstrakte numerische Operationen interessieren und Unstimmigkeiten mit erhöhter Aufmerksamkeit beobachten.

Auch dieses Ergebnis passt in das allgemeine Muster unserer Untersuchungsergebnisse: Menschen mit Trisomie 21 orientieren sich eher an abstrakten übersichtlichen Zeichen, weil ihr verringerter Umfang der Aufmerksamkeit sie zwangsläufig zum Absehen von Eigenschaften zwingt.

Superzeichen und Abstraktion

Lautsprachbegleitende Gebärden leisten oft einen großen Beitrag zur geistigen Entwicklung von Kindern unter den Bedingungen einer Trisomie 21. Schon zweijährige Kinder lernen beispielsweise GuK-Gebärden.[44] Deute ich mit einer Geste Schnurrhaare zwischen Mund und Nase an, verstehen manchmal schon Zweijährige, dass damit eine Katze gemeint ist. Sie nutzen ein Detail für eine abstrakte Vorstellung! »Ein Superzeichen ist ein Zeichen für andere Zeichen.«[45] Jede Gebärde ist ein Superzeichen, z. B. für ein Bild oder ein Signal für ein Ereignis usw. Auch gesprochene Worte sind Superzeichen. Noch abstrakter sind geschriebene Worte, sie sind Superzeichen zweiter Ordnung (siehe auch: Abstraktion heißt »Absehen von ...«, 111 ff.).

Abstrakte Superzeichen sind nicht nur Kommunikationsmittel, sondern auch Denkhilfen. Sie schneiden verworrene und unübersichtliche Erscheinungen auf ein enges Aufmerksamkeitsfenster zu. Alle Menschen sind auf solche Denkhilfen angewiesen, Menschen unter den Bedingungen einer Trisomie 21 allerdings im besonderen Maße.

Beim Frühlesen interessieren sich Vorschulkinder mit Trisomie 21 für abstrakte Superzeichen zweiter Ordnung: »Viele Kinder mit Down-Syndrom können bereits im Vorschulalter mit dem Lesenlernen beginnen.«[46] Das begeistert mich jedes Mal von Neuem. Leider zieht daraus die Wissenschaft immer noch die falschen Schlüsse: Man schreibt Personen mit Trisomie 21 visuelle Stärken zu.

---

44 Wilken, E. (2008): Sprachförderung bei Kindern mit Down-Syndrom. Mit ausführlicher Darstellung des GuK-Systems. 10. Aufl., Stuttgart
45 Zimpel (2012), 36.
46 Bird/Buckley (2000), 36–37.

Wie die Ergebnisse unserer Studie zeigen, ist der visuelle Aufmerksamkeitsumfang von Personen mit Trisomie 21 eingeschränkt. Übrigens gilt diese Einschränkung auch für den akustischen, haptischen und kinästhetischen Aufmerksamkeitsumfang, wie das nächste Kapitel anhand weiterer Untersuchungsergebnisse belegen wird.

Es ist zwar richtig, dass eine Vielzahl von Untersuchungen belegt, »[…] dass Kinder mit Down-Syndrom visuell präsentierte Informationen besser als verbal vorgelegte lernen und verarbeiten können.«[47]

Der Grund dafür sind jedoch nicht visuelle Stärken, sondern die Tatsache, dass man gewisse Probleme bei der Aufnahme von gesprochener Sprache umgeht:

»Werden Informationen visuell präsentiert, benötigt ein Kind das Kurzzeitgedächtnis häufig gar nicht, da das Material so lange betrachtet werden kann, bis es verstanden und verarbeitet wurde.«[48]

Die Kompensation des eingeschränkten Umfangs der akustischen Aufmerksamkeit, der durch längere gesprochene Worte überfordert ist, wird mit abstrakten Superzeichen zweiter Ordnung, den Buchstaben, ausgeglichen. Das ist der wirkliche Mechanismus, der sich hinter diesem Effekt verbirgt. Er offenbart die wahre Stärke von Menschen mit Trisomie 21: Sie entwickeln eine besondere Achtsamkeit, um ihren Aufmerksamkeitsumfang nicht zu überfordern.

Dadurch gelingt es ihnen, sich besser auf Aufgaben zu fokussieren als Neurotypische. Schon Kinder, die sich ganz in eine Aufgabe vertiefen, können sich von Reizüberflutung besser abschirmen als Gleichaltrige.

Der Wissenschaftsredakteur Mike Schäfer vom WDR fragte mich, ob er bei uns in der Universität Hamburg einen Filmbeitrag drehen könne. Es sollte ein Beitrag für die Sendung *Die geheimnisvolle Welt des Spielens* sein, die in der von Ranga Yogeshwar moderierten Reihe *Quarks & Co.* am 22. Januar 2013 ausgestrahlt wurde. Der Titel des Beitrages lautet *Fördern durch Spielen. Im Spiel ist das Lernen ›kinderleicht‹*.

Die geplante inhaltliche Ausrichtung des Beitrags hatte eigentlich nichts mit Trisomie 21 zu tun, wie der folgende Plot zeigt:

»An der Universität Hamburg fördern der Psychologe André Frank Zimpel und sein Team Kinder mit Entwicklungsdefiziten auf scheinbar einfache

---

47 Ebd.
48 Ebd.

Weise: Sie spielen mit ihnen. Dabei entlocken sie den Kindern die in ihnen bereits schlummernden Fähigkeiten – und jede Menge Selbstbewusstsein. Die Forscher vermuten: Spiel ist eine besonders effektive Strategie des Lernens. Voraussetzung ist, dass der Spielende weder unter- noch überfordert ist. Dann setzt das Spiel positive Emotionen frei, sorgt für Erfolgserlebnisse und bringt das spielende Kind in einen ›Flow‹-Zustand, bei dem es alles um sich rum vergisst – aber nie mehr das, was es beim Spielen lernt.«[49]

Für unsere Studie kamen Kinder aller Altersstufen sowohl mit Trisomie 21 (Versuchsgruppe) als auch neurotypische Kinder in unser Aufmerksamkeits-Computer-Labor. Gefilmt werden sollten nur neurotypische Kinder. Als die Kamera auftauchte, hörten diese jedoch sofort auf zu spielen. Die Ablenkung war zu groß.

Gingen wir mit den Kindern in einen Nebenraum, widmeten sie sich erneut einem unbeschwerten Spiel. Kaum kamen die Kameraleute nach, erstarrten sie.

Anders die Kinder mit Trisomie 21: Nachdem sie das Fernsehteam inspiziert hatten, vertieften sie sich in ihr Spiel. Es fiel ihnen auffällig leicht, von den Kameraleuten zu abstrahieren und sich auf den Spielinhalt zu fokussieren. So wurde der gesamte Beitrag, in dem eigentlich keine Kinder mit Trisomie 21 vorkommen sollten, ausschließlich mit Aufnahmen von Kindern mit diesem Syndrom gesendet.

Zusammenfassung

Die Literatur der letzten hundert Jahre verbreitete viele Irrtümer über Trisomie 21. Lange Zeit wurde angenommen, dass es eine Erbkrankheit sei. Heute weiß man, dass es sich um eine Chromosomenanomalie handelt. Dann behauptete man, Menschen mit Trisomie 21 hätten nur eine geringe Lebenserwartung. Dies war früher zwar tatsächlich der Fall, doch mittlerweile gibt es Menschen mit Trisomie 21, die älter als 70 Jahre sind. Grund dafür sind die gestiegene gesellschaftliche Anerkennung und vor allem die verbesserten medizinischen Behandlungsmöglichkeiten eventueller Organfehlbildungen.

Langdon Down bezeichnete Menschen mit Trisomie 21 als »mongolischen Typus der Idiotie«, was so viel bedeutet wie »gewöhnlicher Mensch«, »Laie« oder »Stümper«. Heute benutzt man stattdessen die Begriffe »Intelligenzminderung«, »geistige Behinderung«, »Menschen mit Beeinträchtigung der geisti-

---

49 Schaefer, M. (2013): Im Spiel ist das Lernen »kinderleicht«. http://www.wdr.de/tv/applications/fernsehen/wissen/quarks/pdf/Q_Spielen.pdf, letzter Aufruf am 31.10.2015.

gen Entwicklung« oder »Lernbehinderung«. Unsere Forschungsergebnisse und Beispiele von studierten Menschen mit Trisomie 21, wie z. B. Pablo Pineda und Aya Iwamoto, zeigen allerdings, dass eine Trisomie 21 nicht zwingend mit einer Einschränkung der Intelligenz einhergehen muss.

Ein nicht auf Down zurückführbares – aber in wissenschaftlicher Literatur weit verbreitetes – Vorurteil ist, Menschen mit einer Trisomie 21 seien verlangsamt. Dies bestätigte sich in unseren Untersuchungen nicht.

Allerdings brauchen Menschen mit einer Trisomie 21 längere Orientierungs- und Übungsphasen, wenn Lernaufgaben ihren Aufmerksamkeitsumfang überschreiten. Hinter der angeblichen Langsamkeit verbirgt sich eine weitere Stärke von Menschen mit Trisomie 21, nämlich eine besondere Achtsamkeit. Pablo Pineda sagt dazu:

> »Seien wir einmal ehrlich, ein Studium ist nicht einfach, und mit Downsyndrom, das mich etwa um 30 Prozent einschränkt, ist es umso schwerer.«[50]

Ein weiteres Vorurteil seit John Langdon Haydon Downs klinischer Beschreibung des Syndroms besteht darin, dass Menschen mit einer Trisomie 21 angeblich vorwiegend zum Imitationslernen neigen, was zu Downs Zeiten als primitivste Form des Lernens galt. Dass dem nicht so ist, zeigen einerseits neueste Erkenntnisse aus der anthropologischen Forschung zum kulturellen Lernen: Imitationslernen ist die spezifisch menschliche und effektivste Form des Lernens. Andererseits deuten experimentelle Befunde unserer Studie zum Bewegungslernen darauf hin, dass Menschen mit Trisomie 21 zwar gut durch Imitation lernen, allerdings durch ihren Aufmerksamkeitsumfang an Grenzen stoßen. Davon handelt das nächste Kapitel.

---

50 WELT ONLINE (10.06.2009): Europas erster Lehrer mit Downsyndrom. In: http://www.welt.de/gesundheit/article3901173/Europas-erster-Lehrer-mit-Downsyndrom.html, letzter Aufruf am 29.10.15.

VI. Imitation und Bewegungslernen
Alfred Christoph Röhm

Jonglieren im kleinen Aufmerksamkeitsfenster

Wie wirken sich Einschränkungen des Umfangs der Aufmerksamkeit auf das Bewegungslernen von Menschen mit Trisomie 21 aus? Dieser Frage gehe ich anhand des Bewegungs- und Imitationslernens nach.

Der muskuläre Hypotonus und die damit verbundene motorische Entwicklungsverzögerung sind bei Menschen mit Trisomie 21 allein schon durch den verminderten Gehalt des Botenstoffs Acetylcholin zwischen Nerv und Muskel bedingt. Beim Ausführen komplizierter Bewegungen kommen daher Menschen

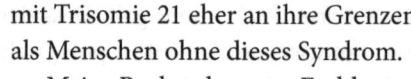

mit Trisomie 21 eher an ihre Grenzen als Menschen ohne dieses Syndrom.

Meine Recherche unter Fachleuten ergab für das Jonglieren, dass Menschen mit Trisomie 21 zwar mit zwei, nicht aber mit drei Bällen jonglieren. Das passte erst einmal sehr gut zu unseren Ergebnissen in der Aufmerksamkeitsstudie.

Mich beschäftigte jedoch die Frage: Können Menschen mit Trisomie 21 wirklich nicht mit drei oder mehr Bällen jonglieren? Sind zwei Bälle tatsächlich so etwas wie eine »magische Grenze«?

Im Rahmen eines von mir ins Leben gerufenen Zirkusprojekts[1] hatte

---

[1] Der Zirkus Regenbogen besteht seit 2013 und ist ein inklusives Projekt des Fördervereins ASK e. V. in Kooperation mit der Universität Hamburg. Mittlerweile trainieren 13 jugendliche Artisten und Artistinnen unter meiner Leitung einmal wöchentlich gemeinsam mit Studierenden der Universität Hamburg. Das Projekt verfolgt das Ziel, die Ergebnisse der Triso-

ich den Ehrgeiz, diese scheinbar »magische Grenze Zwei« zu überschreiten. Gemeinsam mit einer intrinsisch motivierten jungen Artistin ist mir dies dann letztlich auch gelungen. Bei der Aufführung vom 28. Juni 2015 im Schanzenpark jonglierte diese Artistin lässig mit drei Bällen:

Die »magische Grenze« war durchbrochen! Aber wie hat die Artistin diese Leistung trotz kleinerem Umfang der Aufmerksamkeit erbracht? Steht dies nicht im Widerspruch zur ermittelten Einschränkung der visuellen Simultanerfassung?

Umfang der Aufmerksamkeit beim Hören und Tasten

Eine Erklärung könnte sein, dass bei Menschen mit Trisomie 21 zwar der visuelle Aufmerksamkeitsumfang verkleinert ist, nicht aber der kinästhetische, welcher beim Imitieren von Körperbewegungen eine maßgebliche Rolle spielt. Diese Spekulation würde zumindest zu Langdon Downs postulierter Imitationsstärke bei Menschen mit Trisomie 21 passen (siehe auch: Das Menschenhirn ist ein Sozialorgan, 39 f.).

Dagegen spricht jedoch, dass bei ihnen auch der haptische Aufmerksamkeitsumfang und der auditive Aufmerksamkeitsumfang verkleinert sind. Dies haben Untersuchungen ergeben, die wir ebenfalls im Rahmen der Hamburger Aufmerksamkeitsstudie durchgeführt haben.

Im Rahmen der Studie untersuchten wir 31 Personen[2] zum haptischen und 24[3] zum auditiven Umfang der Aufmerksamkeit.

---

mie-21-Studie von André Frank Zimpel im gemeinsamen Training einzubringen und somit die Lernerfolge von Menschen mit Trisomie 21 zu verbessern. Die Neigung von Personen mit Trisomie 21 zur Abstraktion wird im Training insofern aufgegriffen, als abstrakte Zeichen, wie beispielsweise Bilder, Gebärden oder Worte, auf ihre Wirksamkeit überprüft werden.

2   16 Personen der Versuchsgruppe und 15 Personen der Kontrollgruppe.
3   14 Personen der Versuchsgruppe und 10 Personen der Kontrollgruppe.

Beim haptischen Aufmerksamkeitsumfang bestand die Aufgabe darin, vier verschiedene, nicht sichtbare Klötzchen aus sieben präsentierten Klötzchen tastend zu identifizieren.

Bei den Untersuchungen zum auditiven Aufmerksamkeitsumfang ging es darum, einen unterschiedlich oft erzeugten Ton auf einem Xylophon[4], das von der Untersuchungsperson nicht gesehen werden konnte, zu reproduzieren. Voraussetzung für die Teilnahme an diesem Experiment war natürlich, dass die Teilnehmenden noch nicht in der Lage waren, zu zählen!

---

4 Analog lässt sich der Versuch mit Klatschgeräuschen und/oder Trommelschlägen durchführen. Die Ergebnisse sind identisch.

Beide Untersuchungen ergaben hoch signifikante Ergebnisse und weisen auf eine Einschränkung des haptischen und auditiven Aufmerksamkeitsumfangs bei Menschen mit Trisomie 21 hin:

Die Klötzchen wurden bei den Untersuchungen zum haptischen Aufmerksamkeitsumfang von der Versuchsgruppe mit Trisomie 21 nur in 33 Prozent der Fälle ertastet, von der Kontrollgruppe dagegen in 88 Prozent.

Bei der Untersuchung zum auditiven Aufmerksamkeitsumfang reproduzierte die Kontrollgruppe die Töne in 99 % der Fälle in der vorgegebenen Häufigkeit, die Versuchsgruppe mit Trisomie 21 dagegen nur zu 47 Prozent.

Dieses Ergebnis passt sehr gut zu den Beobachtungen, dass Menschen mit Trisomie 21 mitunter nur die Endsilben einzelner Worte nachsprechen.[5] Offensichtlich übersteigt dann die Wortlänge den Umfang ihres Aufmerksamkeitsfensters. Es passiert auch nicht selten, dass sie am Ende eines Satzes den Anfang schon wieder vergessen haben.

Von ähnlichen Beobachtungen berichten schon seit Langem die britischen Psychologinnen Gillian Bird und Sue Buckley:

»Kinder mit Down-Syndrom können Aufnahmeschwierigkeiten haben, die das Erkennen von Worten beeinflussen, was im gewissen Maße auch bei

---

[5] Zimpel, A. F. (2010b): Buchstaben sind die Algebra der Sprache – Aufmerksamkeitsumfang und Gestaltwahrnehmung als Bedingungen für die Sprachentwicklung bei Trisomie 21. In: KIDS 21, 44–47.

Down-Syndrom-Kindern, die keine Hörprobleme haben, festzustellen ist. [...] Als Konsequenz des begrenzten Audio-Kurzzeitgedächtnisses sollten neue Informationen nur so weit verbal vermittelt werden, wie es die Auffassungsgabe der Kinder erlaubt. Ein Zahlenmerktest kann dem Lehrer eine ungefähre Vorstellung vermitteln: Z. B. wird es ein Kind mit einer Merkfähigkeit von nur zwei Ziffern als äußerst schwierig empfinden, sich mehr als zwei Informationen, die es nacheinander gehört hat, zu merken und darauf zu antworten.«[6]

Ergebnisse zum eingeschränkten visuellen, auditiven und haptischen Aufmerksamkeitsumfang bei Trisomie 21 liegen vor. Bedeutet das automatisch, dass bei Menschen mit Trisomie 21 auch der kinästhetische Aufmerksamkeitsumfang verkleinert ist?

Tiefensensibilität – die Eigenwahrnehmung des Körpers

»Die Integration der Sinne ist das Ordnen der Empfindungen, um sie gebrauchen zu können. Unsere Sinne geben uns Informationen über den physikalischen Zustand unseres Körpers und über die Umwelt um uns herum.«[7]

So beschreibt die amerikanische Entwicklungspsychologin Anna Jean Ayres (1920–1989) die menschliche Tiefensensibilität. Für die Entwicklung dieser eigenständigen Sinnesqualität prägte sie die Bezeichnung »sensorische Integration«.

Als eigenes Sinnesorgan ist die Körpereigenwahrnehmung eine Entdeckung des ausgehenden 19. Jahrhunderts. Von da an sah man in ihr einen eigenständigen sechsten Sinn, neben Sehen, Hören, Tasten, Riechen und Schmecken. Dehnungsrezeptoren in den Muskeln, auch Muskelspindeln genannt, projizieren ein eigentümliches, auf dem Kopf stehendes »Gehirnmenschlein« in je einer Hirnwulst auf beiden Hemisphären des Großhirns. Diese Sinneskanäle ermöglichen im Zusammenspiel mit dem Gleichgewichtssinn die Eigen- oder Selbstwahrnehmung des Körpers im Raum.

Die Hirnwulst *(Gyrus postcentralis)*, zu der die sensiblen Nervenfasern ihre Impulse senden, befindet sich gleich hinter einer zentralen Furche im Hirnmantel *(Sulcus centralis)* auf beiden Seiten des Gehirns. Infolge der Kreuzung der sensiblen Nervenbahnen im Stammhirn findet sich die linke Körperhälfte

---

6   Bird/Buckley (2000), 48–49.
7   Ayres, A. J. (2002): Bausteine der kindlichen Entwicklung. 3. Aufl. Berlin, 7.

Tiefensensibilität – die Eigenwahrnehmung des Körpers 145

auf der rechten Seite (Hemisphäre) und umgekehrt die rechte Körperhälfte auf der linken Hemisphäre gespiegelt.[8]

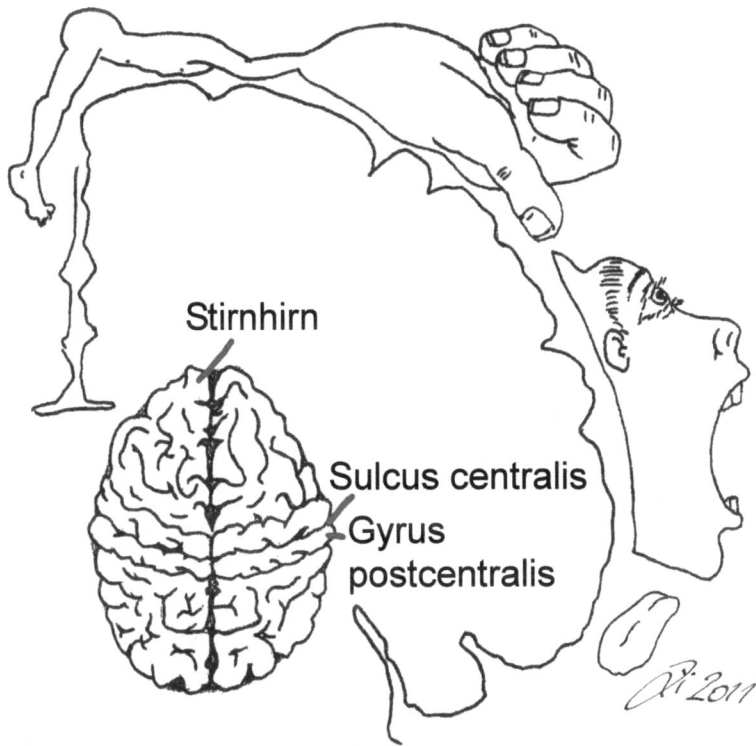

Sigmund Freud (1856–1939) identifizierte 1923 in seinem Artikel *Das Ich und das Es* diesen Teil des Gehirns als Sitz des Ichs.[9] Dazu André Frank Zimpel:

»Die Körperfühlsphäre, wie das Körperselbstbild auch genannt wird, scheint tatsächlich eine Bedingung sowohl für die Körpereigenwahrnehmung als auch für ein kontinuierliches körperliches Ich-Gefühl zu sein. Ein Beispiel ist die befremdliche Empfindung eines ›eingeschlafenen‹ Armes oder Beines. Dieses Gefühl tritt auf, wenn ein Bein oder Arm aus einer unglücklichen Lage befreit wird. Die Nervenbahnen waren so abgeknickt, dass sie eine Weile keine Impulse aus den Muskeln in das Gehirn senden konnten. Dieses

---

8 Zimpel, A. F. (2011a): Sensorische Integration. In: Dederich, M., Jantzen, W. & Walthes, R. (Hg.): Enzyklopädisches Handbuch der Behindertenpädagogik. Band 7: Sinne, Körper und Bewegung. Stuttgart, 239.
9 Freud, S. (1992): Das Ich und das Es. Metapsychologische Schriften. Frankfurt/M., 265–267.

taube Gefühl in Arm oder Bein geht mit der unangenehmen Empfindung eines Fremdkörpers einher. Auch Phantomschmerzen verlorener Gliedmaßen haben ihre Ursache in dem Hirnsystem, das diese Sinnesempfindungen zusammenführt. Es läuft dann, bildlich gesprochen, im Leerlauf weiter.«[10]

Die kinästhetische Aufmerksamkeit ist eine der wichtigsten Voraussetzungen für Imitation. In der Literatur sind die Ansichten über die tatsächlichen Imitationsfähigkeiten von Menschen mit Trisomie 21 gemischt. Systematische Untersuchungen zur Imitationsfähigkeit von Menschen mit Trisomie 21 liegen bisher noch kaum vor.[11]

Umfang der Aufmerksamkeit für Tiefensensibilität

Um Schülerinnen und Schülern mit Trisomie 21 bessere Lernhilfen und Lernangebote anbieten zu können, wären genauere Kenntnisse über die mit dem kinästhetischen Aufmerksamkeitsumfang verbundene Imitationsfähigkeit wünschenswert. Aus diesem Grund entwickelte ich experimentelle Imitationsuntersuchungen, die wir an insgesamt 713 Untersuchungspersonen[12] im deutschsprachigen Raum durchgeführt haben.

Es handelt sich um unterschiedliche Untersuchungsreihen zur Überprüfung der Imitationsfähigkeit, welche aus diversen Imitationsexperimenten bestehen. Diese Imitationsexperimente sind Bewegungsabfolgen, welche wiederum aus einfachen Elementarbewegungen zusammengesetzt sind. Beispiele: Das Drehen oder Klopfen mit den Händen, das Stampfen mit den Füßen oder das Zeichnen von Linien mit einem Stift auf einem Blatt Papier. Es sind Bewegungen, von denen anzunehmen ist, dass sie ab einem Alter von circa fünf Jahren direkt ausgeführt werden können, ohne erst gelernt werden zu müssen.[13]

Diese Bewegungsabfolgen werden den Versuchspersonen per Videoaufnahme über einen Bildschirm oder über einen Beamer präsentiert. Die Bewegungsabfolgen der einzelnen Imitationsexperimente variieren in ihrer Komplexität, die durch die Anzahl der Elementarbewegungen bestimmt wird.

---

10 Zimpel (2013a), Göttingen, 116.
11 Wilken, E. (2010): Sprachförderung bei Kindern mit Down-Syndrom. Stuttgart, 45.
12 326 Personen der Versuchsgruppe (mit Trisomie 21) und 387 Personen der Kontrollgruppe (ohne Syndrom). Das Durchschnittsalter der Versuchsgruppe beträgt 16 Jahre (von 5-56) und dasjenige der Kontrollgruppe 19 Jahre (von 6-55).
13 Die Voraussetzung, an den Untersuchungen teilzunehmen, bestand in der Imitationsfähigkeit und in der Bereitschaft dazu.

Der Zeitpunkt des Imitierens ist je nach Untersuchungsreihe unterschiedlich gesetzt. Bei einigen Untersuchungsreihen besteht die Aufgabe der Untersuchungspersonen darin, die gezeigten Bewegungen im Nachhinein zu imitieren (so lange muss die Bewegung im Gedächtnis behalten werden), und bei anderen sollte

die Bewegung direkt während des Zeigens imitiert werden. Letzteres ist bei der Untersuchungsreihe *Tanzende Hände* der Fall:

Body Percussion

Um zumindest einen kleinen Einblick in die Untersuchungsmethodik zu ermöglichen, stelle ich im Folgenden die Untersuchungsreihe *Body Percussion* vor. Sie besteht aus 20 verschiedenen Imitationsexperimenten. Die zu imitierenden Bewegungsabfolgen bestehen aus folgenden fünf Elementarbewegungen:
1. Die Hand klatscht auf den Oberschenkel derselben Körperhälfte.
2. Der Fuß stampft auf den Boden.
3. Die Hand berührt die Schulter der anderen Körperhälfte.
4. Die Hand klatscht auf den Oberschenkel der anderen Körperhälfte.
5. Das Aussprechen des Wortes »piep«.

Diese Elementarbewegungen sind unterschiedlich kombiniert, um daraus mehrere Imitationsexperimente zu konstruieren, die verschiedene Komplexitätsgrade aufweisen. Es gibt sieben verschiedene Komplexitätsstufen, welche der Anzahl der enthaltenen Elementarbewegungen entsprechen.

Eine Elementarbewegung allein ist der niedrigste Komplexitätsgrad. Ein Imitationsexperiment vom Komplexitätsgrad vier enthält folglich vier Elementarbewegungen:

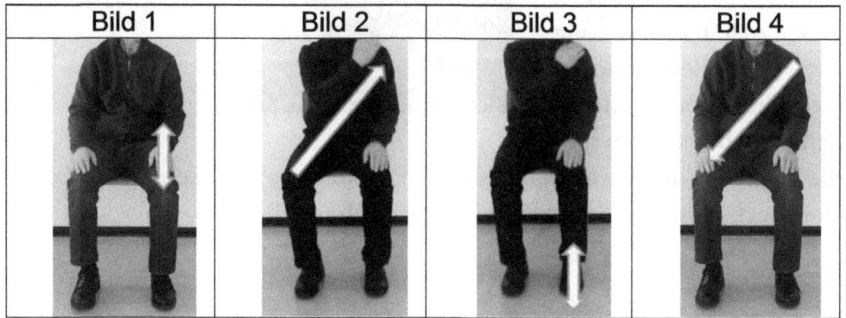

Jedes Bild zeigt mithilfe von Pfeilen eine der vier Elementarbewegungen:
1. Die Hand klatscht auf den Oberschenkel der gleichen Körperhälfte.
2. Die Hand berührt die Schulter der anderen Körperhälfte.
3. Der Fuß stampft auf den Boden derselben Körperhälfte.
4. Die Hand wechselt von der Schulter der anderen Körperhälfte zum Oberschenkel derselben Körperhälfte.

Zu jedem Komplexitätsgrad gibt es bei der Untersuchungsreihe *Body Percussion* mindestens zwei Imitationsexperimente. Die Reihenfolge der Experimente ist standardisiert. Die schweren und leichten Bewegungsabfolgen der Imitationsexperimente wechseln sich dabei ab, um Überforderungsgefühle zu vermeiden. Die schwersten Imitationsexperimente (mit sieben Elementarbewegungen) sind bewusst so schwer gewählt worden, dass sie niemand vollständig imitieren können sollte. Dies war dann bis auf zufällige Treffer auch tatsächlich der Fall. Selbst Bewegungsprofis kamen hier an ihre Grenzen. Dies zeigte sich, als wir die Experimente bei professionellen Musikern, Tänzerinnen und Tänzern erprobten. Um die Untersuchungsreihe mit einem guten Gefühl zu starten und aufzuhören, wurden zu Beginn und am Ende der Untersuchungsreihe ganz leichte Bewegungsabfolgen gewählt.

Gelingende Imitation hängt von der Zahl der Elementarbewegungen ab

Mit diesen Untersuchungen zur Imitation konnte nachgewiesen werden, dass Menschen mit Trisomie 21 auch beim Imitieren von immer komplexer werdenden Bewegungen signifikant früher Schwierigkeiten haben als Menschen ohne Syndrom. Während Letztere erst beim Imitieren von vier Elementarbewegungen an ihre Grenzen stoßen, ist dies bei Menschen mit Trisomie 21 bereits beim Imitieren von zwei Elementarbewegungen der Fall.

Die folgenden Diagramme bilden die Anzahl der Elementarbewegungen des jeweiligen Imitationsexperimentes auf der x-Achse ab. Die Höhe der Säulen gibt Auskunft über die absolute Anzahl der Untersuchungspersonen, denen die fehlerfreie Imitation gelungen ist. Hier sind die Ergebnisse der neurotypischen Kontrollgruppe:

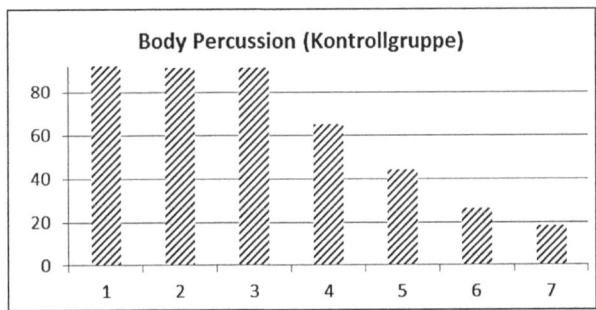

Und hier die Ergebnisse der Versuchsgruppe, Personen mit Trisomie 21:

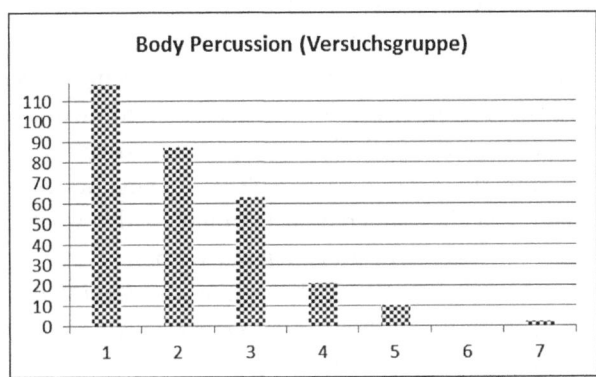

Die von Langdon Down postulierte Imitationsstärke von Menschen mit Trisomie 21 konnte somit nicht verifiziert werden, die Freude am Imitieren jedoch schon. Bei Menschen mit Trisomie 21 liegt auch ein verkleinerter kinästhetischer Aufmerksamkeitsumfang vor.

Die Ergebnisse der Hamburger Aufmerksamkeitsstudie legen nahe, dass bei Menschen mit Trisomie 21 offenbar ein allgemein verkleinerter Aufmerksamkeitsumfang vorliegt.

Dialogisches Lernen erfordert Kreativität

Diese Ergebnisse führen zurück zur Ausgangsfrage dieses Kapitels: Wie hat die Jugendliche mit Trisomie 21 das Jonglieren – welches die Kombination vieler Elementarbewegungen erfordert – gelernt? Über den imitativen Weg allein kann es nicht geklappt haben – dies zeigen die Ergebnisse der Imitationsuntersuchung –, ergo muss sie sich das Jonglieren (so der Umkehrschluss) auch auf kreativem Wege angeeignet haben.

Kreativität und Imitation spielen beim Lernen eine gleichberechtigte Rolle. Mit der Imitationsstudie konnte gezeigt werden, dass Menschen mit Trisomie 21 beim Lernen die kreativen Anteile stärker nutzen, als zuvor angenommen. Daher sollten die kreativen Lernprozesse in pädagogischen Kontexten neben dem Imitationslernen mehr Beachtung finden.

In dem oben genannten Zirkusprojekt haben wir in dieser Hinsicht viele positive Erfahrungen gesammelt. Da wir in diesem Projekt von den Artisten mit Trisomie 21 lernen wollten, wie sie mit einem kleineren Aufmerksamkeitsumfang lernen, hatten wir uns von Anfang an vorgenommen, uns von den Artisten lotsen zu lassen. Dadurch war ihre Kreativität von Beginn an erwünscht.

Eine der ersten pädagogischen Ideen war beispielsweise, die Imitationsbereitschaft und den aktuellen Entwicklungsstand der Artistinnen und Artisten mit Trisomie 21 im gemeinsamen Spiel zu erkunden. Es interessierte uns, wie sie im handlungswissenschaftlichen Kontext auf Bewegungsvorlagen eingehen.

Die ersten Stunden hatten wir dementsprechend so vorbereitet, dass Studierende in die Mitte des Kreises gehen sollten, um eine Bewegung vorzumachen, welche dann von allen anderen nachgeahmt werden würde. Wir hatten angenommen, dass sich die Teilnehmenden mit Trisomie 21 mit großer Freude auf das Imitieren einlassen würden. Daher waren wir recht überrascht, als sich die Artisten direkt nach dem Imitieren der ersten Bewegungsvorgabe meldeten und selbst kreative Bewegungsvorschläge machten, welche alle anderen imitieren sollten.

Für den Rest des Spiels waren wir Anleitenden diejenigen, die imitierten, denn die Artisten wollten alle mindestens eine Bewegung erfinden, die wir nachahmen sollten. Die kreative Ader der Artisten mit Trisomie 21 war nicht zu übersehen. Kürzlich leitete ein Artist mit Trisomie 21 Teile des Trainings an. Derselbe Artist bestreikt in seiner Förderschule (Schwerpunkt: geistige Entwicklung) dagegen regelmäßig den Unterricht durch Sitzstreik auf dem Fußboden.

Doch wir lassen uns beim Zirkusprojekt nicht nur lotsen: Beim Vermitteln der verschiedenen Lernangebote – wie beispielsweise Einradfahren, Kugellaufen, Akrobatik, Menschenpyramiden etc. – berücksichtigen wir auch die Abstraktionsfähigkeit, welche sich – den Aufmerksamkeitsuntersuchungen zufolge – als Stärke von Menschen mit Trisomie 21 erwiesen hat. Im Zirkusprojekt stellen wir immer wieder fest, wie gern die Artistinnen und Artisten unser Angebot abstrakter Zeichen (beispielsweise Bilder, Gebärden und Wortspiele) aufgreifen.

Zusammenfassung

Intrinsische Motivation, Kreativität und Fokussierung der Aufmerksamkeit auf das Wesentliche sind die Stärken, die Menschen mit Trisomie 21 in das Zirkusprojekt einbringen.

Das Wissen um den kleineren Aufmerksamkeitsumfang mit Wirkung auf alle Sinne ist pädagogisch wertvoll. Nachweisen konnten wir ein kleines Aufmerksamkeitsfenster für das Sehen, Hören, Tasten und den Muskelsinn (Kinästhesie). Dieses Wissen sensibilisiert uns beim Training im Zirkusprojekt: Wir stellen fest, dass das Arbeiten in der Zone der nächsten Entwicklung[14] gerade für Menschen mit einem kleineren Aufmerksamkeitsumfang besonders hilfreich ist, weil so gemeinsam ein größeres künftiges Fähigkeitsspektrum eröffnet werden kann.

Das Feedback der Artistinnen und Artisten zeigt uns, dass wir auf dem richtigen Weg sind:

SVENJA: »Ich finde den Zirkus Regenbogen super gut, weil ich ganz viele Sachen ausprobieren kann.«

RAUL: »Zirkus Regenbogen, das find ich cool!«

TIMO: »Mir gefällt Zirkus Regenbogen gut, da habe ich Arbeit gefunden und Leute, die an mich glauben und fördern.«

MIA: »Hallo KIDS, ich hab mich sehr gefreut auf das zirkusprojekt regenbogen und auf die Vorführung. Am ersten juni war die Vorfürung in einem echten zirkuszelt mit Puplikum. Das hat viel spaß gemacht und ich habe erst eine püramiede gemacht und jonliert und bin dann seil gesprungen mit Drehungen und habe mit einem Band getanzt. Am schluss haben alle geklatscht im zirkus regenbogen, Eure MIA«[15]

---

14 Der Begriff »Zone der nächsten Entwicklung« stammt von Wygotski. Er beinhaltet folgende Faustformel: Fähigkeiten, die heute gemeinsam gelingen, werden morgen alleine beherrscht. Wygotski (1977), 259–260.

15 Röhm, A. (2014): Zirkus Regenbogen – ein zweites Mal auf der Bühne. KIDS 30, 42; Röhm, A. (2013): 11 junge Menschen mit Trisomie 21 trainieren mit 10 Studierenden der Universität Hamburg Akrobatik. KIDS 27, 19–21.

VII. Sprechen und Denken
Kim Lena Hurtig-Bohn

Das Fenster zum Kopf eines Kindes

»Sie [die Privatsprache, d. A.] ist nicht eine Begleitmusik, sondern eine selbständige Melodie, eine selbständige Funktion mit dem Zweck der geistigen Orientierung, der Bewusstmachung, der Überwindung von Schwierigkeiten und Hindernissen, die als eine Sprache für den Sprechenden selbst dem Denken des Kindes dient.«
Lew Wygotski (1896-1934)

Sprache ist unser wichtigstes Kulturmittel und Gegenstand unserer Kommunikation. Aber wir nutzen sie nicht nur, um mit anderen zu sprechen, sondern auch, um mit uns selbst zu kommunizieren. Laut, murmelnd oder flüsternd strukturieren wir unser Handeln, als Erwachsene tun wir es zumeist leise und still in unserem Kopf mittels »verbalem Denken«. Im wissenschaftlichen Kontext nennen wir dies auch »Privatsprache« oder »Selbstkommunikation«.

Besonders bei Kleinkindern fällt die Neigung auf, Spiel- und Alltagshandlungen sprachlich zu begleiten. Im Erwachsenenalter werden Selbstgespräche in Form von sprachlichem Denken nahezu durchweg verinnerlicht geführt. In besonderen Situationen greifen aber auch Erwachsene häufig auf die laut geäußerte Form der Privatsprache zurück, weil das hilft, ihr Denken und damit ihre Handlungen zu planen. Dies sind zumeist Situationen, in denen viele Dinge zugleich erledigt werden müssen oder mehrere Personen und Erledigungen zeitgleich unsere volle Aufmerksamkeit einfordern. Oder aber es handelt sich um Momente, in denen wir massiv verärgert sind.

Im Leben von Eltern passiert es allzu oft, dass derartige Situationen entstehen. Die meisten von Ihnen werden dies aus eigenen Erfahrungen rekapitulieren können.

Vor Kurzem konnte ich ein Kind von drei Jahren beobachten, dass drei Kuscheltiere (einen Elefanten, ein Kamel und ein Schaf) vor sich hin stellte und mit ihnen auszudiskutieren schien, welches mit ihm spielen darf. Es argumentierte zuerst mit dem Elefanten:

»Du bist vieeeeel zu groß, du passt nicht in meine Idee. Und du [gemeint war nun das Kamel] gehörst doch in die Wüste, so ein Quatsch. Komm mit, Schafie, wir gehen unser Baby abholen.«

Der weitere Spielverlauf war nun klar, das Schaf durfte mitspielen. Aber was genau tat das dreijährige Kind in diesem Moment?

Es strukturierte sein Spiel und steuerte seine Handlungen. Und bei dieser Handlungssteuerung setzte es ein phylogenetisches Werkzeug ein: das veräußerte verbale Denken[1]. In derartigen Situationen möchten (Klein-) Kinder nicht in erster Linie ihre Umgebung einbeziehen, sie lernen hierbei, sich aktiv an Regeln zu halten.

Ein kleines Mädchen von 2½ Jahren geht durch den Raum und zeigt auf alle Objekte, die es nicht anfassen darf. Dabei monologisiert das Kind:

»Das Telefon dürfen nur Mama und Papa holen, auf den Stuhl darf ich nicht drauf steigen, das ist gefährlich ›ohoh‹, auf das Kaal [Kabel] ist Strom auf, ›ganz gefährlich‹, ›meine Güte‹.«

Diese privatsprachliche Kommunikation führte die Kleine noch länger fort und widerstand so der großen Versuchung, die all diese verbotenen Dinge auf sie ausübten. In der Erziehungswissenschaft sprechen wir in diesem Kontext von Impulskontrolle, Eigenmotivation, Regelverständnis und Handlungsplanung.[2]

Diese wertvollen Lebenskompetenzen entwickeln Kinder besonders in Spielsituationen. Wie die oben angeführten Beispiele zeigen, tun sie dies aus einer natürlichen und intrinsischen Motivation heraus und benötigen somit keine externe Anleitung.[3]

Stirnhirn und Privatsprache

Die Möglichkeit, sich über Sprache zu steuern, beginnt im Kleinkindalter und reift bis zum Erwachsenenalter aus. Physiologisch ist hierfür vornehmlich ein

---

1 Berk, L. (2011): Entwicklungspsychologie. 5. Aufl., München, 311.
2 Walk, L. (2013): fex – Förderung exekutiver Funktionen. Bad Rodach, 9–34.
3 Ebd.

Teil des Zentralen Nervensystems verantwortlich – der präfrontale Kortex (Frontal-Lappen, siehe auch: Das Gedächtnis verteilt sich über das gesamte Gehirn, 47 ff.).

Der präfrontale Kortex, auch Stirnhirn genannt, ist der vordere Teil unseres Gehirns, welcher hinter unserer Stirn zu finden ist. Die Faszination dieser Hirnregion liegt darin, dass sie erst nachgeburtlich reift, zudem bringt sie den Menschen biologisch in eine Sonderstellung, da das Stirnhirn beim Menschen wesentlich größere Ausmaße annimmt als bei jedem anderen Säugetier oder Primaten.[4]

Die Erforschung des Stirnhirns begann durch einen Unfall. Phineas Gage[5], ein Schienenarbeiter aus Vermont, trieb sich bei einem Unfall eine Eisenstange von der linken Augenhöhle durch das Stirnhirn. Dies war im Jahr 1848, und zunächst erstaunte der Unfall die Ärzte, weil der Mann überlebte. Außer dem Verlust seines linken Auges und seiner äußerlichen Unversehrtheit war er physisch schnell genesen. Erst im weiteren Verlauf wurde klar, dass die Verletzung des Stirnhirns ihn zu einem charakterlich vollkommen veränderten Menschen gemacht hatte. Vor seinem Unfall war er umgänglich, kollegial und beliebt gewesen, danach beschrieben die Menschen ihn als »fieses Scheusal«. Er vernachlässigte seine Arbeit, seine Familie und Freunde und endete tragischerweise wenige Jahre nach seinem Unfall als Jahrmarktsattraktion.

Inzwischen gibt es diverse gut dokumentierte Fälle von Stirnhirnläsionen, sie alle belegen eine umfassende Veränderung des Charakters der Betroffenen. Der Neurowissenschaftler Antonio Damasio stellte z. B. einen Fall vor, in dem ein liebevoller Vater mit hoher beruflicher Qualifikation zu einem unstrukturierten, an unwichtigen Details festhaltenden und hohe finanzielle Risiken eingehenden Mann wurde, der für seinen Arbeitgeber und seine Familie eine Belastung darstellte.[6]

Diesbezüglich darf die Entdeckung der Spiegelneuronen im Stirnhirn durch den italienischen Neurophysiologen Giacomo Rizzolatti[7] als bahnbrechende Erklärung dienen. Rizzolatti legte den Grundstein zu der Erkenntnis, dass eine Handlung beim Menschen Hirnareale aktiviert, wobei es egal ist, ob er diese beobachtet oder selber ausführt. Dies war die grundlegende Erkenntnis, um

---

4   Thompson, R. (2001): Das Gehirn. Heidelberg, 36–368; Karnath, H. (2012): Kognitive Neurowissenschaften. Heidelberg, 586–587.
5   Damasio, A. (2000): Descartes' Irrtum – Fühlen, Denken und das menschliche Gehirn. München, 25–43.
6   Ebd., 65–66.
7   Rizzolatti, G. et al. (1996): Premotor cortex and the recognition of motor actions. In: Cognitive Brain Research 3, 131–141.

das Konzept der menschlichen Empathie im Stirnhirn verorten zu können und somit auch eine Erklärung für die Wesensveränderungen von Menschen mit Stirnhirnverletzungen.

Neuere Untersuchungen konnten weitere Funktionen des Stirnhirns ausmachen. Danach ist es an allen Vorgängen der Impulskontrolle, Zukunftsplanung, Handlungssteuerung, Folgenabschätzung und Selbstverantwortung maßgeblich beteiligt. Es wird allein durch diese so genannten »exekutiven Frontalhirnfunktionen« zum sozialsten Teil unseres Zentralen Nervensystems.

Da das Stirnhirn zudem erst nachgeburtlich (postnatal) anfängt zu reifen, ist es auch der sozial und kulturell beeinflussbarste Teil des menschlichen Gehirns. Innerhalb der Ontogenese, also der Entwicklung eines Individuums, spielt die Sprache als kultureller »Wagenheber« der Entwicklung eine bedeutende Rolle für die Reifung des Stirnhirns. Wie bereits der russische Wissenschaftler Lew Wygotski zeigen konnte, verinnerlichen Kinder die Rede von erwachsenen Bezugspersonen. Sie lernen in wiederkehrenden Situationen, indem sie die verinnerlichte Erwachsenenrede imitieren.[8]

Sie geben sich somit selber Anweisungen, wie im angeführten Beispiel des zweieinhalbjährigen Mädchens, das durch den Raum geht und alle verbotenen und gefährlichen Dinge für sich rekapituliert.

Die Privatsprache gibt Eltern, Großeltern, Erziehern, Lehrern und anderen Bezugspersonen nicht nur die Möglichkeit, zu erfahren, mit was sich ein Kind beschäftigt, sondern stellt ein einmaliges Fenster zu den Gedanken des Kindes dar. Nie wieder teilt einem ein Mensch seine Gedanken so ungefiltert mit wie ein Kind, das sein verbales Denken noch nicht verinnerlicht hat. Dies ist eine wertvolle Möglichkeit für Eltern und Bezugspersonen, die Gesetzmäßigkeit des Verstandes zu erkennen. Also nehmen Sie sich zuweilen einen Moment Zeit, und hören Sie zu!

Die Entwicklung der Privatsprache in der Kindheit

Wygotski war Anfang des 20. Jahrhunderts der Erste, der dieses Phänomen untersuchte und das (veräußerte) verbale Denken als entwicklungspsychologisch bedeutend einstufte. Er konnte zeigen, dass das Sprechen des Kindes von Beginn an ein sozialer Akt ist. Dabei ging er davon aus, dass der sprachliche Austausch von Kleinkindern mit ihrem sozialen Umfeld Voraussetzung sei, um

---

8 Wygotski (1977), 39–40, 313–314.

verbales Denken entwickeln zu können.⁹ Der Prozess der Entwicklung des verbalen Denkens durchläuft also vier Stufen:
1. soziale Sprachumgebung,
2. äußere Sprache,
3. Privatsprache,
4. innere Sprache.

Wygotskis Forschungen wurden inzwischen hunderte Male von Wissenschaftlern auf der ganzen Welt belegt und haben nicht an Gültigkeit verloren.¹⁰

Privatsprache wird somit nicht von sozialer Kommunikation abgelöst, vielmehr ist der sprachliche Austausch von (Klein)Kindern mit ihrem sozialen Umfeld eine Bedingung dafür, dass sie eine Privatsprache und sprachliches Denken entwickeln.

»Das Fallen des Koeffizienten der egozentrischen Sprache auf Null für ein Symptom des Rückgangs der egozentrischen Sprache zu halten, wäre dasselbe, wie wenn man die Zeit, in der das Kind aufhört, beim Zählen die Finger zu gebrauchen und vom lauten Rechnen zum Kopfrechnen übergeht, für den Rückgang des Rechnens hielte.«¹¹

Wygotski hat nicht nur das Auftreten und die sich vollziehende Verinnerlichung der Selbstkommunikation erkannt, sondern, und das ist besonders relevant, auch die Funktionen selbiger. Sie war nicht länger ein »lautes vor sich hin Gerede«, sondern wurde zu einem potenziellen Mittel der Selbststeuerung, als das sie heute unter anderem in der Psychologie und Sportwissenschaft regelmäßig eingesetzt wird.

Professionelle Sportler lernen sich durch sprachliche Selbstsuggestion zu motivieren. Wenn sie innerhalb eines Wettkampfes einen Rückschlag erlitten haben, sagen sie sich Dinge, wie »Ich schaffe das!«, »Ich werde heute gewinnen!« oder »Das ist mein Sieg!«. Diese Akte der Selbstkommunikation kann man sogar manchmal bei Fernsehübertragungen von Olympischen Spielen oder anderen sportlichen Großereignissen hören, nämlich genau dann, wenn sie in veräußerter Form stattfinden. Ebenfalls bringen Psychotherapeuten diese Art des bewussten sprachlichen Denkens ihren Klienten bei. Es ist nachweislich hinderlich, sich selber gedanklich klein zu reden, anstatt sich mental wertzu-

---
9 Ebd.
10 Berk (2011), 311.
11 Wygotski (1977), 320.

schätzen und zu unterstützen. Natürlich kann niemand seine Gedanken fortwährend kontrollieren, trotzdem kann das Bewusstmachen der intrapersonellen Selbstkommunikation das Selbstwertgefühl langfristig positiv beeinflussen.

Wygotski konnte zeigen, dass die Entwicklung der Privatsprache zwischen dem dritten und siebten Lebensjahr eine kurvenförmige Entwicklung vollzieht, die ihren Höhepunkt mit dem fünften Lebensjahr erreicht. Später entwickelt sie sich bei einem Großteil der Kinder zunehmend zu einem Murmeln, um in den nächsten Jahren fast ganz verinnerlicht zu werden.

Die Privatsprache in der Pädagogik

Auf der ganzen Welt werden Kinder mit fünf bis sieben Jahren eingeschult, dies ist sicherlich kein Zufall, sondern ein weiteres Indiz für den Zusammenhang von Privatsprache und Stirnhirnreife.[12] Kinder können sich in diesem Alter ohne äußere Kontrolle an Regeln halten und erste Handlungsimpulse kontrollieren, was die Fähigkeit der Verantwortungsübernahme erhöht und sie »schulreif« macht.

Zu Beginn des Schulalters nutzen Kinder die Privatsprache noch zu gut einem Drittel, aber mit sieben bis acht Jahren ist der größte Anteil der Privatsprache verinnerlicht. Sie ist nun in ihrer Funktion eine innere Sprache für den Sprechenden selbst.

Damit schließt sich das Fenster zum Denken des Kindes. Trotzdem bleibt die Privatsprache, man kann sie jetzt eindeutiger als verbales Denken benennen, in ihrer Funktion und Zusammensetzung erhalten. Die Momente allerdings, in denen andere uns beim Denken zuhören können, werden selten.

Vor Kurzem hatte ich einen solchen Moment: Ein Maler kam, um das Badezimmer neu zu streichen, und sprach tatsächlich den ganzen Tag mit sich selbst. Er sprach dabei nur wenig über seine eigentliche Tätigkeit, sondern vielmehr über Probleme mit seinen jugendlichen Kindern, mit der Bank und über Besorgungen, die er noch zu erledigen hatte.

Der Mann nutzte die Zeit der routinierten Tätigkeit, um seinen Gedanken Struktur zu verleihen und konnte seine Arbeit sicherlich mit freierem Kopf beenden.

Obwohl Privatsprache für die Handlungsplanung, Selbstkontrolle und Problemlösung förderlich ist, ist sie in veräußerter Form außerhalb des privaten Rahmens gesellschaftlich nur bei Kleinkindern anerkannt. Das ist bedauerlich,

---

12 Berk (2011), 411.

denn wie man am obigen Beispiel des Malers erkennen kann, stellt sie eine zweckmäßige Strategie dar.

Trotzdem hätte die beschriebene Begegnung auf viele Menschen befremdlich gewirkt; der Grund dafür liegt darin, dass Erwachsene im Allgemeinen ihre Privatsprache intrapersonell nutzen. Zudem verbindet man veräußerte Selbstkommunikation in unseren Kulturkreisen mit Menschen, die an tiefgreifenden psychischen Störungen wie Schizophrenie leiden. Der Privatsprache wurde durch diese Umstände eine negative Trübung beigefügt, die ihr nicht gerecht wird. An der Universität Hamburg forschen wir aus diesen Gründen momentan zu diesem Thema.

Kinder nutzen die Privatsprache nicht nur zur Begleitung von Spielhandlungen, sondern ganz besonders, wenn ihnen Aufgaben gestellt werden, die für sie zwar knifflig, aber lösbar sind. Puzzle-Spiele sind in fast allen Altersstufen durch ihre unterschiedlichen Schwierigkeitsgrade ein gutes Beispiel. Wenn ein Kind, das schon puzzeln kann, ohne in eine Überforderung zu geraten, ein Puzzle bekommt, das es nicht kennt, wird es mit großer Wahrscheinlichkeit anfangen, sein verbales Denken laut zu äußern. »Wo kann das hingehören? Da sind doch die Füße von dem Mann drauf. Nee, der hat ja keine Gummistiefel an. Oh, das passt.«

Die Zone der nächsten Entwicklung

Lew Wygotski beschrieb das »Gesetz der Zone der nächsten Entwicklung«[13]. Diese liegt dort, wo Kinder etwas mit unterstützender Hilfe tun, was sie allein noch überfordern würde. In dieser Zone lernen Kinder am erfolgreichsten, da sie weder über- noch unterfordert werden. Wenn Kinder sich in dieser Zone befinden, neigen sie zudem ganz besonders dazu, ihr verbales Denken zu äußern. Kinder nutzen also die selbststeuernde Rede tatsächlich meistens an schwierigen Stellen von Problemlöseaufgaben. Wygotski wie auch Berk betonen zusätzlich, dass die Rolle des Unterstützenden in diesen Situationen von großer Bedeutung ist. Der Helfer sollte versuchen, eine kompetenzangemessene Unterstützung bereitzustellen *(scaffolding)*[14].

John Hattie, ein neuseeländischer Pädagoge, hat 2013 eine beachtliche Metastudie veröffentlicht. Er hat für die »Visible Learning«-Studie 736 Meta-Analysen, die auf 50.000 Studien mit 250 Millionen Lernenden zurückgreifen, berück-

---
13 Wygotski (1977), 259–260; Berk, L. (2011), 411.
14 Berk, (2011), 312.

sichtigt, um nützliche und hinderliche Faktoren für das Lernen zu identifizieren. Hattie erkennt wirkungsmächtige und unwirksame Einflussfaktoren zu den Bereichen Elternhaus, Lernende, Lehrperson, Schule, Curriculum und Unterricht, wobei sein Schwerpunkt mit 365 Metaanalysen auf dem Unterricht liegt.

Zu der Kategorie *Unterricht* gehört auch das »laute Denken«. Dies zeigt sich mit einer Effektstärke von 0,64 als hoher Einflussfaktor des Unterrichts und hält Rang 18 unter den förderlichen Einflussfaktoren. Hattie konnte mit fundierten Fakten darauf hinweisen, dass das Monologisieren im Kontext des Lernens ein großes Potenzial birgt. Die pädagogische Wirksamkeit der Privatsprache konnte damit erneut unterstrichen werden.[15]

Privatsprache und Trisomie 21

Ausgehend von den repräsentativen Forschungsergebnissen, die an der Universität Hamburg gewonnen wurden, darf von erschwerten Entwicklungsbedingungen im sprachlichen Bereich, unter anderem verursacht durch einen syndromtypischen Hypotonus, ausgegangen werden. Unter Einbezug der experimentell belegten Aufmerksamkeitsbesonderheiten (siehe auch: IV. Neurodiversität und Aufmerksamkeit/V. Aufmerksamkeit und Gedächtnis, 67 f. und 99 f.) bei Trisomie 21 ergibt sich ein fundierter Hinweis auf die besondere Relevanz der Privatsprache.

Es gibt Kinder und Jugendliche, die aus den unterschiedlichsten Gründen erst später anfangen, eine Privatsprache zu nutzen. Dazu gehören auch Menschen mit einer Trisomie 21.

Die englischen Forscher Glenn und Cunningham[16] haben sich im Jahr 2000 mit dem Monologisieren bei jungen Menschen mit Trisomie 21 befasst. Sie haben dazu die Daten von 78 Eltern(paaren) von 17- bis 24-jährigen Menschen mit Trisomie 21 per Interview und Fragebogen erhoben. Ihre Ergebnisse zeigen, dass 91 Prozent der Probanden Privatsprache momentan nutzen oder in der Vergangenheit genutzt haben.

Bei der Untersuchung der Inhalte der Privatsprache zeigte sich unter anderem, dass 35,8 Prozent sie in fantasievollen Spielsituationen gebrauchten. 34,0

---

15 Hattie, J. (2013): Lernen sichtbar machen. Baltmannsweiler, 228, 418.
16 Winsler, A. (2009): Still talking to ourselves after all these years: A review of current research of private speech. In: Private Speech, Executive Functioning, and the Development of Verbal Self-Regulation, Cambridge; Glenn, M. & Cunningham, C.C. (2000): Parent's Reports of Young People With Down Syndrome Talking Out Loud to Themselves. In: Mental Retardation 38, 498–505.

Prozent setzten sie in realen Situationen kontextbezogen ein, und 15,1 Prozent verwendeten sie zur Selbststeuerung und Selbstregulation.

Wie oben angeführt, ist davon auszugehen, dass der Mensch sich fortwährend der verinnerlichten Privatsprache bedient und diese in besonderen Situationen zur Unterstützung der Selbststrukturierung äußert. Davon ausgehend, dass Menschen mit einer Trisomie 21 ein kleineres Aufmerksamkeitsfenster haben, geraten sie schneller in Situationen, in denen ihnen die Privatsprache eine Hilfe sein kann. Sie ist somit eine besonders kluge Kompensationsstrategie.

Die allgemeine Lernförderlichkeit und die Lebenskompetenz erweiternde Funktion der Privatsprache außerhalb des Kleinkindalters wurde bereits wissenschaftlich bewiesen[17] und führt zu dem Schluss, dass die natürliche Nutzung der Privatsprache keinesfalls unterbunden werden sollte.

Die Privatsprache als entwicklungspsychologisch wichtige Quelle zu Kompetenzen wie der Selbststeuerung sollte niemandem genommen werden. Lehrer, Verwandte, Klassenkameraden, Arbeitskollegen und andere Bezugspersonen sollten wissen, dass sie eine der besten Möglichkeiten für intrinsisch motivierte Weiterentwicklung ist.

Neuere Forschungsergebnisse konnten zeigen, dass gehörlose Kinder so genannte »private gestures«[18], also Privatgebärden, nutzen. Dies ist eigentlich nicht verwunderlich, da die Gebärdensprache als vollwertige Sprache auch gleichwertiger Ersatz der Lautsprache ist. Gehörlose Kinder gebärden sogar mit sich selbst vor einem Spiegel und führen auf diesem Weg Selbstgespräche.

Eine Forschung von Rodriguez und Palacios[19] zur *Private-Gestures*-Entwicklung an Kindern mit einer Trisomie 21 konnte zeigen, dass Privatgebärden bei nicht entwickelter Lautsprache ähnlich wie die Privatsprache vorhanden sind und als Vorläufer von Sprache zur Selbstregulation fungieren. Es braucht also nicht unbedingt äußere Lautsprache zur erfolgreichen Selbstregulation. Bei Menschen, die unter der Bedingung von Trisomie 21 leben, kommen Gebärden z. B. in der Frühförderung häufig zum Einsatz.

Die angeführten Erkenntnisse zeigen auf, dass durch die zum Teil verlangsamte Lautsprachentwicklung die eigentliche Sprachentwicklung über Gebärden gefördert werden kann. Und wenn dies geschieht, entwickeln die Betroffenen mit hoher Wahrscheinlichkeit auch eine Privatsprache, ob gestisch oder verbal.

An der Universität Hamburg werden gerade unsere Untersuchungen zu Aufmerksamkeitsbesonderheiten von Menschen aus dem Autismusspektrum

---

17 Winsler (2009).
18 Rodriguez, C. & Palacios, P. (2007): Do private gestures have a self-regulatory function? A case study. In: Infant Behavior & Development 30, 180–194.
19 Ebd.

durchgeführt. Dabei soll eine Grundlagenforschung zeigen, inwiefern Autisten Privatsprache nutzen.

Privatsprache bei Autismusspektrumstörungen

Die Theorien von L. Wygotski wurden in Bezug auf die Privatsprache, wie oben bereits erwähnt, von Wissenschaftlern aus aller Welt stets verifiziert,[20] sodass wir heute modellhaft verkürzt davon ausgehen, dass die äußere Sprache (soziale Sprachumgebung) zur Privatsprache wird, bevor diese dann zu einem verbalen Denken verinnerlicht wird.

Die innere Sprache ist somit ihrer Natur nach von sozialer Herkunft. Dieses Wissen, gepaart mit dem Umstand der »dauerhaften Defizite in der sozialen Kommunikation«[21] von Autisten, ließ Wissenschaftler vermuten, dass die innere Sprache bei Menschen aus dem Autismusspektrum von anderer Qualität oder Zusammensetzung sein könnte.[22] Besonders die soziale Rede ist für Menschen mit Autismusspektrumstörungen problematisch, wenn es der Pragmatik bedarf, um soziale Ziele zu erreichen.

Da Menschen aus dem Autismusspektrum zu sozialer Rede oft weniger leicht Zugang finden, haben sie in der Folge weniger sprachliche Vorbilder zur Verinnerlichung, sodass ihre Privatsprache in ihrer Entwicklung und Zusammensetzung möglicherweise anderen Strukturen folgt.

Bisher gibt es zu diesem Themenkomplex einerseits nur vereinzelte und andererseits einander widersprechende Forschungen.[23]

Die neueste Untersuchung des Forschungsteams um Williams[24] arbeitete mit artikulatorischer Unterdrückung. Es wurden hier zwei Experimente durchgeführt, welche jeweils unter stillen Bedingungen und mit artikulatorischer Störung durchgeführt wurden. Die artikulatorische Störung wurde umgesetzt, indem die Probanden während des Experiments das Wort »Dienstag« oder »Donnerstag« stetig wiederholen mussten.

---

20 Berk (2011), 311.
21 Theunissen, G. (2014): Menschen im Autismus-Spektrum, 24.
22 Winsler (2009, 16–17.
23 Whitehouse, J. et al. (2006): Inner speech impairments in autism. In: Journal of Child Psychology and Psychiatry 8, 857–865; Winsler (2007), 1617–1635; Williams et al. (2012): Inner speech is used to mediate short-term memory, but not planning, among intellectually high-functioning adults with autism spectrum disorder. In: Development and Psychopathology 24, 225–239.
24 Ebd.

Im ersten Experiment wurden den Probanden einsilbige Reimwörter (z. B. Haus, Maus, Laus) und Kontrollwörter (z. B. Schuh, Baum, Hund) für eine Sekunde in Bildformat gezeigt. Hinterher sollten die Probanden die Wörter in richtiger Reihenfolge wiedergeben.

Dabei zeigten die Forscher auf, dass Menschen aus dem Autismusspektrum bei Merkprozessen ihre innere Sprache ebenso nutzten wie die Kontrollgruppe.[25] Dabei blieb allerdings die Frage offen, ob die Versuchsgruppe auf innere Sprache angewiesen ist, wenn sie vor eine strategische Problemlöseaufgabe gestellt wird, ihre innere Sprache also zur Handlungsplanung benötigt.

Hierfür wurde ein bewährtes Planungsexperiment, der »Tower of London«, eingesetzt. Hierbei geht es darum, auf drei verschieden lange Holzstäbe drei Kugeln, einer Vorgabe entsprechend, umzustecken.[26]

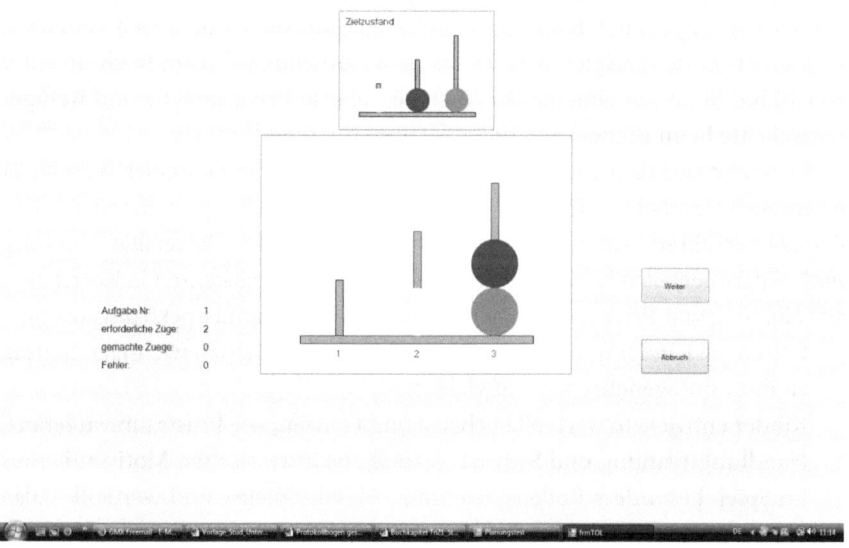

Die Ergebnisse zeigten, im Gegensatz zu dem vorherigen Experiment, signifikante Unterschiede zwischen der Kontroll- und der Versuchsgruppe. Menschen aus dem Autismusspektrum benötigten bei diesem Experiment auch unter den Bedingungen der artikulatorischen Störung nahezu die gleiche Anzahl von Zügen für die Lösung, wobei sie die Aufgabe inhaltlich nicht signifikant schlechter lösten als die Kontrollgruppe. Bei der Kontrollgruppe zeigte die artikulatorische Störung dahingegen einen deutlich negativen Effekt in der Aufgabenbe-

---

25 Williams (2012), 232.
26 Quelle: EnJoiMe Software, Planungstest – Software für neuropsychologische Diagnostik.

wältigung. Williams et al. verweisen damit auf weiteren Forschungsbedarf zur inneren Sprache bei Menschen aus dem Autismusspektrum.

Zusammenfassung

Vor Kurzem sah ich einen 5-jährigen Jungen mit Autismus, der ein Puzzle mit dem Motiv unseres Alphabets legte. Er sang dabei mit gedämpfter Stimme das uns wohl allen bekannte A-B-C-Lied vor sich hin und unterbrach immer bei dem Buchstaben, den er als Nächstes suchen musste. Er strukturierte damit ganz offenbar sein Handeln. Eine Untersuchung des amerikanischen Universitätsprofessors Adam Winsler konnte zeigen, dass Kinder mit Autismusspektrumstörungen sogar mehr auf ihre Privatsprache angewiesen sind als die Kinder der Vergleichsgruppe. Sie taten sich bei Stillarbeit schwerer und lösten Aufgaben langsamer. Zudem zeigten Kinder aus dem Autismusspektrum noch im Alter von 10 bis 18 Jahren eine mehrheitlich veräußerte Privatsprache und weniger Fortschritte beim Prozess von deren Verinnerlichung.[27]

Dies führt uns zurück zu Menschen, die unter der Bedingung einer Trisomie 21 leben; auch sie scheinen davon zu profitieren, Privatsprache später in inneren Dialog zu überführen. Aus diesem Grund suchen wir an der Universität Hamburg nach experimentellen Nachweisen für das Aufmerksamkeitsfenster in Korrelation zur Nutzung von Privatsprache bei Menschen mit Autismusspektrumstörung.

- Lassen Sie Kinder monologisieren, sie leisten damit einen wichtigen Beitrag zu ihrer ontogenetischen Entwicklung.
- Kinder entwickeln wertvolle Lebenskompetenzen, wie Frustrationstoleranz, Handlungsplanung und Selbststeuerung aus intrinsischen Motiven heraus im Spiel, besonders Rollenspiele und »Als-ob-Spiele« sind wertvoll – also lassen Sie Kinder spielen.
- Seien Sie sich bewusst, dass Ihre eigene Rede vom Kind verinnerlicht wird. Bemühen Sie sich, ein positives sprachliches Vorbild zu sein.
- Erkennen Sie die Privatsprache des Kindes als natürliche und intelligente Strategie zur eigenen (Weiter-)Entwicklung an.
- Nutzen Sie die Gelegenheiten, dem Kind beim Denken zuzuhören, Sie werden dabei viel über den Entwicklungsstand und die Denkweisen des Kindes lernen können.
- Denken Sie an die Entwicklungsrichtung der Privatsprache. Zuerst entwickeln Kinder eine äußere sozialkommunikative Sprache, um dann eine Pri-

---

27 Winsler (2009), 17.

vatsprache für sich selbst entwickeln zu können, die im Verlauf der Ontogenese in ein sprachliches Denken mündet.
- Versuchen Sie, mit dem Kind in der »Zone seiner nächsten Entwicklung« zu spielen, und unterstützen Sie es, indem Sie z. B. eine große Aufgabe in mehrere kleine Aufgaben unterteilen, die es dann wiederum allein lösen kann.
- Gebärden sind eine gute Ergänzung zur Lautsprache, sie wirken ihr nicht entgegen, sondern unterstützen die Sprachentwicklung. Scheuen Sie sich also nicht vor Mitteln der Unterstützten Kommunikation.

Sprache und sprachliche Kommunikation sind für die Entwicklung komplexer kognitiver Fähigkeiten von hoher Bedeutung.

VIII. Kognitive Entwicklung und Mathematik
Torben Rieckmann

Trisomie 21 und Mathematik?

»Neunzig Prozent der schulischen Beschäftigung ist Auswendiglernen ohne innere Bekräftigung der Dinge, die wir brauchen, wie Mut, Intuition, Angstbewältigung und Kommunikation, Atemtechniken und Muskelrelaxation. Warum gibt's das nicht als Fach? Diese Dinge würden sich lohnen!«
Käptn Peng[1]

Leen war acht Jahre alt, als er das erste Mal unsere Beratungsstelle an der Universität Hamburg besuchte. Er lebt unter den Bedingungen einer Trisomie 21, und seine Eltern wünschten sich eine mathematische Förderung am Nachmittag, weil er im Mathematikunterricht der inklusiven Grundschule seit geraumer Zeit nicht weiterkam. Bei einem Schulbesuch erklärte mir seine engagierte Lehrerin, dass er große Schwierigkeiten hätte, sich länger als fünf Minuten auf mathematische Inhalte zu konzentrieren. Dieser Eindruck bestätigte sich, als wir gemeinsam mit seinen Unterrichtsmaterialien arbeiteten. Leen lenkte immer wieder vom Geschehen ab und nutzte jede sich bietende Gelegenheit, sein Desinteresse an Mengen und Zahlen zu zeigen. Ich ließ allerdings nicht locker und bekräftigte mein Interesse an den Materialien und Aufgabenformaten. Prompt bat er mich, nach Hause zu gehen. Deutlicher hätte er nicht zeigen können, was er von Mathematik hält.

Ich kenne viele Personen, die Aversionen gegen Mathematik hegen. Irgendwann im Laufe ihrer Schullaufbahn sind sie im Mathematikunterricht nicht richtig mitgekommen und haben den Anschluss verpasst. Der Mathematikunterricht war fortan ein Klotz am Bein auf dem Weg zum Schulabschluss. Doch Leen besuchte die zweite Klasse, weder Schulnoten noch Schulabschluss

---

[1] Shaban & Käptn Peng (2002): Werbistich. In: Die Zähmung der Hydra (LP).

waren für ihn von Bedeutung. Woher kamen sein ausgeprägtes Dessinteresse und sein Vermeidungsverhalten?

Trisomie 21 und Dyskalkulie

Pablo Pineda ist pädagogischer Psychologe und der erste europäische Hochschulabsolvent mit Trisomie 21. Er erlangte darüber hinaus internationale Bekanntheit als Schauspieler und Inklusionsaktivist. Angesprochen auf seine Schulzeit am Gymnasium, moniert er in einem Interview: »Mathe war schrecklich, das Fach ist mir bis heute ein Rätsel.«[2] Pineda begründet seine Abneigung gegenüber dem Mathematikunterricht mit seinen Verständnisschwierigkeiten mathematischer Inhalte.

Vielleicht sind diese auch der Grund von Leens Aversionen? Um mir einen ersten Eindruck über seine mathematischen Fähigkeiten zu verschaffen, führte ich einige Experimente zur Zahlbegriffsentwicklung durch, die in der Aufmerksamkeitsstudie zum Einsatz kamen. Die Überlegungen zur Zahlbegriffsentwicklung stammen vom Schweizer Entwicklungspsychologen Jean Piaget[3] und wurden in den letzten Jahrzehnten vielfach aufgegriffen und weiterentwickelt.[4]

Die Experimente untersuchen, inwiefern die Vorstellung von Zahlen und der dem Zahlensystem zugrundeliegenden Logik bei der Untersuchungsperson entwickelt ist. Dazu werden fünf aufeinander aufbauende Experimente durchgeführt. Nur wenn ein Experiment erfolgreich abgeschlossen wird, folgt das nächste.

Im ersten Experiment werden acht Karten, bedruckt mit den Ziffern 1 bis 8, vor der Untersuchungsperson auf dem Tisch ausgebreitet. Sie wird darum gebeten, die Ziffern in die Zählreihenfolge zu bringen. Die dazu notwendige Fähigkeit, Objekte entsprechend gewisser Kriterien anzuordnen, wird als Seriation bezeichnet.

Im nächsten Schritt werden acht Karten auf den Tisch gelegt, die jeweils einen bis acht ungeordnete Punkte enthalten. Nun wird die Untersuchungsperson darum gebeten, die Punktekarten den Zahlenkarten zuzuordnen. Dadurch wird sichtbar, inwieweit die Person Seriation mit Klasseninklusion, also dem Enthaltensein klei-

---

2   Pineda, P. & Viciano G. (2004): Die unmögliche Karriere. In: FOCUS Magazin 22, 102.
3   Piaget, J. & Szeminska, A. (1975): Die Entwicklung des Zahlbegriffs beim Kinde (Gesammelte Werke, Bd. 3). Stuttgart.
4   Vgl. Moser Opitz, E. (2008): Zählen, Zahlbegriff, Rechnen. Theoretische Grundlagen und eine empirische Untersuchung zum mathematischen Erstunterricht in Sonderklassen (Vierteljahresschrift für Heilpädagogik und ihre Nachbargebiete/Beiheft, Bd. 27, 3. Aufl.). Bern.

nerer Mengen in einer größeren, geistig in Einklang bringt. In einem letzten Schritt werden der Untersuchungsperson nacheinander folgende drei Karten vorgelegt:

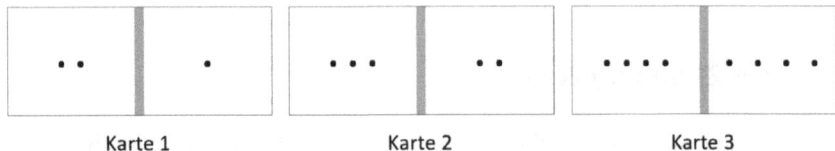

Karte 1   Karte 2   Karte 3

Dabei wird sie jeweils gefragt, auf welcher Seite mehr Punkte zu sehen seien oder ob es sich um gleich viele Punkte handele. Der Untersuchungsperson ist es erlaubt, die Punkte abzuzählen. Sie wird auf diese Möglichkeit aber nicht aufmerksam gemacht. Ist sie der Meinung, dass auf beiden Seiten der letzten Karte gleich viele Punkte zu sehen sind, kann davon ausgegangen werden, dass sie bereits die Fähigkeit entwickelt hat, die Invarianz von Anzahlen zu erkennen. Das bedeutet, dass sie die Größe von Mengen unabhängig von ihrer Darstellung bestimmen kann.

Lassen sich sowohl die Fähigkeit zur Seriation, zur Klasseninklusion wie auch zum Erkennen der Invarianz nachweisen, ist von einem vollständig entwickelten Zahlbegriff im Sinne Jean Piagets auszugehen.[5]

Diese Untersuchung wurde innerhalb der Studie mit 1.284 Personen mit Trisomie 21 und mit 624 Personen ohne Trisomie 21 durchgeführt. Die folgende Grafik zeigt den prozentualen Anteil von Untersuchungsteilnehmerinnen und -teilnehmern einer Altersgruppe mit einem vollständig entwickelten Zahlbegriff.[6]

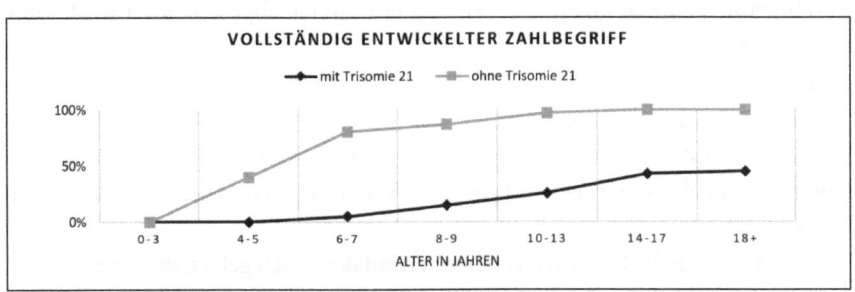

---

5   Um die Belastung der Untersuchung für die Untersuchungspersonen möglichst gering zu halten, haben wir uns bewusst für Piagets Definition des Zahlbegriffs entschieden. Mittlerweile existieren viele Modelle, die auf Piagets Überlegungen aufbauen und diese sinnvoll ergänzen, wie beispielsweise das »Entwicklungsmodell früher numerischer Kompetenzen« von Kristin Krajewski: Krajewski, K., Grüßing, M. & Peter-Koop, A. (2009): Die Entwicklung mathematischer Kompetenzen bis zum Beginn der Grundschulzeit. In: Heinze, A. & Grüßing, M. (Hg.): Mathematiklernen vom Kindergarten bis zum Studium. Kontinuität und Kohärenz als Herausforderung für den Mathematikunterricht. Münster, 17–34.
6   Die Unterschiede sind statistisch hoch signifikant, bei einem Signifikanzwert von 0,05 (Test nach Wald-Wolfowitz).

Im Altersbereich von vier bis fünf Jahren haben bereits 40 % der Untersuchungspersonen ohne Trisomie 21 einen vollständig entwickelten Zahlbegriff. Einen ähnlichen Wert erreichen die Untersuchungspersonen mit Trisomie 21 erst im Altersbereich von 14 bis 17 Jahren.

Während die komplette Gruppe ohne Trisomie 21 ab dem Alter von 14 Jahren einen vollständig entwickelten Zahlbegriff hat, erreicht die Gruppe mit Trisomie 21 einen Spitzenwert von 45 % in der Altersgruppe 18+.

Als ich die Experimente mit Leen durchführte, wurde deutlich, dass er – wie die meisten Untersuchungspersonen mit Trisomie 21 in seinem Alter – noch keinen vollständig entwickelten Zahlbegriff hatte. Meine Hypothese: Leen hat Dyskalkulie (auch: Rechenschwäche). Als ihm im Laufe der ersten und zweiten Schulklasse bewusst wurde, dass er besondere Schwierigkeiten hat, die Bedeutung von Zahlen und die Unterschiede von Mengen zu erkennen, entwickelte er eine Aversion gegen mathematische Inhalte. Deshalb vermied er fortan die Beschäftigung mit Zahlen und Mengen. Dieses Vermeidungsverhalten führte dazu, dass sich die mathematischen Lernschwierigkeiten festigten und die Aversionen mit jeder Mathematikstunde größer wurden.

Damit die mathematische Förderung in unserer Beratungsstelle Erfolg haben konnte, sollte dieser Teufelskreis durchbrochen werden. Dazu beschäftigte ich mich mit den möglichen Ursachen einer Dyskalkulie bei Trisomie 21. Mit der einfachen Begründung, aus einer Trisomie 21 resultiere grundsätzlich eine »geistige Behinderung«, wollte ich mich nicht zufriedengeben. Schließlich hat auch Pablo Pineda nach eigener Aussage mathematische Lernschwierigkeiten. Einen Hochschulabsolventen als »geistig behindert« zu bezeichnen, erschien mir doch sehr paradox.

Bündelung und Superzeichen

Der selbstverständliche Umgang mit Zahlen lässt oft vergessen, dass es sich dabei um eine Konstruktion handelt. Zahlen sind letztlich ein von Menschen entwickeltes und etabliertes Werkzeug, das im Laufe der Jahrtausende immer wieder abgewandelt und verbessert wurde. Um die mathematischen Schwierigkeiten von Menschen mit Trisomie 21 besser zu verstehen, lohnt sich ein Blick auf die Entwicklungsgeschichte unseres Zahlensystems.

Die ältesten Spuren, die auf einen menschlichen Umgang mit Zahlen hinweisen, haben Archäologen in Thüringen bei Bilzingsleben gefunden. Dort wurde in der Ausgrabungsstätte einer Siedlung des Frühmenschen Homo erectus ein etwa 40 cm langer Teil eines Elefantenknochens mit Einkerbungen gefunden. Dieses 370.000 Jahre alte Artefakt gilt als erster Beweis von abstraktem Denken. An seinem spitzen Ende befindet sich ein Bündel mit sieben Kerben. Darauf folgen 14 aufgefächerte Linien. Das andere Ende ist leider ausgesplittert. Die Archäologen spekulieren, dass sich dort ein weiteres Strichbündel aus sieben Gravuren befand. Die insgesamt 28 Kerben stellen möglicherweise einen Mondkalender dar. Fest steht, dass es sich um die grafische Wiedergabe einer gedanklichen Vorstellung handeln muss.[7] Es ist denkbar, dass dieser Knochen nicht als Zählhilfe im engeren Sinne, sondern als Merkhilfe Verwendung fand. Er könnte beispielsweise Hinweise auf die korrekte Durchführung von alltäglichen oder religiösen Handlungen enthalten, die wir heute nicht mehr rekonstruieren können.[8]

Andere prähistorische Funde weisen hingegen auf eine Auseinandersetzung mit den Zahlen als solchen hin. 1937 wurde in Mähren in der heutigen Tschechischen Republik ein Wolfsknochen gefunden, der der mittleren Steinzeit zugeschrieben wird, also 20.000 bis 30.000 Jahre alt ist. Dieser enthält eine Reihe von 55 Kerben, bestehend aus sechs Gruppen von je fünf langen und fünf Gruppen von je fünf kurzen Kerben.[9] Auch sein ursprünglicher Zweck bleibt ungeklärt. Dennoch könnten seine Fünferbündelungen einen ersten Hinweis auf das Zählen mit fünf Fingern darstellen.

Eine gewisse Prominenz erlangte ein Knochen, der in den 1950er-Jahren bei Ausgrabungen nahe der Grenze zwischen Uganda und der Demokratischen Republik Kongo bei dem Dorf Ishango gefunden wurde. Das Alter dieses 10 cm langen Fundstücks konnte durch die Radiokarbonmethode auf 20.000 bis 25.000 Jahre eingegrenzt werden.

Den Knochen, der bisher keinem bekannten Lebewesen zugeordnet werden konnte, zieren mehrere Gruppen von Kerben. Deren Bedeutung gibt den Forschern weltweit ein Rätsel auf, für das mittlerweile zahlreiche Erklärungen gefunden wurden. Vladimir Pletser, technischer Physiker der Europäischen Weltraumorganisation, geht davon aus, dass die Einkerbungen beliebige Zahlen darstellen, deren genaue Bedeutung nicht mehr rekonstruiert werden kann. Für ihn ist der Hintergrund der Zahlen weniger bedeutend als die Darstellung und Bündelung der Zahlen. Laut Pletser zeigt der Knochen von Ishango verschiedene, zur Zeit seiner Bearbeitung konkurrierende Möglichkeiten der Bildung von Bündeln. Experimentiert wurde demnach mit der Vierer- und der Dreierbündelung.

---

7 Mania, D. (2004): Die Urmenschen von Thüringen. In: Spektrum der Wissenschaft 10, 46.
8 Zimpel (2012), 30–31.
9 Wußing, H. & Alten, H.-W. (2009): 6000 Jahre Mathematik. Eine kulturgeschichtliche Zeitreise. Berlin, 10.

Diese Theorie wird durch neueste ethnologische Erkenntnisse gestützt. Sie gilt als die wahrscheinlichste Erklärung für das Rätsel, weil sich die Gegend rund um das Dorf Ishango als Dreh- und Angelpunkt des kulturellen Austausches zwischen dem Norden und Westen Afrikas, Ägyptens und des Mittleren Ostens sowie Indiens und Griechenlands herausgestellt hat. So können heute unter anderem genetische Verbindungen zum griechischen Volk oder die Verbreitung des Fingerzählens mit der Basis 12 von Ishango nach Ägypten und Indien nachgewiesen werden. Der Knochen von Ishango gilt als spektakulärer Fund, da er die ursprüngliche Arithmetik in Zentralafrika verortet und die Verbreitung entlang des Nils nachzeichnet.[10]

Vergleicht man die drei vorgestellten Artefakte, fällt auf, dass sie eine Gemeinsamkeit haben: die Bündelung von Kerben. Der Elefantenknochen von Thüringen bündelt sieben Kerben, der Wolfsknochen aus Mähren fünf und der Knochen von Ishango drei und vier.

Auch in den meisten antiken Zahlensystemen finden sich Formen der Bündelung wieder. In einem beträchtlichen Teil der antiken Kulturen werden die Zahlen ab Fünf anders dargestellt als die Zahlen zuvor. Im Falle der Ägypter, Kreter, Hethiter und Inder werden, ähnlich wie bei den vorgestellten Artefakten, einzelne Einsen aneinandergereiht und ab der Zahl Fünf gebündelt. Antike Zahldarstellungen der Ägypter, Kreter, Hethiter und Inder sahen wie folgt aus[11]:

1	2	3	4	5	6	7	8
				III	III	IIII	IIII
I	II	III	IIII	II	III	III	IIII

Noch heute finden wir in Strichlisten die Fünferbündelung wieder. Während die ersten vier Striche noch aneinandergereiht werden, wird der fünfte Strich quer gesetzt. Wir haben aber eine weitaus effektivere Möglichkeit Anzahlen, Mengen, Rangfolgen und Codes darzustellen: Durch Superzeichen. Bei einem Superzeichen handelt es sich um ein Zeichen für mehrere andere Zeichen.[12] Es fand unter anderem in Zahlensystemen aus dem antiken Griechenland, Südarabien, Kleinasien oder dem der Maya erste Verwendung. Diese Systeme haben gemein, dass auf eine Aneinanderreihung von fünf Einsen verzichtet und stattdessen ein Superzeichen gesetzt wird. Im Punkt-Balken-System der Maya, das

---
10 Huylebrouck, D. (2006): Afrika, die Wiege der Mathematik. In: Spektrum der Wissenschaft Spezial 2, 10–12.
11 Ifrah, G. (2010): Universalgeschichte der Zahlen. Frankfurt/M., 170 f.
12 Zimpel (2012), 36.

seit 500 v. Chr. in Mittelamerika für die Darstellung der Zahlen von 1 bis 19 verwendet wurde, wird die 1 beispielsweise durch einen Punkt dargestellt. Die Darstellung der Zahlen 2 bis 4 erfolgt durch eine Aneinanderreihung dieses Zeichens. Die 5 wird entgegen dieser Systematik allerdings nicht durch fünf Punkte, sondern durch einen Balken dargestellt:[13]

1	2	3	4	5	6	7	8	9	10
•	••	•••	••••	▬	• ▬	•• ▬	••• ▬	•••• ▬	▬ ▬

Das Dezimalsystem, das heute weltweit vorherrschende Zahlensystem, hat im Gegensatz zu dem der Maya ein Stellenwertsystem mit der Basis 10. Dies ist nur möglich, weil neben der 0 und der 1 acht Superzeichen existieren, die für ein Vielfaches von 1 stehen. Eine Vereinfachung der Darstellung von Zahlen findet also nicht erst mit der 5, sondern bereits mit der 2 statt.

Doch warum haben sich Bündelung und Superzeichen entwickelt? Die Antwort darauf liegt im Aufmerksamkeitsumfang der Menschen begründet. Welchen Effekt dieser auf die Wahrnehmung hat, wird im folgenden Selbsttest erfahrbar gemacht:

Anzahlen wie III oder IIII können viele Menschen auf den ersten Blick simultan erfassen. Anzahlen wie IIIII oder IIIII können die meisten Menschen nur durch Nachzählen feststellen. Die Aneinanderreihung von fünf oder sechs Zeichen verschwimmt zu einer größeren Gestalt. Unsere Untersuchungen zeigen, dass sie von der Mehrheit der Menschen nicht simultan wahrgenommen werden kann. Fehlerfrei erkannt werden lediglich ein bis vier Elemente.

In Darstellungen wie III-III oder **6** können die Anzahlen ad hoc wahrgenommen werden, weil Bündelungen und Superzeichen unterstützend wirken. Sie beugen einer Überforderung der Aufmerksamkeit vor, sie sind Aufmerksamkeitsstützen.

Dass in antiken Zahlensystemen häufig bei der 5 gebündelt beziehungsweise ein Superzeichen eingesetzt wird, ist einer »Laune der Natur« zu verdanken und auf die Gestaltung der menschlichen Hand zurückzuführen.[14] Auch die Wahl der Basis 10 im etablierten Zahlensystem liegt in der Beschaffenheit der menschli-

---

13 Cauty, A. (2006): Die Arithmetik der Maya. In: Spektrum der Wissenschaft Spezial 2, 17.
14 Zimpel (2008), 37.

Bündelung und Superzeichen 173

chen Hände begründet.[15] Den meisten Menschen kommt diese Orientierung an der Anzahl der Finger sehr gelegen, weil sie eine Überforderung der Aufmerksamkeit verhindert. Sie ermöglicht es, den Überblick zu behalten, selbst wenn mit Zahlen operiert wird, die eigentlich den Aufmerksamkeitsumfang sprengen.

Doch was hat das mit der mathematischen Förderung von Menschen mit Trisomie 21 zu tun? Unsere Untersuchungen zeigen, dass diese einen verkleinerten Aufmerksamkeitsumfang haben. Von der Fünferbündelung und dem Dezimalsystem profitieren sie demnach nicht so sehr wie andere Personen mit durchschnittlichem Aufmerksamkeitsumfang. Im Gegenteil: Sie werden im Lebensalltag mit einem Zahlensystem konfrontiert, das ihre Aufmerksamkeit überlastet. Stellen Sie sich vor, Sie hätten in der ersten Klasse das Hexadezimalsystem vorgesetzt bekommen. Hier sind die Zahlen des Hexadezimalsystems von 1 bis 50:

1	2	3	4	5	6	7	8	9	A	B	C	D	E	F	10
11	12	13	14	15	16	17	18	19	1A	1B	1C	1D	1E	1F	20
21	22	23	24	25	26	27	28	29	2A	2B	2C	2D	2E	2F	30
31	32	33	34	35	36	37	38	39	3A	3B	3C	3D	3E	3F	40
41	42	43	44	45	46	47	48	49	4A	4B	4C	4D	4E	4F	50

Nach diesem System wären Sie – wie im Dezimalsystem – mit sechs oder sieben Jahren eingeschult worden. Ein Jahr nach Ihrem neunten Geburtstag hätten Sie allerdings Ihren A. Geburtstag gefeiert. Mit E Jahren wären Sie in Deutschland strafmündig, und die Volljährigkeit hätten Sie mit zwölf Jahren erlangt. Probieren Sie es ruhig einmal selbst aus! An welchem Tag im Dezember ist Heiligabend? Wie lange dauerte der Dreißigjährige Krieg? In welchem Jahr fiel die Berliner Mauer?[16] Es ist gar nicht so einfach, sich in einem solch überfordernden System zurechtzufinden. Menschen mit Trisomie 21 haben beim Lernen des Dezimalsystems also einen großen Nachteil. Wie sollte der Schulunterricht darauf reagieren? Ich glaube, mit Offenheit für Aufmerksamkeitsbesonderheiten und individuelle Lernwege.

---

15 Ifrah, G. (2010): Universalgeschichte der Zahlen. Frankfurt/M., 55.
16 Lösungen: 18, 1E, 7C5.

Die Kraft der Fünf

Ein Beispiel für einen verbreiteten Lernweg ist die »Kraft der Fünf«. Insbesondere in der Didaktik des mathematischen Anfangsunterrichts spielt sie eine bedeutende Rolle. Mit dem Ziel, bei Lernenden die Entwicklung mentaler Bilder zu fördern, werden Anschauungsmaterialien entwickelt, die eine Fünferbündelung enthalten.

»Ziel ist also, daß das Kind angesichts gewisser Rechenaufgaben in die Lage versetzt wird, variable Zugänge zur Lösung dann auch ohne Materialunterstützung vor seinem geistigen Auge zu ›sehen‹ und in der Vorstellung mit den Elementen zu operieren.«[17]

Bündelungen ermöglichen ein schnelles Erfassen von Anzahlen. Entsprechen sie einer Regel, die der betreffenden Person bekannt ist, können auch Anzahlen binnen eines Bruchteils einer Sekunde bestimmt werden, obwohl sie nicht simultan erfasst wurden.

Das Prinzip der Kraft der Fünf baut auf diesem Effekt auf. Ein Beispiel ist das Zwanzigerfeld, das es auf unzähligen Kopiervorlagen aus Plastik, Holz oder als App zu erwerben gibt und das Einzug in fast jede Grund- oder Förderschule gehalten hat. Die folgende Darstellung der Aufgabe 6 + 8 = 14 im Zwanzigerfeld verdeutlicht seine Wirksamkeit:

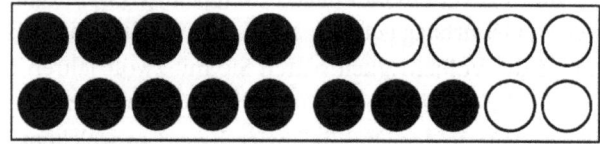

Dargestellt werden zwei untereinander stehende Zehnerreihen, bei denen fünf Elemente jeweils deutlich voneinander getrennt sind. Mithilfe von Wendeplättchen, die auf einer Seite rot und auf der anderen blau sind, können Rechenterme anschaulich visualisiert werden. In dem vorliegenden Beispiel handelt es sich um die Aufgabe 6 + 8. Lernende, denen das Superzeichen einer Fünferreihe bekannt ist, erkennen auf den ersten Blick zwei ausgefüllte Fünferreihen. Haben sie einen durchschnittlichen Aufmerksamkeitsumfang, erkennen sie simultan

---

17 Krauthausen, G. (1995): Die »Kraft der Fünf« und das denkende Rechnen. In: Müller, Gerhard N. & Wittmann, Erich, Ch. (Hg.), Mit Kindern rechnen (Beiträge zur Reform der Grundschule, Bd. 96). Frankfurt/M., 106.

die vier einzelnen Plättchen. Es reicht aus, diese Bündel zu addieren, ein Nachzählen ist nicht notwendig. Die Aufgabe 6 + 8 wird aufgrund der Fünferbündelung in die vermeintlich übersichtlichere Aufgabe 10 + 4 umgewandelt. Die von vielen Pädagoginnen und Pädagogen gefürchtete Zehnerüberschreitung wird auf diese Weise erleichtert.

Neben dem Zwanzigerfeld wird die Kraft der Fünf auch in der Gestaltung weiterer Lernmaterialien berücksichtigt. Dabei werden jeweils fünf Elemente konsequent gebündelt.

Der Mathematikdidaktiker Günter Krauthausen betont, dass die Fünferbündelung ein freiwilliges Angebot an die Schülerinnen und Schüler darstellt.

> »Sie werden eben nicht gezwungen, einen (letztlich willkürlichen!) für verbindlich erklärten Weg einzuhalten. […] Stehen aber viele verschiedene Wege offen, dann kann das Kind selbst entscheiden, welchen es beschreiten möchte.«[18]

Heute ist die Kraft der Fünf fester Bestandteil von Arbeitsheften des Mathematikunterrichts in der Primarstufe. Im Rahmen seiner Bachelorarbeit an der Universität Hamburg hat sich der Student Matthias Heine mit den Lernmitteln im Mathematikunterricht der Primarstufe verschiedenster Bundesländer beschäftigt. Sein Ergebnis: Alle gesichteten Schulbücher und Rechenhefte setzen bei der Zahlbegriffsentwicklung regelmäßig auf die Kraft der Fünf – zu Ungunsten von Schülerinnen und Schülern mit einem verkleinerten Aufmerksamkeitsumfang.[19]

In einem Mathematikunterricht, der das Durcharbeiten von Büchern und Arbeitsheften zum Inhalt hat, ist die Kraft der Fünf kein freiwilliges Angebot mehr, sondern Teil des verbindlichen Lernstoffes. Wenn Aufgabenformate, die sich der Fünferbündelung bedienen, alternativlos sind, besteht die Gefahr, dass Schülerinnen und Schüler mit einem kleineren Aufmerksamkeitsumfang die Bearbeitung dieser Formate auswendig lernen und so auch zu korrekten Ergebnissen kommen, obwohl sie die Rechnung nicht nachvollziehen können. Die Entwicklung mentaler Bilder von Anzahlen und Rechenoperationen wird hierdurch nicht unterstützt.

---

18 Ebd.
19 Heine, M. (2015): Die Bedeutung der »Kraft der Fünf« im mathematischen Anfangsunterricht unter der Bedingung einer Trisomie 21. Masterarbeit an der Universität Hamburg.

Unterrichtsmaterial bewusst einsetzen

Auch Leen arbeitete in der Schule mit der Kraft der Fünf. Ihm wurde zur Veranschaulichung von Rechenaufgaben im Zahlenraum von 1 bis 10 ein Zehnerfeld mit Fünferbündelung zur Verfügung gestellt. Auf seinem Tisch klebte ein Zahlenstrahl mit den Zahlen 1 bis 10 – ebenfalls mit Fünferbündelung. Mit dem Ziel, Leen selbst entscheiden zu lassen, welche Bündelungsformen er nutzen möchte, entschieden seine Lehrerin und ich, auf die Fünferbündelung künftig zu verzichten und ihm stattdessen Materialien ohne vorgegebene Bündelung anzubieten. Aufgaben im Rechenheft, die sich der Fünferbündelung bedienten, ersetzten wir durch Alternativen.

Im mathematischen Einzelunterricht in unserer Beratungsstelle stand die Lösung von Leens Aversionen gegen Zahlen, Rechnen und Mathematik im Vordergrund. Unterrichtsmethoden und Aufgabenformate, die sich an Leens Spielphase in der Zone seiner nächsten Entwicklung orientierten, sollten dafür Sorge tragen, dass Über- und Unterforderung vermieden wurden.[20] Da Leen sich in komplexen Rollenspielen auf Regelabsprachen einließ und sich mit Hilfe an diese halten konnte, konnte davon ausgegangen werden, dass sich das Regelspiel in der Zone seiner nächsten Entwicklung befand. Aus diesem Grund wurden Aufgaben gewählt, die gemeinsame Regelabsprachen ermöglichten. Darüber hinaus wurden Leens Interessen, wie z. B. seine Musikalität, besonders berücksichtigt.

So hat Leen die Zahlenreihenfolge und die Eins-zu-Eins-Zuordnung mithilfe einer Ukulele gelernt. Auf einem Zettel las er, wie oft der Akkord C für das Lied »Bruder Jakob« angeschlagen werden muss. Er spielte den Akkord auf der Ukulele und zählte laut mit.

Besonders viel Freude zeigte Leen am Hohlmaßsystem.[21] Das System besteht aus einer Reihe von mehreren Gefäßen (z. B. Tassen, Messbecher, Eimer) in drei verschiedenen Größen. Ein kleines leeres Gefäß stellt die 0 dar. Ein kleines mit Wasser gefülltes Gefäß die 1. Füllt man zehn der kleinen Gefäße mit Wasser und gießt diese in das nächst größere Gefäß um, ist dieses komplett gefüllt. Der Inhalt von zehn mittelgroßen Gefäßen passt wiederum in ein großes Gefäß. Die Zahl 325 wird beispielsweise durch drei große, zwei mittlere und fünf kleine

---

20 Durch Beobachtung des Spielverhaltens einer Person können Rückschlüsse auf deren kognitive Entwicklung gezogen werden. Detaillierte Informationen zu den Spielphasen und zum Unterricht in der Zone der nächsten Entwicklung finden Sie hier: Zimpel (2014b).
21 Vgl. Zimpel, A. F. (2009): Mia, Max und Mathix. Auf dem Weg zum Zahlbegriff. Göttingen, 27–31.

mit Wasser gefüllten Gefäße dargestellt. Auf diese Weise lernte Leen die Zahlenreihenfolge und das Stellenwertsystem kennen.

Herauszufinden, wie häufig der Inhalt eines kleinen Gefäßes (k) in den eines mittleren Gefäßes (m) hineinpasst, kann als algebraische Aufgabenstellung betrachtet werden: $x \cdot k = m$. Elisabetta Monari Martinez von der mathematischen Fakultät der Universität Padua zeigt, dass Menschen mit Trisomie 21 mit Hilfe der Algebra ihre mathematischen Fähigkeiten verbessern können, selbst wenn sie massive Schwierigkeiten in der Bearbeitung arithmetischer Aufgabenstellungen zeigen.[22]

Als sich Leen das erste Mal mit den Hohlmaßen auseinandersetzte, arbeitete er fast 40 Minuten lang konzentriert und hoch motiviert. Ein großer Erfolg, insbesondere wenn man bedenkt, dass er eigentlich ein ausgeprägtes Vermeidungsverhalten bei mathematischen Lerninhalten zeigte. Das folgende Foto zeigt, wie Leen einer Anzahl gefüllter Becher jeweils eine Zahlenkarte zuordnet:

Bereits nach wenigen Sitzungen hatte Leen die Zahlenreihenfolge der ersten 15 Zahlen verinnerlicht und mithilfe des Hohlmaßsystems eine erste Vorstellung von Mengenunterschieden entwickelt. Der Umgang mit Zahlen machte ihm auf einmal Spaß. Lediglich, wenn Ergebnisse fixiert oder schriftliche Aufgabenformate bearbeitet werden sollten, verlor er zunehmend an Motivation und Interesse und brach letztlich die Bearbeitung der Aufgabe ab. Obwohl sich Leen sehr bemühte, nahm das Aufschreiben häufig so viel Zeit in Anspruch, dass er währenddessen vergaß, was er aufschreiben wollte. Grund hierfür war seine

---

22 Monari Martinez, E. (2002): Learning mathematics at school ... and later on. Down Syndrome News and Update 1, 19–23.

verringerte Muskelspannung (Muskelhypotonie), die häufig mit einer Trisomie 21 einhergeht. Um die Frustrationen, die beim Aufschreiben auftraten, zu verhindern und den Prozess des Aufschreibens zu beschleunigen, wurde ein Ersatzwerkzeug gesucht. Nach erfolglosen Versuchen mit vorgefertigten Karten, die umständlich aufgeklebt werden mussten oder mit Zahlenstempeln, deren Sortierung häufig die Übersichtlichkeit erschwerte, fiel die Wahl auf das Arbeiten mit einem Tabletcomputer. Nach Experimenten mit verschiedenen Apps, die häufig einen zu großen Umfang boten oder nicht reibungslos funktionierten, konzipierte ich eine eigene App. Diese trägt den Namen »Leen« und wurde vom Software-Entwickler Rolf Rieckmann umgesetzt. Sie kann kostenlos bei Google Play (Android) und im App Store (iPad) heruntergeladen werden. Die App ist sehr funktional gehalten, nach dem Start zeigt sie lediglich eine Tastatur im unteren Bereich des Bildschirms. Durch »drag & drop«, also durch Berühren, Ziehen und Loslassen, können die Zeichen der Tastatur in den oberen freien Bereich kopiert werden. Das illustriert die nebenstehende Konzeptzeichnung der App.

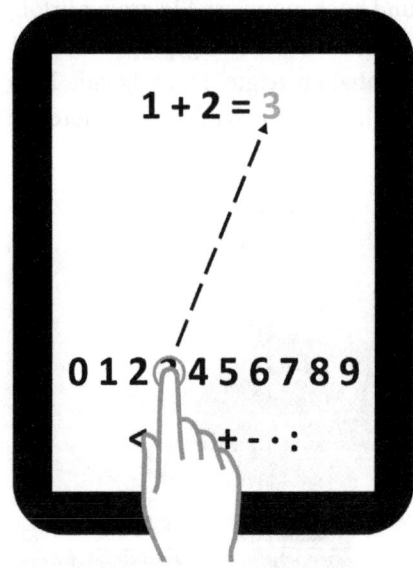

Die App kann als Alternative zum klassischen Schreibheft oder -block verwendet werden. Rechenterme, die mit ihrer Hilfe geschrieben werden, werden nicht auf Korrektheit geprüft. Mithilfe von Screenshots kann alles Aufgeschriebene gespeichert und so im Nachhinein wieder abgerufen werden.

Leen testete die App, machte Verbesserungsvorschläge und setzte sie fortan immer bei Aufgaben ein, in denen Zahlen aufgeschrieben werden mussten. Aufgaben, die er vorher aufgrund des Schreibens ablehnte, führte er nun motiviert durch.

Nach einem Jahr Kooperation mit seiner Schulklasse und dem Einzelunterricht in unserer Beratungseinrichtung führten wir erneut die Experimente zur Zahlbegriffsentwicklung nach Piaget durch. Nun gehörte Leen zu den 15 Prozent der Untersuchungspersonen seiner Altersgruppe mit einem vollständig entwickelten Zahlbegriff. Darüber hinaus schien er seine Aversionen gegen mathematische Inhalte abgelegt zu haben. Die Möglichkeit, Hilfsmengen selbstständig zu bündeln, veranlasste ihn immer häufiger dazu, bei größeren Mengen Zweierbündel zu bilden, um sich einen Überblick zu verschaffen. Der Student Jonas Müller zeigt in seiner Masterarbeit an der Universität Hamburg, dass Mengen, die mithilfe von Zweierbündelungen strukturiert werden, Leen darin unterstützen, Rechenoperationen schneller und häufiger mit korrektem Ergebnis zu lösen. Die App nutzt er hingegen immer seltener, weil er mittlerweile seine Schreibschwierigkeiten überwunden hat und lieber mit dem Stift schreibt.[23]

Diese positiven Erfahrungen zeigen, dass es sich lohnt, Aufmerksamkeitsbesonderheiten zu berücksichtigen und Schülerinnen und Schüler darin zu unterstützen, individuelle Lernwege zu finden und zu bestreiten. Ein Unterricht, der sich auf das Auswendiglernen von Inhalten und Methoden konzentriert, sollte hingegen vermieden werden.

Geeignetes Anschauungsmaterial

Heute kommt Leen nach wie vor regelmäßig zum Mathematikunterricht in unsere Beratungsstelle. Derzeit arbeiten wir im Einzelunterricht an der Zusammensetzung und Zerlegung von Zahlen und an den Differenzen zwischen Zahlen. Dies entspricht der Kompetenzebene III des Entwicklungsmodells früher numerischer Kompetenzen nach Krajewski.[24] Leen muss besondere Anstrengungen zum Verständnis von Anzahlrelationen aufwenden. Dies zeigt einmal mehr, dass unser Dezimalsystem nicht für den Aufmerksamkeitsumfang von Menschen mit Trisomie 21 ausgelegt ist. Bei der Zerlegung von Zahlen tendiert Leen zum zählenden Rechnen – was bei kleinen Mengen erfolgversprechend, wenngleich aufwendig ist.

Die Mathematikdidaktikerin Elisabeth Moser Opitz empfiehlt, operative Beziehungen herzustellen, um die lernende Person vom zählenden Rechnen zu lösen. Mit Hilfe eines Zwanzigerfeldes könnte beispielsweise die Beziehung der Aufgaben 5 + 5 = 10 und 6 + 5 = 11 dargestellt werden. Dazu muss lediglich ein Plättchen ergänzt werden,[25] wie die folgende Grafik illustriert:

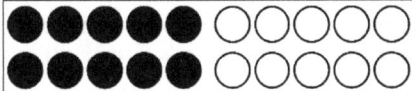 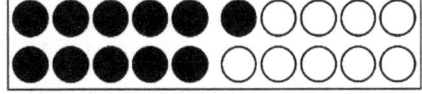

---

23 Müller, J. (2015): Das Spiel als Grundlage eines handlungsorientierten Mathematikunterrichts. Eine systemische Syndromanalyse zur Trisomie 21. Masterarbeit an der Universität Hamburg.
24 Krajewski (2009), 24.
25 Moser Opitz, E. (2008): Zählen, Zahlbegriff, Rechnen. Theoretische Grundlagen und eine empirische Untersuchung zum mathematischen Erstunterricht in Sonderklassen (Vierteljahresschrift für Heilpädagogik und ihre Nachbargebiete/Beiheft, Bd. 27, 3. Aufl.). Bern, 117.

Das Zwanzigerfeld basiert allerdings auf der Kraft der Fünf. Um Schülerinnen und Schüler mit Trisomie 21 darin zu unterstützen, mentale Bilder für Rechenoperationen und operative Beziehungen zu entwickeln, bedarf es einer Darstellungsform, die ihre Aufmerksamkeitsbesonderheiten berücksichtigt.

Leens Präferenz für Zweierbündelungen waren bei der Konzipierung einer geeigneten Darstellungsform ein wertvoller Hinweis. Aber eignen sich Zweierbündelungen, um Mengen wie beispielsweise 10 übersichtlich darzustellen?

Das Problem dieser Darstellung der Anzahl 10 durch Zweierbündel: Zwar können die Zweierbündel jeweils simultan erfasst werden, aber die Übersicht über fünf Zweierbündel sprengt wieder den Aufmerksamkeitsumfang von Personen mit Trisomie 21. Letztlich ist die lernende Person zu einem zählenden Rechnen gezwungen.

Gibt es eine Möglichkeit, die fünf Zweierbündel so darzustellen, dass sie von Personen mit Trisomie 21 auf einen Blick erfasst werden können? Unsere Untersuchungen zeigen, dass der Einsatz von Superzeichen die Simultanerfassung von Mengen ermöglicht, die normalerweise aufgrund des verkleinerten Aufmerksamkeitsumfangs von Personen mit Trisomie 21 nicht benannt werden können.

Dass Superzeichen als eine große Erleichterung wahrgenommen werden, bewies mir auch unsere Praktikantin Teresa Knopp, als ich diese Untersuchungen mit ihr durchführte. Frau Knopp war zu dem Zeitpunkt 19 Jahre alt, sie kommt aus Koblenz und lebt unter den Bedingungen einer Trisomie 21. Ich bat sie darum, Experimente zur Simultanerfassung am Computertachistoskop durchzuführen. In verschiedenen Serien wurden jeweils für die Dauer einer Viertelsekunde Punkte oder Striche gezeigt. Direkt, nachdem eine Anzahl an Elementen gezeigt wurde, sollte Frau Knopp deren Menge einschätzen. In den ersten beiden Serien wurden ungeordnete Punkte und Striche dargestellt. Hier fiel es ihr schwerer als Untersuchungspersonen ohne Trisomie 21, die Anzahl der Elemente zu bestimmen. Als allerdings Würfelpunktbilder des klassischen Spielwürfels gezeigt wurden, konnte sie problemlos die Anzahlen von 1 bis 6 bestimmen. Sie blickte vom Bildschirm auf und sagte: »Die Serie, die ich jetzt mache, geht viel besser als die anderen. Die Punkte gehen nicht so schnell weg wie die anderen.« Meine Anmerkung, dass sich die Darstellungszeit in den verschiedenen Serien nicht unterscheidet, quittierte sie mit einem ungläubigen »Ehrlich? Ich merk das nicht!«. Nach einigen Überzeugungsversuchen glaubte sie mir. Ihr subjektives Zeitempfinden zeigt aber, dass Superzeichen ihr bei der Simultanerfassung einen Vorteil verschaffen. Wie kann dieser Vorteil bei der Entwicklung mentaler Bilder unterstützend umgesetzt werden?

Der Einsatz von Superzeichen im mathematischen Anschauungsmaterial der Sonderpädagogik ist keine Neuheit. Ein Beispiel sind die Kieler Zahlenbilder[26], die die Anzahlen 1 bis 10 mit Superzeichen darstellen. Leider bauen diese Anzahldarstellungen aber nicht aufeinander auf, sodass operative Beziehungen und die Zerlegung von Zahlen nicht dargestellt werden können.[27] Deshalb stehen die Kieler Zahlenbilder im Verdacht, das zählende Rechnen zu fördern.[28]

Um operative Beziehung unter Berücksichtigung der Aufmerksamkeitsbesonderheiten bei einer Trisomie 21 darstellen zu können, habe ich ein System entwickelt, bei dem die Superzeichen aufeinander aufbauen. Die Zahlen von 0 bis 10 werden auf einem Zehnerfeld dargestellt, auf dem Kirschen mit Zweierbündelung platziert werden. So sieht die Darstellung der Anzahlen 0 bis 10 im Mathildr-System aus:

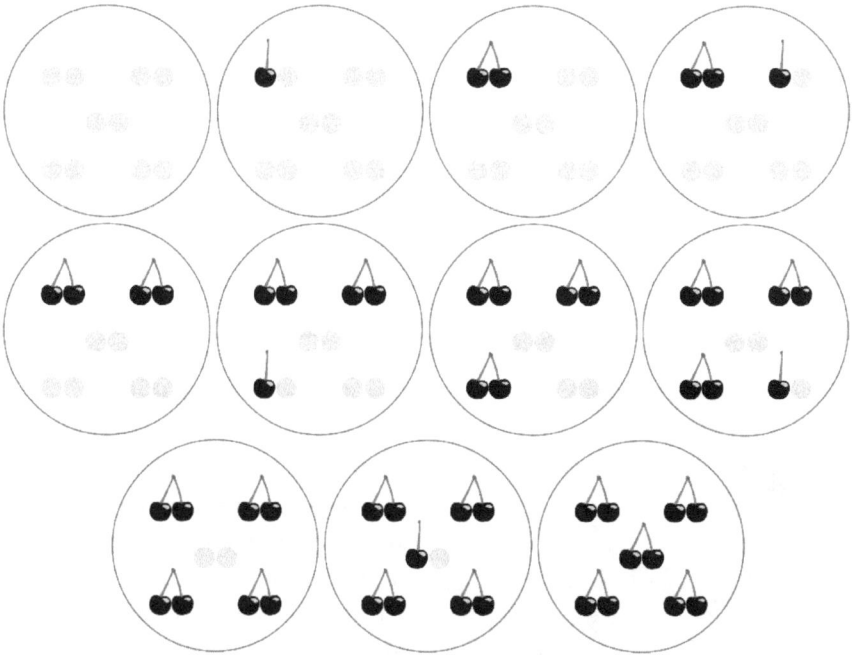

---

26 Rosenkranz, C. (2002): Kieler Zahlenbilder. Ein Förderprogramm zum Aufbau des Zahlbegriffs für rechenschwache Kinder. Kiel.
27 Krajewski/Schneider (2007), 109.
28 Garrote, A., Moser Opitz, E. & Ratz, C. (2015): Mathematische Kompetenzen von Schülerinnen und Schülern mit dem Förderschwerpunkt geistige Entwicklung: Eine Querschnittstudie. In: Empirische Sonderpädagogik 1, 25.

Da zwei Kirschen jeweils an den Kirschstengeln gebündelt werden, können auf einen Blick gerade von ungeraden Zahlen unterschieden werden. Die Darstellung der verschiedenen Anzahlen ist festgelegt und sollte nicht variiert werden. Nur wenn dem System gefolgt wird, können die Anzahlen dank der Kombination aus Zweierbündelung und Superzeichen ad hoc erfasst werden.

Um mit dem Material gewinnbringend arbeiten zu können, muss vorerst diese feste Systematik gelernt werden. Unsere Erfahrungen zeigen aber, dass dies in der Regel keine allzu große Hürde darstellt. Selbst das Auslassen der mittleren Reihe beim Übergang von der 4 zur 5 stellt nach einer kurzen Zeit der Eingewöhnung keine Schwierigkeit mehr dar.

Mithilfe des Systems können einfache operative Beziehungen dargestellt und Zahlzerlegungen thematisiert werden. Für diesen Zweck können die Kirschen in verschiedenen Farben (rot und gelb) dargestellt werden.

So könnte z. B. die Darstellung der operativen Beziehungen der Aufgaben 3 + 2 = 5 und 3 + 3 = 6 aussehen:

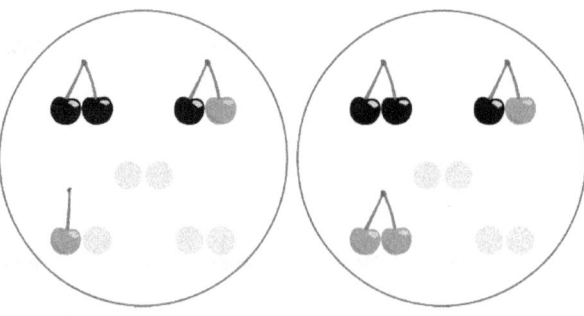

Das Unterrichtsmaterial ist unter dem Namen »Mathildr« (Aussprache: »Matilda«) als App für Tablet-Computer erschienen und kann im App Store (iPad) und bei Google Play (Android) heruntergeladen werden. Innerhalb der App können die Kirschen einzeln oder als Zweierbündel durch einfaches Berühren eines leeren Feldes platziert werden. Das Foto zeigt Leen, der mit einem Prototyp der Mathildr-App arbeitet.

Zusammenfassung

Unter den Bedingungen einer Trisomie 21 stellt das Rechnenlernen eine besondere Herausforderung dar. Die Ursachen dafür liegen im Dezimalsystem, das den Aufmerksamkeitsbesonderheiten bei einer Trisomie 21 nicht gerecht wird. Da es wohl kaum möglich sein wird, das vorherrschende Zahlensystem durch ein anderes zu ersetzen, liegt es an Eltern, Pädagoginnen und Pädagogen, geeignete Lernmaterialien auszuwählen, um Aversionen zu vermeiden.

Lernmaterialien, die die Kraft der Fünf berücksichtigen, orientieren sich am Aufmerksamkeitsumfang eines Großteils der Schülerinnen und Schüler. Menschen mit Trisomie 21 kommen diese Materialien nicht im gleichen Umfang zugute. Die hier vorgestellten Materialien wurden gemeinsam mit Personen mit Trisomie 21 entwickelt und stützen sich auf umfangreiche Untersuchungsergebnisse. Ob sie im Einzelfall geeignet sind, kann nur durch Erprobung herausgefunden werden. Grundsätzlich ist es empfehlenswert, den Schülerinnen und Schülern möglichst viele verschiedene Unterrichtsmaterialien anzubieten und sie frei wählen zu lassen. Ein Unterricht nach Schema F kann vermieden werden, indem ihre Interessen, Begabungen und Aufmerksamkeitsbesonderheiten berücksichtigt werden.

IX. Kommunikation und Emotion
Angela Kalmutzke

Toll, dass ihr ein Kind mit Down-Syndrom habt!

Als Systemische Familientherapeutin war ich bei der Trisomie-21-Studie zusätzlich für Elternberatung zuständig. Der Beratungsbedarf erwies sich als unerwartet hoch. Deshalb regte ich an der Universität Hamburg die Gründung eines Zentrums für Aufmerksamkeitsbesonderheiten (ZAB) an. Regelmäßig besuchen uns nun Kinder, Jugendliche und Erwachsene mit Diagnosen aus dem gesamten Spektrum der Neurodiversität, darunter natürlich auch häufig solche mit der Diagnose »Trisomie 21«.[1]

Besonders beeindruckt hat mich ein Besuch von Eltern mit ihrem 16 Monate alten Sohn in unserer Beratungsstelle. Eine Praktikantin an der Universität Hamburg gratulierte den Eltern: »Ich finde es so toll, dass ihr ein Kind mit Down-Syndrom habt!«

»Ja, das ist ein seltenes Glück!«, antworteten die Eltern mit berechtigtem Stolz.

Was mir an diesem herzlichen Gespräch auffiel, war die Stimmigkeit aller vier Aspekte der Kommunikation:
1. Die sachliche Feststellung, dass sich die Eltern für ihr Kind entschieden haben (Inhalts-Aspekt).
2. Die Selbstoffenbarung, dass sich die Praktikantin positiv mit Menschen identifiziert, die genau wie sie unter den Bedingungen einer Trisomie 21 leben (Ich-Aspekt).
3. Die Beziehungsbotschaft, dass sie die Eltern sympathisch findet (Beziehungs-Aspekt).
4. Der Wunsch, dass die Eltern darauf stolz seien, was diese ja prompt bestätigten (Appell-Aspekt).

---

1 www.ask.uni-hamburg.de/.

Der Psychologe Friedemann Schulz von Thun hat an der Universität Hamburg das Vier-Seiten-Modell der zwischenmenschlichen Kommunikation für den Sender mit »vier Schnäbeln« und den Empfänger mit »vier Ohren« in einem Kommunikationsquadrat zusammengefasst.[2]

Der Idealfall ist, wenn sich alle vier Aspekte im Einklang befinden (wie im eingangs geschilderten Beispiel). Für Menschen mit Trisomie 21 ist das besonders wichtig, weil sie aufgrund ihres verringerten Aufmerksamkeitsumfangs Mitteilungen sowieso nur mit einem oder zwei Ohren empfangen statt mit »vier Ohren«. Da sie auch nur mit »zwei Schnäbeln« statt mit »vier Schnäbeln« sprechen, ist die Kommunikation mit ihnen oft angenehmer als mit einigen neurotypischen Personen, bei denen man nicht immer genau weiß, woran man ist.

Doch auch schon die Kommunikation mit »zwei Schnäbeln« birgt in sich Konfliktpotenzial, wie die Praxis zeigt. Pädagogische Angebote beispielsweise bewegen sich immer in einem Spannungsfeld zwischen Achtung und Bildungs-Optimismus:
- Achte ich eine Person als vollwertigen Menschen (obwohl sie beispielsweise im Erwachsenenalter weder lesen, schreiben noch rechnen kann), stellt jedes Bildungsangebot (zum Lesen, Schreiben oder Rechnen) diese Achtung automatisch infrage.
- In jeder pädagogisch-optimistischen Haltung, dass ich einer Person das Erlernen einer Fähigkeit zutraue, schwingt auch immer eine Missachtung dieser Person in ihrem Sosein mit.

Der Ausweg, den wir im ZAB gefunden haben, besteht darin, Lesen und Schreiben nicht auf den Gebrauch konventionalisierter Schriftsysteme zu reduzieren. Dadurch verändert sich auch die Kommunikation: Man muss einer Person nichts von Grund auf neu beibringen, sondern kann erst einmal das anerkennen, was sie ohnehin schon kann. So werden Achtung vor einer Persönlichkeit in ihrem Sosein und pädagogischer Optimismus zu zwei Seiten einer Medaille.

Wie die tägliche Praxis zeigt, ist das keine Bagatelle: Zu hohe Erwartungen können selbst eine Behinderung der geistigen Entwicklung sein, weil sie das Vergnügen am Lernen nur allzu leicht zerstören. Einmal geweckte Aversionen können gerade bei Kindern mit einer Trisomie 21 nachhaltiges Vermeidungsverhalten provozieren. André Frank Zimpel drückte es in einem Interview für die Sendung *Grenzen überwinden* im mdr-Fernsehmagazin *selbstbestimmt!* so aus:

---

2 Schulz von Thun, F. (2002): Miteinander reden. Störungen und Klärungen. Allgemeine Psychologie der Kommunikation. 36. Aufl., Reinbek.

»Es wäre also fatal, zu sagen: ›Alle Menschen unter den Bedingungen einer Trisomie 21 müssen erst eine Schulkarriere hinlegen wie Pablo Pineda‹, bis wir anfangen, ihnen Respekt zu zollen – sondern umgekehrt: Wir müssten also generell sagen, im Feld des Möglichen aller Kinder unter der Bedingung Trisomie 21 liegt eine Entwicklung, wie sie Pablo Pineda gezeigt hat; aber es gibt noch ganz andere Möglichkeiten, die wir vielleicht noch gar nicht kennen, auf die wir gar nicht kommen. Und, dieses Offenhalten der Entwicklung, finde ich, das verknüpft mit Respekt vor den eigenen Entscheidungen der Personen, das ist das, was gefordert ist.«[3]

Respekt für das Sosein und Zutrauen in die Lernfähigkeit

Dass pädagogischer Optimismus bei gleichzeitigem Respekt vor dem einmaligen und unverwechselbaren individuellen Lernweg eines jeden Menschen immer angebracht ist, zeigt sich für mich besonders eindrucksvoll in dem Lebensbericht des US-amerikanischen Psychiaters Milton H. Erickson (1901–1980). Als Legastheniker, von Geburt an farbenblind und unfähig, Tonmelodien zu erfassen, galt er lange Zeit als geistig zurückgeblieben. Mit einer selbst entwickelten Methode brachte er sich jedoch später das Lesen und Schreiben bei. Er schreibt über seine frühe Kindheit:

»Viele Leute waren besorgt, weil ich schon vier Jahre alt war und immer noch nicht sprach. Ich hatte eine zwei Jahre jüngere Schwester, die sprach. […] Meine Mutter sagte ganz ruhig: ›Wenn die Zeit kommt, wird er sprechen.‹«[4]

Grundlegende Erkenntnisse, die aus der Gefahr einer einseitigen Kommunikation von pädagogischem Optimismus auf Kosten der Achtung von Neurodiversität herausführen, sind:
- Das, was jemand kann, ist nicht nur Abbild einer erfolgreichen Therapie oder Lernmethode, sondern baut immer auf eigenen Entdeckungen und Erfindungen auf.
- Im Verlauf einer Therapie oder einer pädagogischen Unterweisung unterdrücken Personen ihre spontanen Impulse (vorschnell aufzugeben, sich ablenken zu lassen usw.) nicht nur aus Einsicht in die Notwendigkeit, sondern im Idealfall aus Freude am Lernen.

---

3 mdr-Fernsehmagazin *selbstbestimmt!*, letzter Aufruf am 03.11.2015.
4 Erikson, M. H. (2014): Die Lehrgeschichten von Milton H. Erickson. 10. Aufl., Salzhausen, 65.

– Lernende erleben in einem guten Unterricht, dass sie Handlungsfreiheit gewinnen, und dass die Hilfe, die sie heute erhalten, in absehbarer Zeit überflüssig sein wird.

Zimpel schreibt dazu:

»Es ist wie beim Wettlauf von Hase und Igel: Von der Ziellinie aus winkt der heraneilenden biologischen Entwicklung immer schon etwas zu. Dieses Etwas ist im Idealfall eine vorbereitete soziale Umgebung voller Verheißungen und Erwartungen. Darum können es Kinder und Jugendliche oft kaum erwarten, älter zu werden. Damit es bei diesem Wettlauf weder zum Sturz noch zur Hetzjagd kommt, bedarf es natürlich einer bestimmten Lernkultur, in der ein ausgewogenes gegenseitiges Helfen die zentrale Rolle spielt.«[5]

Schon der griechische Komödiendichter Aristophanes (ca. 448–385 v. Chr.) wusste: Menschen bilden, bedeutet nicht, ein Gefäß zu füllen, sondern ein Feuer zu entfachen.

Zu hohe Erwartungen ohne Respekt vor dem Sosein einer Person können selbst eine Behinderung der geistigen Entwicklung sein, weil sie das Vergnügen am Lernen nur allzu leicht zerstören. Einmal geweckte Aversionen können gerade bei Kindern mit einer Trisomie 21 nachhaltiges Vermeidungsverhalten provozieren.

Mit durchaus gut gemeintem Eifer übersehen viele Beratungsangebote, dass eine gelungene Eltern-Kind-Kommunikation auf Stressvermeidung beruht. Kinder gedeihen am besten in einer Atmosphäre der Freude an jedem Entwicklungsschritt, der Geduld für die Eigenzeit des Kindes und dem Vertrauen in plötzliche Entwicklungssprünge. Zukunftsängste dagegen belasten das Verhältnis zwischen Eltern und Kind. Besonders sensibel für Störungen ist die Mutter-Kind-Interaktion während der Schwangerschaft.

Stress während der Schwangerschaft löst langfristig Entwicklungsstörungen bei ungeborenen Kindern aus. Das belegt eine Langzeitstudie an der University of Notre Dame in Australien. An der Studie waren 2.900 Australierinnen beteiligt. Während ihrer Schwangerschaft erlebte ein Teil der Frauen Todesfälle in der Familie, finanzielle Sorgen, Trennungen vom Partner oder ähnlich belastende Ereignisse. Das Team überprüfte vor allem die motorische Entwicklung der Kinder im Alter von 10, 14 und 17 Jahren mit standardisierten Testverfahren. Die Kinder der während der Schwangerschaft gestressten

---

5 Zimpel (2014a), 58.

Mütter zeigten deutlich mehr Defizite in der Stärke des Griffs, dem Sprungvermögen, der Gleichgewichts- und Balancierfähigkeit sowie der Feinmotorik als andere Kinder.[6]

Unter ähnlichen Stress geraten zweifelsfrei auch Paare, wenn man sie infolge einer Pränataldiagnostik (PND) mit dem Befund »Trisomie 21« konfrontiert. Plötzlich verlangt man von ihnen eine Entscheidung über Leben oder Tod eines ungeborenen Kindes.

Auf Leben und Tod

Der Humangenetiker Wolfram Henn sagt zur Diagnose »Trisomie 21«: »[...] diese führt ja nicht zu einer Therapie. Es gibt dagegen keine Tablette und die einzige Therapie dagegen ist der Schwangerschaftsabbruch.«[7]

Vielen ist eben vorher nicht so klar, dass die Folge einer Pränataldiagnostik sein kann, plötzlich in eine Entscheidung zu schlittern – und zwar: über das Leben oder den Tod eines Menschen. Das hat auch Folgen psychischer Art. Es gibt Frauen, die leiden noch Jahre später darunter.

Beispiel: Eine von mir wegen einer Straftat vor Gericht betreute 21-jährige Frau hatte gesundheitliche Probleme in der Schwangerschaft. Sie ließ sich stationär einweisen. Nach einer Pränataldiagnostik erhielt sie die Diagnose »Trisomie 21«.

Aufgrund ihrer komplizierten sozialen Lebenssituation löste die Diagnose bei ihr einen Schockzustand aus. Sie rief mich verzweifelt an und berichtete, dass sie so ein Kind nicht aufziehen könne. Sie sei allein und wisse nicht, ob sie es ertragen würde, ihr Kind ständig im Krankenhaus zu sehen. Man hatte sie informiert, dass das Kind einen schweren Herzfehler habe.

Nach drei Tagen Bedenkzeit begab sie sich in die Klinik. Medikamente bewirkten, dass ihr Kind, ein Mädchen, nach 24 Stunden tot geboren wurde. Sie ließ sich mit ihrer Tochter im Arm fotografieren. Schon am nächsten Tag verließ sie auf eigenen Wunsch die Klinik.

Sie teilte mir mit, dass sie es dort nicht mehr ausgehalten habe und dass sie die Psychologin weggeschickt habe. Sie wollte einfach nur allein sein. Danach

---

6 Grace, T., Bulsara, M., Robinson, M. & Hands, B. (2015): The Impact of Maternal Gestational Stress on Motor Development in Late Childhood and Adolescence: A Longitudinal Study. In: Child Development. DOI: 10.1111/cdev.12449.
7 Henn, W. (2012): Pränataldiagnostik – der große Umbruch. In: nano-Spezial: Diagnose vor der Geburt. Ausstrahlung am 03.07.2012, http://www.3sat.de/mediathek/?mode=play&obj=29110, letzter Aufruf am 01.11.15.

begann ihr Martyrium: Sie bekam heftige Angstzustände und Panikattacken, sie dissoziierte und vergaß ihren eigenen Namen. Dann suchte sie verzweifelt ihr Kind.

Erst nach vier Wochen konnte ich sie davon überzeugen, sich in therapeutische Behandlung zu begeben. Sie hatte nicht gedacht, dass sie so heftig reagieren würde. Sie muss nun intensive Trauerarbeit leisten. In ihren Träumen begegnet sie immer wieder ihrem Kind.

Frauen werden ab dem 35. Lebensjahr mit der Tatsache konfrontiert, dass sie sich entscheiden müssen, ob sie sich und ihr ungeborenes Kind einer Pränataldiagnostik unterziehen wollen oder nicht. Die Gesetzgebung erlaubt straffrei eine Spätabtreibung nach der 12. Schwangerschaftswoche ohne zeitliche Befristung.

In Deutschland ist eine Spätabtreibung gemäß § 218a, Abs. 2 StGB, nur erlaubt, wenn eine so genannte medizinische Indikation vorliegt (gemeint ist eine Gefahr für die körperliche oder seelische Gesundheit der Mutter):

»Auch bei einer medizinischen Indikation ist ein Schwangerschaftsabbruch ›nicht rechtswidrig‹. Sie liegt dann vor, wenn die Mutter die Schwangerschaft oder die Geburt nicht überleben würde oder wenn schwerwiegende Gefahren für die körperliche oder seelische Gesundheit der Mutter nur durch eine Abtreibung und nicht auf andere Weise abgewendet werden können. Ferner ist dieser nicht rechtswidrig im Falle einer kriminologischen Indikation, weil die Schwangerschaft auf einem Sexualdelikt (§§ 176 bis 179 StGB) beruht.«

Bei der medizinischen Indikation gibt es keine Sperrfrist. Eine Abtreibung ist bis zur Geburt möglich. Dazu wurde das »Gesetz zur Änderung des Schwangerschaftskonfliktgesetzes« seit 2010 dahingehend geändert, dass Ärzte nun eine Beratungspflicht haben, wenn sie Fehlbildungen beim Ungeborenen feststellen.

Der Bundestag hat 2009 parteiübergreifend eine Pflichtberatung nach der Diagnose einer Behinderung des Kindes beschlossen. Die Schwangere muss eine dreitägige Bedenkzeit einhalten, bevor ein Abbruch aus medizinischen Gründen möglich ist – außer es besteht Gefahr für das Leben der Frau. Der Arzt muss auf eine psychosoziale Beratungsstelle hinweisen und Aufklärungsmaterial über Abbruchmethoden und ihre möglichen Folgen aushändigen. Die Frauen und Eltern sollen auch über das Leben mit einem behinderten Kind informiert werden. Dafür sollen Kontaktadressen von Selbsthilfegruppen benannt werden. All das muss der jeweilige Arzt dokumentieren.

Ärzte haben also das Recht, nach ihrer subjektiven Ansicht zu entscheiden, ob die Argumente der Frau akzeptabel sind oder nicht. Auch spielt die Art der Behinderung eine große Rolle. Einheitliche Kriterien gibt es für all das nicht.

Spätabtreibung

Einige Kliniken in Deutschland lehnen Eingriffe in die Schwangerschaft völlig ab, andere bieten dies nur bis zur 22. Schwangerschaftswoche an. Je nach Bundesland variiert die Praxis. Bei der Verschärfung der Gesetzgebung ging es überwiegend darum, dass bei einer Spätabtreibung nach der 23. Schwangerschaftswoche ein Fötus als lebensfähig gilt. Frühgeborene können zu diesem Zeitpunkt schon außerhalb des Körpers der Mutter überleben. Dann müssen Geburtshelfer das Kind in einem Brutkasten versorgen. Um der Gefahr vorzubeugen, dass das Kind lebend geboren wird, befürworten einige Ärzte die Tötung des Kindes direkt im Mutterleib (Fetozid), indem Kalium mit einer langen Kanüle durch den Bauch der Schwangeren direkt in das Herz des Kindes gespritzt wird. Kalium ist für den Herzmuskel ein tödliches Gift. So kann das getötete Kind ohne die »Komplikation des Überlebens« entbunden werden.

Das ursprüngliche Ziel der Gesetzesänderung war, den betroffenen Frauen gesetzlich eine bessere psychosoziale Hilfe zu garantieren. Die Bundesvereinigung Lebenshilfe und der Caritas-Verband lobten in der Presse die Änderung, die ihrer Ansicht nach zum »Schutz des ungeborenen Lebens« beiträgt. Pro Familia hingegen kritisierte sie, weil sie für die Frauen keine wirkliche Entscheidungshilfe ist, denn sie würden nun drei Tage lang Angst haben, ob ein Arzt die Indikation für eine Abtreibung ausstellt oder nicht.[8]

In einem Interview berichten Eltern, wie sie die folgenschwere Entscheidung gegen ein Kind mit Down-Syndrom und die Zeit danach erlebt haben. Eine Mutter sagt: »Ihren Sohn sterben zu lassen, war der größte Fehler. Doch ihn leben zu lassen, wäre vielleicht auch falsch gewesen.«[9]

Der behandelnde Frauenarzt gab ihr nach der Diagnoseübermittlung deutlich zu verstehen, dass man da etwas machen könne. Die werdende Mutter war mit einer Lösung des Problems konfrontiert, schon bevor sie es gedanklich erfassen konnte. Dabei hatte ihr ungeborener Sohn schon einen Namen: Luca. Es war bereits ihre zweite Schwangerschaft.

Der Vater von Luca berichtet im Interview von dem Dilemma, dass es für ihn nur zwei falsche Entscheidungsmöglichkeiten gab. Seine Frau wurde von ihrer eigenen Mutter gefragt: »Wann lässt du es wegmachen?«[10]

---

8 TAZ (2009): Bundestag billigt Verschärfung. http://www.taz.de/!5163091/, letzter Aufruf am 06.11.15.
9 Stockrahm, S, Schadwinkel, A. und Lüdemann, D. (2015): Wer darf leben? In: Zeit online:http://www.zeit.de/feature/down-syndrom-praenataldiagnostik-bluttest-entscheidung, letzter Aufruf am 13.05.2015.
10 Ebd.

Solche Erwartungen von außen erzeugen Druck und damit Stress – und das bereits am Ende der 20. Schwangerschaftswoche. Schließlich müssen die Eltern feststellen: »Wir haben ihn getötet. Luca, nicht das Down-Kind, sondern unseren Sohn!«[11]

Das Dilemma einer Spätabtreibung, die nicht zum Tode führt, zeigte der Fall des so genannten »Oldenburg-Babys«. Tim, dessen Mutter sich nicht in der Lage fühlte, ein Kind mit Trisomie 21 auszutragen, wurde 1997 nach einer Spätabtreibung lebend geboren. Nach circa neun Stunden lebte er immer noch. Jetzt erst begann man, ihn medizinisch zu versorgen. Rechtliche Konsequenz für den Assistenzarzt war eine Klage der Eltern von Tim, weil sie über die Möglichkeit, dass das Kind den Schwangerschaftsabbruch in diesem Stadium der Schwangerschaft überleben könnte, nicht informiert wurden. Die Klinik bestritt diesen Vorwurf, weil so etwas zuvor noch nie passiert sei. Weiterhin hat ein Bundestagsabgeordneter der CDU eine Strafanzeige gegen den Arzt erstattet, um zu überprüfen, ob eine korrekte Begründung für den Abbruch der Schwangerschaft bestand. Außerdem verwies er auf den Artikel 3 des Grundgesetzes, dass niemand wegen seiner Behinderung benachteiligt werden darf. Die Ermittlungen der Staatsanwaltschaft gegen den Arzt wegen Körperverletzung mittels einer das Leben gefährdenden Behandlung wurden nach der Zahlung eines Strafbefehls über 13.000 Euro eingestellt. Diesen Strafbefehl hat der Arzt auch akzeptiert.

Heute ist Tim 18 Jahre alt und lebt bei seinen Pflegeeltern. Er hat nach wie vor viele gesundheitliche Probleme, die ihre Ursache sicherlich in der Spätabtreibung haben. Die leibliche Mutter von Tim hat sich sechs Jahre nach seiner Geburt das Leben genommen.[12]

Bei einer Spätabtreibung wird Prostaglandin (als Tabletten oder Gel) in den Gebärmutterhals eingebracht. Anschließend bekommt die Frau eine Infusion, um die Wehentätigkeit zur Ausstoßung des Kindes in Gang zu bringen. Es kommt dabei häufig vor, dass diese Prozedur wiederholt werden muss.

Gründe für eine Spätabtreibung sind der Reihenfolge nach: Herzfehler, Fehlbildungen des Kopfes (Anencephalus) und Spina bifida (offener Rücken). Der mit Abstand häufigste Grund, warum Schwangerschaft abgebrochen werden, ist jedoch eine Trisomie 21. Datenbanken legen nahe, dass 90 Prozent der Embryos, bei denen eine Trisomie 21 diagnostiziert wurde, vor der 24. Schwangerschaftswoche abgetrieben werden.

---

11 Ebd.
12 Guido, S., Guido, B. & Schadt, K. (2015): Tim lebt! Wie uns ein Junge, den es nicht geben sollte, die Augen geöffnet hat. München.

Was bedeutet das für Familien, die sich für ein Kind mit Trisomie 21 entscheiden? Die soziale Matrix für eine wirklich ungetrübte Eltern-Kind-Kommunikation ist alles andere als günstig.

Entscheidung für das Leben

Das Dilemma, das die Pränataldiagnostik aufwirft, ist die Frage: Was wollen wir wissen und was nicht? Da wir in einer Wissensgesellschaft leben, beantwortet sich diese Frage fast von selbst. Das spricht uns jedoch nicht davon frei, zu lernen, mit Wissen verantwortungsbewusst umzugehen.

Verantwortungsvoller Umgang mit Wissen verlangt Perspektivwechsel: Wenn die Gesellschaft diese Kinder als Schadensfall sieht, wie beeinflusst das Eltern, die sich für das Leben ihrer Kinder entschieden haben, und wie das Selbstbild ihrer Kinder?

Pablo Pineda schreibt dazu:

»Die ersten, die einem vertrauen, sind die Eltern, das ist lebenswichtig, denn wenn sie es nicht tun, wie können wir dann von der Gesellschaft verlangen, dass sie es tut?«[13]

Aber auch Eltern sind ein Teil der Gesellschaft. Meine Begegnung mit Hunderten von Eltern und ihren Kindern mit einer Trisomie 21 haben mich mit viel Freude, aber auch vielen Sorgen konfrontiert. Eltern, die sich für das Leben ihres Kindes mit Trisomie 21 entscheiden, durchlaufen nicht selten ein emotionales Auf und Ab.

Der Kampf mit der Bürokratie um die richtige Schule, um Inklusion, Eingliederungshilfe, Akzeptanz, Toleranz, darum, dass ihre Kinder nicht als geistig behindert abgestempelt werden und dass man ihnen etwas zutraut.[14]

Aber schon vor der Geburt, so berichten Paare, die sich für ihr Kind entscheiden, sind sie hin- und hergerissen zwischen Ängsten und Freuden, Zweifeln und Hoffnungen. Sie berichten, wie nach der Freude dann der Schock kam und wie die glückliche Phase der Vorfreude getrübt wurde.[15]

---

13 Pablo, P. (2013): Herausforderung Lernen. Ein Plädoyer für die Vielfalt. Zirndorf, 26.
14 Ehrhardt, K. (2015): Henri: Ein kleiner Junge verändert die Welt. München.
15 HIER UND HEUTE (2015): Eine Entscheidung fürs Leben. Planet Wissen (2014): Diagnose Down-Syndrom – Und dann? WDR-Sendung vom 21.02.2014, http://www.planet-wissen.de/videoplanetwissendiagnosedownsyndromunddann104.html, letzter Aufruf am 04.11.15.

»Ipek ist 40 Jahre alt und wünscht sich zusammen mit ihrem Mann Mustafa seit Jahren ein Kind. Endlich klappt es, aber als Ipek im fünften Monat schwanger ist, diagnostizieren die Ärzte: Ihr Kind wird Trisomie 21, das Down-Syndrom, haben. Als sie am Telefon von der Diagnose erfährt, ist es ›wie ein Schlag in den Magen‹, berichtet Ipek. Aber die Bindung zu dem Kind in ihrem Bauch ist schon so stark, dass sie gemeinsam mit ihrem Mann gleich in der ersten Nacht eine Entscheidung trifft. ›Wir wollen dieses Kind‹, sagt Mustafa voller Überzeugung.«[16]

Eltern, die schon im fünften Monat die Diagnose erhielten, müssen sich erst einmal der Tatsache bewusst werden. Auch wenn sie das wie einen »Schlag in die Magengrube« erleben, schließt es das Glücksgefühl, ein Kind zu bekommen, keinesfalls aus.

Mit dem Thema Genetik berühren wir die Substanz unseres Daseins. Genetische Untersuchungen sind in der Regel freiwillig wie die Pränataldiagnostik. Niemand muss das Erbgut seines Nachwuchses vor der Geburt bewerten lassen. Auch aus medizinischer Perspektive ist die Genanalyse nicht zwingend notwendig. Schon hier stehen Eltern vor einer schwierigen Entscheidung.

Humangenetiker stellen fest, dass etwa jedes 30. neugeborene Kind in irgendeiner Weise krank oder behindert ist. Dieses so genannte Basisrisiko ist sehr willkürlich und umfasst z. B. auch eine operierbare Lippenspalte.

Die meisten Behinderungen sind vor der Geburt nicht erkennbar. Sie kommen durch Infektionen, Sauerstoffmangel, Frühgeburten oder auch Drogenmissbrauch der Mütter während der Schwangerschaft zustande.[17]

Sicherheit kann also eine vorgeburtliche Untersuchung nur vortäuschen. Sie ändert aber die Kommunikation über Schwangerschaft im Allgemeinen und Menschen mit Trisomie 21 im Besonderen. Die Freude auf ein Kind wird durch Wertverschiebungen in der sozialen Matrix getrübt oder auch zerstört.

Soziale Matrix

Auch die soziale Matrix der menschlichen Kommunikation beruht auf einer genetischen Grundlage, wie der Psychologe und Anthropologe Michael Toma-

---

16 Pfahl, M. & Waldmann, P. (2013): Gott und die Welt: Wir wollen dieses Kind – Diagnose Down Syndrom. ARD-Sendung am 21.03.2013. http://programm.ard.de/TV/daserste/gott-und-die-welt--wir-wollen-dieses-kind---diagnose-down-syndrom/eid_281069652731612, letzter Aufruf am 04.11.15.
17 Henn, W. & Meese, E. (2007): Humangenetik: Wissen, was stimmt. Freiburg/B., S. 71.

sello mit Vergleichsuntersuchungen zwischen menschlichem und tierischem Verhalten belegt:

»In den Monaten um ihren ersten Geburtstag herum, noch bevor sie ernsthaft mit dem Spracherwerb beginnen, fangen die meisten Kleinkinder in der westlichen Kultur an, Zeigegesten zu verwenden, wobei es einige Belege dafür gibt, dass es sich hier um ein über die Kulturgrenzen hinweg weitverbreitetes, wenn nicht universelles Muster handelt.«[18]

Tomasello belegt kommunikative Zeigegesten bei Kindern schon im Alter von elf bis vierzehn Monaten.[19] (Ein Verständnis für Zeigegesten haben nur Tiere, die eine lange Koevolution mit dem Menschen durchlaufen haben, wie z. B. Hunde und Ziegen.)

»Schon 1-jährige Kinder (14.–18. Monat) helfen ohne vorherige Übung fremden Erwachsenen in vielfältigerer Weise als erwachsene Schimpansen: Sie heben beispielsweise heruntergefallene Gegenstände auf, wenn die Person, die diese aufheben will, nicht heranreicht, öffnen verschlossene Schranktüren, wenn die Person, die etwas in den Schrank legen will, keine Hand mehr frei hat, beseitigen Hindernisse, korrigieren Fehler usw. Schmeißt jemand jedoch etwas absichtlich zu Boden oder tritt mutwillig gegen eine Tür, bleibt ihre Hilfsbereitschaft aus. Kleinkinder haben also ein angeborenes Grundverständnis für Situationen, in denen Menschen einander helfen können.«[20]

Diese angeborene Tendenz von Menschenkindern zum spontanen Helfen lässt sich durch Belohnung nicht steigern. Im Gegenteil: Kinder, die fürs Helfen belohnt werden, helfen in späteren Situationen seltener.[21]

Tomasello erklärt die genetische Basis für die soziale Matrix menschlicher Kommunikation wie folgt:

»Da die kulturelle Organisation des Menschen von derjenigen anderer Tiere so verschieden ist, da das Aufziehen von Tieren innerhalb eines kulturellen Kontextes diese nicht durch ein Wunder in menschenähnliche Kulturwesen verwandelt und da es Menschen mit biologischen Ausfallerscheinungen

---

18 Tomasello, M. (2009): Die Ursprünge der menschlichen Kommunikation. Frankfurt/M., 123.
19 Ebd., 126–127.
20 Zimpel (2014a), 37–38.
21 Warneken, F. & Tomasello, M. (2008): Extrinsic Rewards Undermine Altruistic Tendencies in 20-Month-Olds. In: Developmental Psychology 44/6, 1785–1788.

gibt, so dass sie an ihren Kulturen nicht im vollen Sinne teilhaben, ist die Schlussfolgerung unausweichlich, dass Menschen eine biologisch vererbte Fähigkeit zur kulturellen Lebensform besitzen. Diese Fähigkeit, die ich als Fähigkeit zum Verstehen der Artgenossen als intentionale und geistbegabte Akteure beschrieben habe, kommt ab dem Alter von etwa neun Monaten zum Tragen [...].«[22]

Im Aufmerksamkeits-Computer-Labor (ACL) an der Universität Hamburg konnten wir bei Kindern mit Trisomie 21 ebenfalls eine spontane Tendenz zur Interpretation von Zeigegesten und zum Helfen nachweisen. Allerdings scheint ihr kleinerer Aufmerksamkeitsumfang ihnen in verschiedenen Situationen im Wege zu stehen.

Das zeigte sich unter anderem in Experimenten, in denen die spontane Hilfe darin besteht, eine andere Person zu informieren, z. B. darüber, wo eine Wasserflasche hingestellt wurde oder wie ein Spielzeughase funktioniert. Die Ergebnisse zeigen,

»[...] dass die Kinder mit Trisomie 21 insbesondere in den Situationen zum Informieren von Sprache profitieren. Dies konnte ebenfalls durch die Auswertung der Untersuchungen bestätigt werden. In den deutlich komplexeren Szenarien [...] reichte die Zeigegeste als Abstraktionshilfe nicht mehr aus. Es hat sich herausgestellt, dass die Kinder mit Trisomie 21 in diesen komplexen Situationen häufiger erst nach einer sprachlichen Beschreibung oder einer direkten verbalen Aufforderung informiert haben.«[23]

Im Vergleich mit neurotypischen Kindern ist die Zeigegeste für Kinder mit Trisomie 21 zu wenig. Ihre Neigung zur Abstraktion zeigt sich darin, dass sie oft erst dann helfen, wenn zu der Zeigegeste auch noch eine sprachliche Formulierung dazu kommt. Für inklusive Lernsituationen ist das von großer Bedeutung:

»Um Missverständnisse zu vermeiden, kann es beispielsweise für neurotypische Kinder bedeuten, dass sie ihren Mitschülern mit Trisomie 21 bewusst helfen, indem sie ihre Anliegen, Wünsche etc. deutlicher herausstellend sprachlich begleiten. Da in unserer Studie Menschen mit Syndrom mehr

---

[22] Tomasello (2006), 74.
[23] Giehl, M. (2015): Helfen und Informieren: Eine vergleichende Studie zwischen neurotypischen Kindern und Kindern mit Trisomie 21 unter besonderer Berücksichtigung der Laborbedingungen. Masterarbeit Universität Hamburg, 62.

von der direkten sprachlichen Aufforderung profitieren, können andersherum auch sie selbst konkretere sprachliche Aufforderungen einfordern.«[24]

Die Fähigkeit zum Hineinversetzen in unterschiedliche Rollen bildet auch folgendes Experiment sehr gut ab. Es geht ursprünglich auf Heinz Wimmer[25] vom psychologischen Institut der Universität Salzburg zurück:

Dazu benötigt man zwei Handpuppen, beispielsweise Kasper und Großmutter. Der Kasper legt eine Rassel in seinen Koffer und verlässt den Raum. Nun legt die Großmutter die Rassel aus dem Koffer in eine Schachtel. Die Frage lautet: »Wo wird der Kasper, wenn er wiederkommt, seine Rassel wohl zuerst suchen, im Koffer oder in der Schachtel?«[26]

Die Antwort mit gelingendem Perspektivwechsel lautet: Der Kasper sucht im Koffer. Die Antwort »in der Schachtel« ist ein Zeichen für fehlenden Perspektivwechsel.

Gemeinsam mit Zimpel konnte ich in verschiedenen Experimenten zeigen, dass etwa die Hälfte erwachsener Personen mit Trisomie 21 bei diesem Experiment mit dem Perspektivwechsel überfordert ist. Nach sprachlicher Erläuterung des Problems korrigieren jedoch viele ihre Lösung und lösen sie dann auch in Zukunft über den Perspektivwechsel.

Einige Studien kommen zu dem Ergebnis, dass Menschen mit einer Trisomie 21 eine geringere Emotionserkennungsleistung haben. Die Ursachen könnten allerdings auch in den bisher verwendeten, hauptsächlich computergestützten Untersuchungsmaterialien zu suchen sein.[27]

Eine Untersuchung im Schreibworkshop beim Magazin *Ohrenkuss – da rein, da raus* während eines Besuchs bei der Redaktionssitzung in Bonn mit »Ekman-Faces« *(Pictures of Facial Affect),* gekoppelt mit einer Auswertung von »Trostbriefen« und transkribierten Audiodateien mit Parametern wie »Perspektivübernahme, Zuversicht spenden, Hilfe anbieten und Abstraktionsgrad« kam zu dem Ergebnis, dass der Abstraktionsgrad der Äußerungen von Menschen mit Trisomie 21 erstaunlich hoch war. Die Unterschiede in den anderen Parametern zwischen neurotypischen und Personen mit Trisomie 21 blieben eher unscharf:

---

24 Riepshoff, M. A. (2015): Helfen und Informieren: eine vergleichende Studie zwischen neurotypischen Kindern und Kindern mit Trisomie 21 unter besonderer Berücksichtigung von Tomasellos Theorie. Masterarbeit Universität Hamburg, 53.
25 Wimmer, H., & Weichbold, V. (1994): Children's Theory of Mind: Fodor's Heuristics Examined. In: Cognition 53, 45–57.
26 Zimpel (2013a), 128.
27 Kalde, L. (2015): Die Untersuchung der Emotionserkennungsfähigkeit bei Erwachsenen mit und ohne Down-Syndrom. Masterarbeit Universität Bremen, 16.

»Vielmehr erschien das Auftreten und die Formen, wie Empathie gezeigt wurde, als heterogen und inter- sowie intraindividuell unterschiedlich. Es wurden aber deutliche Unterschiede im Sprachgebrauch beider Gruppen erkennbar.«[28]

Menschen mit Trisomie 21 nehmen also schon im Kleinkindalter aktiv an der sozialen Matrix teil. Soziale Zeichensysteme, wie z. B. Gebärden und gesprochene Wörter, intensivieren die Teilhabe. Mit zunehmendem Alter wächst ihr Bewusstsein für ihre Position in dieser sozialen Matrix. Viele entwickeln sehr feine Antennen für Stressfaktoren, die ihre Eltern belasten, und später auch dafür, welche Willkommenskultur für sie bei Verwandten und Bekannten, in Kindergärten und Schulen, in der Medien- und Arbeitswelt herrscht. Dies bleibt selbstverständlich nicht ohne Folgen für ihr Sozialverhalten.

Verhaltensprobleme von heute, Persönlichkeitsstörungen von morgen?

Die Einstellung Langdon Downs zu seinen Patienten gilt als von »großer Sympathie«[29] geprägt. Dies war wohl auch der Fall, wenn er sich sanft resignierend über ihre Dickköpfigkeit beklagte:

»Ob es sich um die Frage des Besuches der Kirche, der Schule oder um einen Spaziergang handelt, Umsicht wird häufig der bessere Teil des Heldenmutes sein, indem keine Anweisungen gegeben werden, die dem beabsichtigten Ungehorsam zuwiderlaufen und somit den Anschein der Autorität wahren, während man im Grunde genommen geschlagen ist.«[30]

Zu Recht fordert die Sonderpädagogin Eta Wilken, dass Verhaltensweisen »[...] nicht vorschnell syndromspezifisch interpretiert werden [...].«[31] Stattdessen

---

28 Elisabeth, I. (2015): (Von) Angesicht zu Angesicht. Down-Syndrom und Empathie. Eine qualitative Erhebung zur Entwicklung weiterer Fragen im Forschungsfeld. Masterarbeit Universität Bremen, 98.
29 Pies (1996), 104.
30 Down, J. L. H. (1887): Über einige Geisteskrankheiten der Kindheit und Jugend als Lettsomian Vorlesungen. In: Pies, N. J. (1996): Ein Pionier der Sozialpädiatrie – John Langdon Haydon Langdon-Down (1828–1896). Eine illustrierte Lebensbeschreibung mit einer Übersetzung der Lettsomian-Vorlesung. Karlsruhe, 145.
31 Wilken, (2008), 43.

regt sie an, Verhalten als Ergebnis entsprechender Erziehungs- und Sozialisationsbedingungen zu verstehen.

Trotzdem findet man in der Literatur immer wieder Hinweise auf Verhaltensbesonderheiten, die auch Symptome bestimmter Persönlichkeitsstörungen sind. Mit Beginn des Erwachsenenalters können sich bestimmte Persönlichkeitseigenschaften, Verhaltensweisen oder Charakterzüge als so verfestigt erweisen, dass die davon Betroffenen selbst oder andere Personen darunter leiden.

Die WHO (World Health Organisation) definiert Persönlichkeitsstörungen als »[...] tief verwurzelte anhaltende Verhaltensmuster, die sich in starren Reaktionen auf unterschiedliche persönliche und soziale Lebensbedingungen manifestieren.«[32]

Persönlichkeitsstörungen sind nicht direkt auf eine Erkrankung des zentralen Nervensystems zurückzuführen. Sie treten meist bei Kindern oder Jugendlichen in Erscheinung und verfestigen sich während des Erwachsenenalters. Sie betreffen sowohl Denken, Emotionen und Willen als auch die Kommunikation und das Sozialverhalten.

In der Einteilung gibt es Unterschiede zwischen ICD-10 (Internationale statistische Klassifikation der Krankheiten und verwandter Gesundheitsprobleme) und DSM-5 (diagnostischer und statistischer Leitfaden psychischer Störungen). Beiden gemeinsam ist jedoch die Unterscheidung in drei Hauptgruppen von Persönlichkeitsstörungen (PS):

1. sonderbar exzentrisches Verhalten:
   - ICD-10: paranoide PS (F60.0) und schizoide PS (F60.1)
   - DSM-5: zusätzlich schizotypische PS
2. dramatisch emotionales Verhalten:
   - ICD-10: emotional instabile PS vom Borderline-Typ oder vom impulsiven Typ (F 60.3), histrionische PS (F60.4) und dissoziale PS (F60.2)
   - DSM-5: Borderline-PS, histrionische PS, antisoziale PS und narzisstische PS
3. ängstlich vermeidendes Verhalten:
   - ICD-10: ängstliche PS (F60.6), abhängige PS (F60.7), anankastische PS (F60.5) und passiv-aggressive PS (F60.8)
   - DSM-5: selbstunsichere PS, dependente PS, zwanghafte PS und auch die passiv-aggressive PS

---

32 Dilling, H., Mombour, W., Schmidt, M. H. & Schulte-Markwort, E. (1994): Internationale Klassifikation psychischer Störungen: ICD-10, Kapitel V (F). Bern.

Persönlichkeitsstörungen äußern sich in unflexiblem, unangepasstem und unzweckmäßigem Verhaltensweisen, die nicht nur in einer bestimmten Situation auftreten. Bei Personen mit Trisomie 21 werden solche Verhaltensweisen oft erwähnt:

Z. B. wird in der Literatur immer wieder ein ausgeprägtes Vermeidungsverhalten bei Personen mit Trisomie 21 beschrieben, das schon im Kindesalter beginne.[33] Wenn sich dieses Symptom im Erwachsenenalter manifestiert, könnte es ein Hinweis auf eine der Persönlichkeitsstörungen (PS) der 3. Gruppe (ängstlich vermeidendes Verhalten) sein, insbesondere auf die ängstlich vermeidende, aber vielleicht auch auf die dependente (abhängige) Persönlichkeitsstörung.

Zimpel illustriert den emotionalen Erklärungsansatz in Lehrveranstaltungen mit folgender Abbildung:

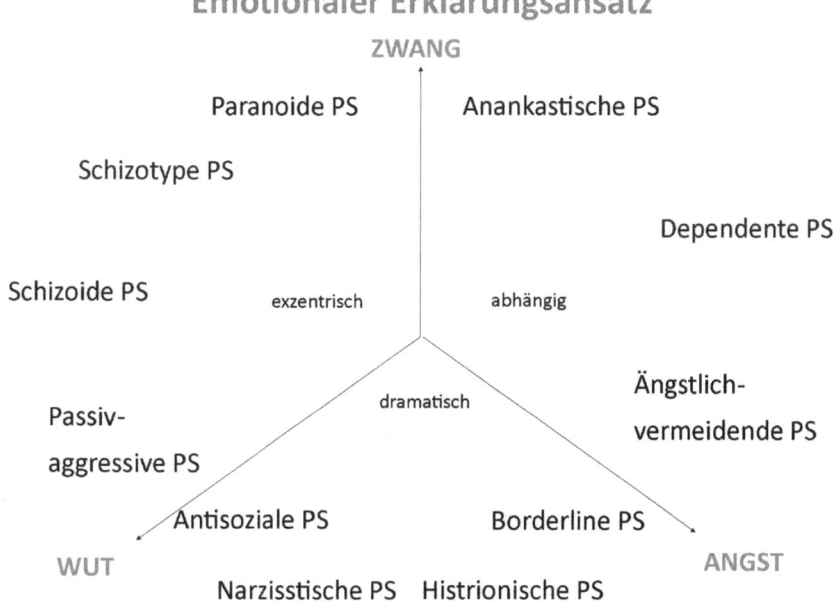

Der emotionale Erklärungssatz geht davon aus, dass sich ängstlich-abhängige Persönlichkeitsstörungen aus nicht kontrollierbaren Ängsten und Zwängen entwickeln.

---

33 Rauh, H. (1996): Kleinkinder mit Down-Syndrom: Entwicklungsverläufe und Entwicklungsprobleme. In: Horstmann, T. & Leyendecker, Ch. (Hg.): Frühförderung und Frühbehandlung – wissenschaftliche Grundlagen, praxisorientierte Ansätze und Perspektiven interdisziplinärer Zusammenarbeit. Heidelberg, 132.

Andere Beobachtungen heben den Rückzug von Personen mit Trisomie 21 hervor, selbst bei geringen Schwierigkeiten. Die Entwicklungspsychologin und Sonderpädagogin Jennifer Wishart von der University of Edinburgh, Scotland, beobachtete, dass

»[…] die Kinder Fähigkeiten und Techniken, die sie schon beherrschen, nicht effektiv in neuen Lernsituationen einsetzten, sie kaum Initiative ergriffen, um ein Problem zu lösen, sie beim Nicht-Gelingen häufig sofort aufgaben, sie, auch bei guten Ergebnissen, nach zwei Aufgaben nicht mehr bereit waren, weiterzumachen.«[34]

Im Erwachsenenalter könnten sich diese Symptome zu einer der Persönlichkeitsstörungen verfestigen, die zur ersten Gruppe (sonderbar exzentrisches Verhalten) gehören. Ich denke da besonders an die schizoide Persönlichkeitsstörung, die ja gerade durch sozialen Rückzug und Unempfindlichkeit gegenüber Lob und Tadel gekennzeichnet ist. Unkontrollierbare Wut, gepaart mit häufiger Überforderung und Kränkung, können auf die Dauer solche Störungen des Verhaltens verursachen.

Aber man findet in der Literatur auch Hinweise auf theatralische Auftritte, mit denen schon kleine Kinder mit Trisomie 21 ihre Eltern um den Finger wickeln.[35] Dieses Verhalten könnte sich im Erwachsenenalter zu einer Persönlichkeitsstörung verfestigen, die zur zweiten Gruppe (dramatisch emotionales Verhalten) der Persönlichkeitsstörungen gehört. Passend wäre z. B. die histrionische Persönlichkeitsstörung.

Doch Vorsicht! Schon der Philosoph und Psychiater Karl Jaspers (1883–1969) wies auf Probleme hin, die Diagnosen von Persönlichkeitsstörungen aufwerfen:

»Menschlich aber bedeutet die Feststellung des Wesens eines Menschen eine Erledigung, die bei näherer Betrachtung beleidigend ist und die Kommunikation abbricht.«[36]

Dass eine Persönlichkeit gestört sei, beschreibt nur ihre Erscheinung, nicht aber ihr Wesen! Will man das Wesen eines Menschen verstehen, kommt man nicht um Muster der zwischenmenschlichen Kommunikation herum. Das ist z. B. im

---

34 Wishart, J. (2007): Soziales Verständnis – Eine Stärke oder Schwäche bei Down-Syndrom? In: Leben mit Down-Syndrom 54, 14.
35 Wishart, J. (1996): Die schwierige Art des Lernens: Vermeidungsstrategien bei kleinen Kindern mit Down-Syndrom. In: Leben mit Down-Syndrom 21, 10–21.
36 Jaspers, K. (1913): Allgemeine Psychopathologie. Berlin, 365–366.

systemischen Ansatz der US-amerikanischen Psychoanalytikerin Virginia Satir (1916–1988) der Fall. Sie gilt als Gründerin der Familientherapie (auch »Mutter der systemischen Familientherapie« genannt) und hat in ihrer Praxis festgestellt, dass die meisten Probleme in Familien damit zusammenhängen, dass der Selbstwert der Menschen gestört ist.

Selbstwert fördern

Ein Arzt fragt eine Mutter bei der Begrüßung, noch im halbdunklen Flur: »Und was ist mit Ihrer Tochter? Welche Diagnose?« Eingeschüchtert durch den barsch klingenden Ton antwortet die Mutter: »Hannah ist geistig behindert!«
»Das will ich nicht wissen«, versetzte daraufhin der Arzt, »ich brauche die genaue Diagnose. Was hat ihre Tochter?«
Die Mutter antwortete traurig und etwas ängstlich geworden: »Sie hat eine Mikrozephalie!«
Während der Behandlung begann der Arzt von seinem eigenen Sohn zu erzählen, einem Kind mit Trisomie 21: »Entschuldigen Sie«, sagte er dann nachdenklich, »dass ich vorhin so ungeduldig reagiert habe. Aber unsere Kinder sind nicht ›geistig behindert‹. Sie können es gar nicht sein, weil es so etwas wie ›geistige Behinderung‹ nicht gibt. Sie haben, wie alle Menschen mit Behinderungen, Schaden genommen an ihrem Leib. Mag das Organ, das von den Schädigungen betroffen ist, auch unter anderem das Gehirn sein – dann kann man das ganz genau sagen. Auch das gibt aber niemandem das Recht, unsere Kinder ›geistig behindert‹ zu nennen!«[37]

Satir hätte diese Antwort gefallen, denn Kinder registrieren sehr wohl, wenn sie von Ärzten und Therapeuten defizitär betrachtet werden. Sie spüren sehr genau, was das bei ihren Eltern bewirkt.

»Nachdem ich 30 Jahre lang Tausende von menschlichen Interaktionen miterlebt hatte«, berichtet Satir, »entdeckte ich bestimmte offensichtlich universelle Muster in der Art und Weise, wie Menschen untereinander in Beziehung treten. […] Als ich mich intensiver damit beschäftigte, begann ich zu erkennen, dass das Selbstwertgefühl leichter erschüttert wird, wenn

---

37 Fallenstein, M. (1996): Geistigbehinderte gibt es nicht! In: Zusammen 2, 32.

der Mensch nicht wirklich ein festes und von Hochschätzung getragenes Gefühl seines eigenen Wertes entwickelt hat.«[38]

Sie fragt: »Kennen Sie Ihre inneren Gefühle, wenn Ihr Selbstwertgefühl angegriffen ist?« Und beantwortet diese Frage für sich selbst:

»Wenn mir das passiert, bekomme ich einen Kloß im Magen, meine Muskeln verkrampfen sich, ich merke, wie ich meinen Atem anhalte, und manchmal fühle ich mich schwindelig. Während all dies geschieht, merke ich, dass meine Gedanken in einem Selbstwert-Dialog kreisen, den ich mit mir selbst halte. Die Worte sind Variationen von ›Wer macht sich was aus mir? Ich bin nicht liebenswert! Ich kann nie irgendetwas richtig machen! Ich bin ein Nichts!‹ Worte, die diesen Zustand beschreiben, sind: verlegen, ängstlich, unfähig. Was ich dann sage, mag ganz verschieden sein von dem, was ich fühle oder denke. Wenn ich glaube, dass der einzige Weg aus meinem Dilemma darin besteht, mich entsprechend darzustellen, damit mein Gegenüber denkt, dass ich liebenswert und so weiter bin, werde ich alles das sagen, was ich dafür als hilfreich ansehe. Es wäre egal, ob es wahr ist oder nicht. Wichtiger ist mein Überleben, und das habe ich in die Hände meines Gegenübers gelegt.«[39]

Stellen Sie sich Personen vor, die nahezu täglich in Situationen wie diese geraten! Es wäre ein Wunder, wenn diese Menschen mit der Zeit keine Persönlichkeitsstörungen entwickeln würden.

Satir unterscheidet vier Reaktionsmuster, um mit solchen Situationen fertigzuwerden:
1. das Beschwichtigen, um Nähe zu erhalten,
2. das Anklagen, um Sicherheit und Dauer zu gewährleisten,
3. das Rationalisieren, um Distanz zu gewinnen,
4. das Ablenken, um einen Wechsel der Situation zu bewirken.

Der kommunikative Ansatz zur Erklärung von Persönlichkeitsstörungen geht von der Verfestigung einer oder mehrerer dieser vier Reaktionsweisen aus. Zimpel illustriert den kommunikativen Erklärungsansatz in Lehrveranstaltungen mit folgender Abbildung:

---

38 Satir, V. (2007): Selbstwert und Kommunikation. Familientherapie für Berater und zur Selbsthilfe. 19. Aufl., 67.
39 Ebd., 67–68.

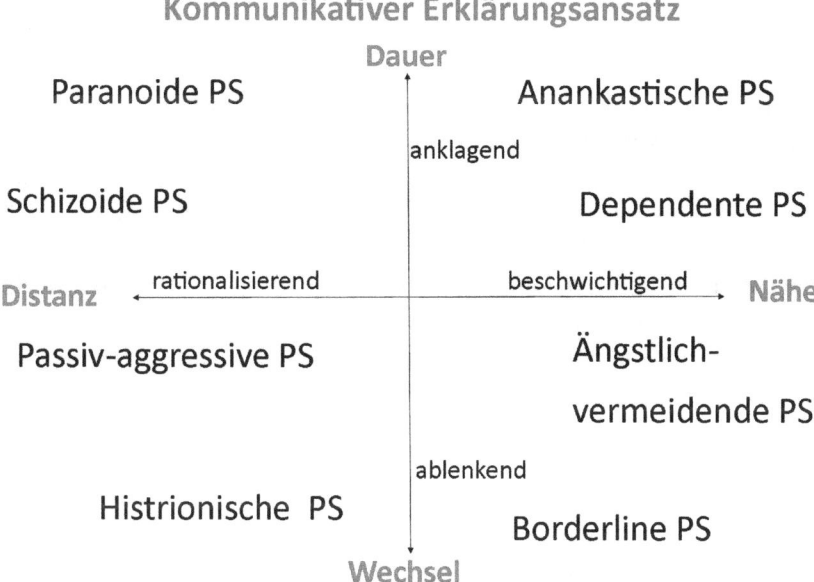

Warum sind Menschen mit Trisomie 21 besonders gefährdet, solche Reaktionsweisen zu Charaktereigenschaften zu verfestigen?

Erstens, weil sie über die soziale Matrix der menschlichen Kommunikation ein Übermaß an Signalen zu verarbeiten haben, die potenziell ihr Selbstwertgefühl angreifen können. Zweitens, weil ihr kleinerer Aufmerksamkeitsumfang es ihnen erschwert, bei der Kommunikation zugleich auf den Kontext, das Gegenüber und die eigene Person zu achten.

Ungünstig sind in jedem Falle Angriffe auf das Selbstwertgefühl, etwa in der folgenden Art:
- »Dräng dich nicht immer in den Vordergrund!«, »Denk nicht immer nur an dich!« – Das fördert die Verfestigung beschwichtigender Reaktionsweisen.
- »Sei kein Angsthase!«, »Du Feigling!« – Das fordert die Verfestigung anklagender Reaktionsweisen heraus.
- »Komm, sei lieb zu mir, du bist doch mein Baby!«, »Ach, wie süß du bist, wenn du dich ärgerst!« – So zwingt man jemandem das verzweifelte Rationalisieren als Lebenshaltung auf.
- »Hast du wieder schlechte Laune!«, »Hab dich nicht so!« – Damit erreicht man, dass sich ablenkende Reaktionsweisen manifestieren.

Wie die Erfahrungen in unserer Beratungsstelle (ZAB) zeigen, ist es nicht einfach, wenn sich eine Reaktionsweise erst einmal verfestigt hat. Dann ist oft viel Kreativität und Geduld gefragt. Menschen mit Trisomie 21 sind besonders darauf angewiesen, dass wir sie auch dann anerkennen, wenn sie uns herausfordern:

1. Sie beschwichtigen eine andere Person, um deren Nähe und Beachtung zu finden. In diesem Fall konzentrieren sie sich ganz auf ihr Gegenüber und abstrahieren vom Kontext und der eigenen Person. Mit ihrer einschmeichelnden Art buhlen sie um Anerkennung. Sie vergessen aber, etwas für sich selbst zu fordern und sehen gar nicht, dass ihr Verhalten gerade nicht so gut zur Situation passt. Wir können ihnen helfen, indem wir ihnen unsere Sicht auf die Situation erklären und sie nach ihren eigenen Bedürfnissen fragen.
2. Sie klagen uns an, weil sie sich um Sicherheit und Dauerhaftigkeit einer lieb gewordenen Gewohnheit sorgen. In einem Fall konzentrieren sie sich ganz auf sich selbst und abstrahieren vom Kontext und den anderen Personen. Mit ihrer aufbrausenden Art versuchen sie, sich wichtig zu machen, und suchen nach Fehlern bei anderen, um diesen Schuldgefühle einzuflößen. Sie sehen aber nicht, dass die anderen Personen auch Bedürfnisse haben und ihre Forderung gerade jetzt unpassend ist. Wir können ihnen helfen, indem wir ihnen mitteilen, wann wir ihren Forderungen Rechnung tragen können und was gerade unser Bedürfnis ist.
3. Sie rationalisieren und belehren uns, weil sie um Abstand zur gegenwärtigen Situation ringen und uns auf Distanz halten wollen. Sie konzentrieren sich nur auf den Kontext, abstrahieren aber von sich selbst und den anderen anwesenden Personen. Sie reden von oben herab, damit die anderen Personen sich klein und unbedeutend fühlen. Dabei vergessen sie, dass ihnen die Sicht anderer vielleicht helfen könnte und dass andere Personen eine andere Perspektive einnehmen. Wir können ihnen helfen, indem wir sie an ihre eigenen Bedürfnisse erinnern und ihnen unsere Sicht der Dinge mitteilen.
4. Sie lenken von einer wichtigen Situation ab, weil sie das Gefühl haben, dass es sie nichts angeht, oder weil sie sich der Situation ohnmächtig ausgeliefert fühlen. Sie abstrahieren von der gesamten Situation, den anwesenden Personen und sich selbst. Sie schlüpfen vielleicht in eine komische Rolle, um alle zum Lachen zu bringen, oder sie stören jedes aufkommende Gespräch mit lauten Geräuschen. Hier wäre es hilfreich für sie, ihre Störmanöver spielerisch aufzugreifen. Im Spiel können wir Verbindungen zu den anwesenden Personen, dem Kontext und ihren eigenen Bedürfnissen knüpfen.

Es ist eine wichtige Aufgabe in unserer Gesellschaft, den Familien, die sich für ein oder mehrere Kinder mit Trisomie 21 entschieden haben, das Selbstwertgefühl zu vermitteln, das ihnen zusteht. Das ist uns dann gelungen, wenn Satirs

Vision einer glücklichen Familie auch Maßstab für Familien ist, zu denen Personen mit einer Trisomie 21 gehören:

> »Ganz am Horizont sehe ich Familien, in denen Kinder, sobald sie erwachsen werden, Partner ihrer Eltern sind – selbstsicher und selbständig, anstatt deren Kinder zu bleiben oder deren Eltern zu werden. Für mich ist dies das Ziel der Kindererziehung, dass sie autonome, unabhängige, kreative Menschen werden, die jetzt ebenbürtig mit jenen sind, die sie mit der Welt bekannt gemacht haben.«[40]

Zusammenfassung

In einer Spätabtreibung sehen viele Menschen nur eine technische Lösung für ein Problem, sonst würde es sie ja nicht geben. Es darf aber nicht verschwiegen werden, dass sie für viele Menschen Probleme aufwirft:
- für Menschen, die unter den Bedingungen einer Trisomie 21 leben, weil sie die Botschaft erhalten, sie seien ein vermeidbarer Schaden.
- für Eltern, die sich für ihr Kind entscheiden, weil sie die Botschaft erhalten, so etwas sei heute nicht mehr nötig.
- für Eltern, die sich gegen ihr Kind entschieden haben, weil sie mit dieser Entscheidung am Ende ganz allein fertig werden müssen.
- für Ärztinnen und Ärzte, die mit ihrem gesellschaftlichen Auftrag, Leben zu fördern und zu erhalten, in einen unlösbaren Konflikt geraten.

Menschen mit Trisomie 21 wie »Schadensfälle« zu behandeln, belastet die gesamte soziale Matrix einer Gesellschaft, weil sich insgesamt das Potenzial für kränkende Kommunikationsformen erhöht. Frühe Kränkungen, die man weder ernst nimmt noch berücksichtigt oder aufarbeitet, können sich zu Persönlichkeitsstörungen verfestigen. Wenn man diese dann wieder als Symptome einer geistigen Behinderung fehlinterpretiert, hat sich der Kreis einer sich selbst erfüllenden Prophezeiung geschlossen.

Der Ausweg ist die Erkenntnis, dass Respekt vor dem Sosein einer Person und pädagogischer Optimismus in ihre Entwicklungsfähigkeit zwei Seiten einer Medaille sind. Und: Dass Menschen mit Trisomie 21 ein besseres Leben verdient haben, als wir es ihnen momentan bieten können.

---

40 Ebd., 289.

Nachwort

Was können wir nun von Menschen mit Trisomie 21 lernen? Zuallererst etwas über uns selbst: Die Bedeutung des Sozialen bei der Entwicklung des Gehirns erweist sich als viel größer als bisher vermutet.[1] Ein wichtiges Argument für den großen Einfluss des Sozialen auf die Hirnentwicklung ist die kognitive Revolution, die den ersten Personen mit einer Trisomie 21 einen Zugang zu Universitäten eröffnet hat.

»Unser Gehirn ist also in viel stärkerem Maß als bisher angenommen ein soziales, kulturell geformtes Konstrukt. Es wird daher weder in seiner inneren Struktur noch in seiner Funktionsweise zu verstehen sein, solange es isoliert und abgetrennt von den formenden und strukturierenden Einflüssen der sozialen Gemeinschaft betrachtet wird, in der der betreffende Mensch aufgewachsen ist und in der er lebt.«[2]

Der Psychiater und Psychologe Manfred Spitzer sieht beispielsweise in der Tatsache, dass die meisten Kinder mit Down-Syndrom heutzutage lesen und schreiben lernen, einen Existenzbeweis für die große Bedeutung der Umwelt bei der Ausbildung geistiger Leistungsfähigkeit.[3]

Der Neurobiologe Gerald Hüther würdigt darin die größte und bedeutendste pädagogische Leistung der letzten drei Jahrzehnte:

»Es lässt sich nur erahnen, was aus nicht mit solch einer schweren genetischen Störung belasteten Kindern werden könnte, wenn sie von Eltern, Lehrern und Erziehern so angenommen und begleitet würden, wie das diese

---

1 Hüther, G. (2011): Was wir sind und was wir sein könnten: Ein neurobiologischer Mutmacher. Frankfurt/M.; Zimpel, A. F. (2011b): Ressourcen lassen sich ausbeuten. In: Gehirn & Geist 7–8, 82.
2 Ebd., 187.
3 Spitzer, M. (2010): Medizin für die Bildung. Ein Weg aus der Krise. Heidelberg, 97–98.

Kinder mit Trisomie 21 unter der kompetenten Begleitung von besonderen Pädagogen erfahren durften: Liebevoll, zugewandt, ohne Vorurteile und ohne Erwartungen, ohne Druck und ohne Angst, einladend, ermutigend und inspirierend, mit Zuversicht und voll Vertrauen, und mit der ganzen didaktischen und methodischen Kompetenz, über die unsere moderne Pädagogik inzwischen verfügt.«[4]

Die Neubewertung dieses Syndroms wirft also ein neues Licht auf die geistigen Entwicklungspotenziale aller Menschen im gesamten Spektrum der Neurodiversität. Menschen mit einer Trisomie 21 stehen unversehens im Mittelpunkt eines Umdenkens, das nicht nur sie, sondern uns alle betrifft: Menschliche Intelligenz beruht vor allem auf Sozialkompetenz.[5]

Als Menschen wie Du und Ich halten uns Menschen, die unter den Bedingungen einer Trisomie 21 leben, einen Spiegel direkt vor unser Gesicht. »Was ist der Mensch?«, fragte Ende des 18. Jahrhunderts Immanuel Kant[6] (1724–1804). Seitdem haben wir Menschen die Grenzen unserer Vernunft zwar nicht gesprengt, ihren Horizont jedoch immens erweitert. Unsere Biologie blieb dabei im Wesentlichen unverändert. Diese Horizonterweiterung verdanken wir nicht besseren Gehirnen oder intelligenzfördernden Medikamenten, sondern hauptsächlich der Alphabetisierung breiter Bevölkerungsgruppen.

Ohne Teilhabe an der Schriftsprache wäre die kognitive Revolution nicht denkbar, mit der sich Personen mit Trisomie 21 neue Möglichkeitsräume geöffnet haben. Pablo Pinedas Eltern sagen:

»Wir haben immer an Pablo geglaubt und ihn von klein auf wie ein ganz normales Kind behandelt. Schon mit vier Jahren brachte ihm mein Mann Lesen bei. Als er eingeschult wurde, konnte er schon einfache Texte lesen.«[7]

Seit Kant haben uns in den letzten beiden Jahrhunderten immer abstraktere Superzeichen geholfen, den engen Tellerrand unserer Aufmerksamkeit zu überwinden. Wenn inzwischen Maschinen die Ströme unzähliger Nullen und Einsen lenken, entlasten sie damit unsere Aufmerksamkeit und unser Gedächtnis (Ultrakurz-, Kurz- und Langzeitgedächtnis). Hier sehe ich das wichtigste Poten-

---

4 Hüther (2011), 123–124.
5 Zimpel (2014a).
6 Kant, I. (1800): Logik – ein Handbuch zu Vorlesungen. Königsberg, 25.
7 Beckmann, A. (2001): Pablo Pineda. Trotz Downsyndrom an die Uni. In Calpe zum Ehrenbürger ernannt. In: Costa Brava Nachrichten 931 vom 19.10.2001. Pablo, P. (2013): Herausforderung Lernen. Ein Plädoyer für die Vielfalt. Zirndorf, 45.

zial für das zweite Kapitel einer kognitiven Revolution – und zwar für Menschen im gesamten Spektrum der Neurodiversität.

Wir haben nur einen Körper. Er war schon da, bevor wir uns in ihm unser selbst bewusst geworden sind. Er begleitet uns unser ganzes Leben und lässt sich nicht umtauschen. Es ist nur ein Zufall, wenn er nicht von einer Trisomie 21 betroffen ist. Dieser Zufall ist ähnlich dem Zufall, der darüber entschieden hat, ob wir Mann oder Frau sind. Weder die Anzahl der Y-Chromosomen noch der X-Chromosomen noch die unzähligen Kombinationsmöglichkeiten mit den anderen Chromosomen bestimmen allein über unser soziales Wesen. Macht man jedoch Entscheidungen über Leben und Tod an Chromosomen-Konstellationen fest, ist es höchste Zeit für Stoppsignale (siehe auch Kapitel I).

Das Problem der Wissensgesellschaft, in der wir derzeitig leben, ist ein nur wenig reflektierter Intelligenzkult. Hat dieser Kult von uns Besitz ergriffen, übersehen wir nur allzu leicht: Andere Menschen für weniger intelligent zu halten, sagt etwas über unsere eigene Intelligenz aus, meistens mehr, als uns lieb sein kann. Intelligenz zu unterstellen, ist dagegen immer die intelligentere Lösung. Die menschliche Intelligenz beruht vor allem auf sozialem Informationsaustausch. Die Fähigkeit, andere Personen als intelligente Lebewesen zu erkennen, gehört zu unserer biologischen Grundausstattung, egal, ob mit 46 oder 47 Chromosomen (siehe auch Kapitel II).

Die Grenzen zwischen sinnvollen Medikationen und Neuro-Enhancement sind fließend. *Heilen* werden Medikamente eine Trisomie 21 jedoch in absehbarer Zeit nicht. Medikamente, die uns das Leben erleichtern, befreien uns nicht von der Verantwortung für unser Leben. Medikamente, die uns nur pflegeleichter, angepasster und leistungsfähiger machen, sind auf die Dauer keine Verheißung, sondern eine Drohung (siehe auch Kapitel III).

Neurodiversität als Anerkennung der Vielfalt funktionierender Nervensysteme als gleichberechtigte menschliche Lebensformen befreit Menschen davon, im Gleichschritt einer Norm hinterherlaufen zu müssen. Lernschwierigkeiten in einem Bereich können die Lernfähigkeit in anderen Bereichen erhöhen. Dass zu erkennen, verlangt Kreativität, die sich mit einem Mehrwert an Kreativität und Wissen bezahlt macht (siehe auch Kapitel IV).

Bisher ging man davon aus, dass Personen mit Trisomie 21 sich an der Gesamtgestalt orientieren und Details übersehen. Unsere experimentellen Befunde an 1.294 Personen mit Trisomie 21 belegen dagegen eine Einengung des Aufmerksamkeitsumfangs auf weniger als vier Einheiten (Chunks) zur selben Zeit. Diese Ergebnisse sprechen dafür, dass der anschauungsgebundene, kleinschrittige und Abstraktionen vermeidende Unterricht an Förderschulen den neuropsychologischen Besonderheiten von Menschen mit einer Trisomie 21 nur wenig Rechnung tragen kann.[8] Doch Vorurteile sind zäh. Selbst wenn die Praxis sie längst widerlegt hat, wirken sie fort als sich selbsterfüllende Prophezeiungen. Gegen Vorurteile helfen keine Argumente, sondern Tatsachen, die dazu führen, dass den Vorurteilen bald keiner mehr glaubt (siehe auch Kapitel V).

Der individuelle Umfang der Aufmerksamkeit aller Menschen ist begrenzt. Diese Begrenztheit betrifft alle Sinne im gleichen Maße. Sie fördert die Fokussierung der Aufmerksamkeit auf Wesentliches. Gemeinsam mit anderen Menschen lernen wir, unsere Aufmerksamkeit auf die Signale zu richten, die unser künftiges individuelles Fähigkeitsspektrum erweitern. Menschen mit Trisomie 21 lernen so, beispielsweise ihre vielfältigen motorischen Einschränkungen zu überwinden. Selbst artistische Leistungen liegen in ihrem Fähigkeitsspektrum, weil das, was wir heute mit Hilfe anderer können, unser eigenes Können von morgen ist (siehe auch Kapitel VI).

Wertvolle Lebenskompetenzen, wie Frustrationstoleranz, Handlungsplanung und Selbststeuerung, sind Ergebnisse ehemaliger Selbstgespräche. Wir haben die Sprache der Menschen in unserer Umwelt zu einer Privatsprache verkürzt, die uns heute das lautlose, verinnerlichte sprachliche Denken ermöglicht. Von Menschen mit Trisomie 21 können wir lernen, Probleme, die uns überfordern, unter Zuhilfenahme des lauten Denkens zu reflektieren und so rationalere Lösungen zu finden (siehe auch Kapitel VII).

Im Spektrum der Neurodiversität gibt es Gehirne, denen das Rechnen besonders leichtfällt, z. B. einigen (wenigen) Personen im Autismusspektrum. Es gibt aber auch Personen, denen es weniger leichtfällt, z. B. Personen mit Trisomie 21. Aber auch für viele neurotypische Menschen ist Rechnenlernen eine besondere Herausforderung. Das Dezimalsystem und *die Kraft der Fünf* erleichtern es vielen neurotypischen Personen, aber längst nicht allen. Wenn wir das gesamte Spektrum der Neurodiversität berücksichtigen wollen, erfordert das eine Pluralisierung der Lernwege (siehe auch Kapitel VIII).

Jeder Mensch hat das Recht auf seine unvergleichliche Eigenart, das schließt den Glauben an seine Entwicklungsfähigkeit nicht aus, sondern ein. Wenn Menschen jedoch als Schadensfälle angesehen werden, fördert das kränkende Kommunikationsformen. Diese wiederum begünstigen das Entstehen von Persönlichkeitsstörungen, nicht nur bei Personen mit 47 Chromosomen (siehe auch Kapitel IX).

---

8   Zimpel (2013c), 35–47; Zimpel, A. F. (2014c): Bessere Bildungschancen für Menschen mit Trisomie 21. Ergebnisse einer neuropsychologischen Studie. In: Behinderte Menschen 2, 15–27.

Literatur

An der Heiden, U. (1991): Der Organismus als selbstherstellendes dynamisches System. In: Zänker, K. S. (Hg.): Kommunikationsnetzwerke im Körper. Psychoneuroimmunologie. Aspekte einer neuen Wissenschaftsdisziplin. Heidelberg. 143–154
Anonym (2014): Sexuelle Übergriffe unter Jugendlichen. Erfahrungsbericht. In: KIDS Aktuell 29, 61
Arya, R. et al. (2011): Epilepsy in children with Down syndrome. In: Epileptic Disorders 13/1, 1–7
Axmacher, N. (2009): Cross-frequency coupling supports multi-item working memory in the human hippocampus. In: Proceedings of the National Academy of Sciences 107/7, 3228–3233
Ayres, A. J. (2002): Bausteine der kindlichen Entwicklung. 3. Aufl., Berlin
Bailey, D. H. & Geary, D. C. (2009): Hominid Brain Evolution: Testing Climatic, Ecological and Social Competition Models. In: Human Nature 20, 67–79
Ballard, C. et al. (2012): Memantine for dementia in adults older than 40 years with Down's syndrome (MEADOWS): a randomised, double-blind, placebo-controlled trial. In: Lancet 379/9815, 528–536
Bartus, R. T. (2000): On neurodegenerative diseases, models, and treatment strategies: lessons learned and lessons forgotten a generation following the holinergic hypothesis. In: Experimental Neurology 163, 495–529
Bauer, J. (2015): Selbststeuerung. Die Wiederentdeckung des freien Willens. München
Baumgarten, T. J., Schnitzler, A. & Lange, J. (2015): Beta oscillations define discrete perceptual cycles in the somatosensory domain. In: Proceedings of the National Academy of Sciences. DOI: 10.1073/pnas.1501438112
Baxter, M. G. & Chiba, A. A. (1999): Cognitive functions of the basal forebrain. In: Current Opinion in Neurobiology 9/2, 178–183
Beckmann, A. (2001): Pablo Pineda. Trotz Downsyndrom an die Uni. In Calpe zum Ehrenbürger ernannt. In: Costa Brava Nachrichten 931 vom 19.10.2001
Bellugi, U. & George, M. (2001): Journey from cognition to brain to gene. Perspectives from Williams Syndrome. Cambridge
Bellugi, U., Greenberg, F., Lenhoff, H. M. & Wang, P. P. (1998): Williams-Beuren-Syndrom und Hirnfunktionen. In: Spektrum der Wissenschaft 2, 65–67
Belsky, J. & de Haan, M. (2011): Parenting and Childrens Brain Development. In: Journal of Child Psychology and Psychiatry 52, 409–428
Benninghoff, A. (1992): Makroskopische und mikroskopische Anatomie des Menschen. 14. Aufl., München
Berk, L. (2011): Entwicklungspsychologie. 5. Aufl., München
Binet, A. (1898): Historique des recherches sur les rapports de l'intelligence avec la grandeur et la forme de la tête. In: L'Année psychologique 5, 294–295
Binet, A. & Simon, T. (1911): A method of measuring the development of the intelligence of young children. Lincoln

Bird, G. & Buckley, S. (2000): Handbuch für Lehrer von Kindern mit Down-Syndrom. Eltersdorf

Borella, A. et al. (2003): Characterization of social behaviors and oxytocinergic neurons in the S-100β overexpressing mouse model of Down Syndrome. In: Behavioural Brain Research 141/2, 229–236

Braudeau, J. et al. (2011): Specific targeting of the GABA-A receptor α5 subtype by a selective inverse agonist restores cognitive deficits in Down syndrome mice. In: Journal of Psychopharmacology 25/8, 1030–1042

Briggs, J. & Peat, D. (1993): Die Entdeckung des Chaos. München

Broca, P. (1861): Sur le volume et la forme du cerveau suivant les individus et suivant les races. In: Band II der Bulletins de la Société d'anthropologie. Paris, 15

Broca, P. (1873): Sur les crânes de la caverne de l'Homme-Mort (Lozère). In: Revue d'Anthropologie 2, 32

Buckley, S. J. (1999): Promoting the cognitive development of children with Down syndrom: The practical implications of recent research. In: Rondal, J. A., Perera, J. & Nadel, L. (Hg.): Down's Syndrome: A review of Current Knowledge. London

Burrell, B. (2005): Im Museum der Gehirne. Die Suche nach dem Geist in den Köpfen berühmter Menschen. Hamburg

Campenot, R. B. & McInnis, B. I. (2004): Retrograde transport of neurotrophins: fact and function. In: Journal of Neurobiology 58, 217–229

Carvunis, A. R. et al. (2012): Proto-Genes and de Novo Gene Birth. In: Nature 487.7407, 370–374

Cauty, A. (2006): Die Arithmetik der Maya. In: Spektrum der Wissenschaft Spezial 2, 17

Chao, M. Y. et al. (2006): Neurotrophin signalling in health and disease. In: Clinical Science 110/2, 167–173

Chen, Y. et al. (2008): In vivo MRI identifies cholinergic circuitry deficits in a Down syndrome model. In: Neurobiology of Aging 30, 1453–1465

Coleman, M. et al. (1974): Serum dopamine-β-hydroxylase levels in Down's syndrome. In: Clinical Genetics 5/4, 312–315

Contestabile, A. et al. (2006): Choline acetyltransferase activity at different ages in brain of Ts65Dn mice, an animal model for Down's syndrome and related neurodegenerative diseases. In: Journal of Neurochemistry 97/2, 51–526

Contestabile, A. et al. (2008): The place of choline acetyltransferase activity measurement in the »cholinergic hypothesis« of neurodegenerative diseases. In: Neurochemical Research 33/2, 318–327

Cooper, J. D. et al. (2001): Failed retrograde transport of NGF in a mouse model of Down's syndrome: reversal of cholinergic neurodegenerative phenotypes following NGF infusion. In: Proceedings of the National Academy of Sciences of the United States of America 98/18, 10439–10444

Costa, A. C. & Scott-McKean, J. J. & Stasko, M. R. (2008): Acute injections of the NMDA receptor antagonist memantine rescue performance deficits of the Ts65Dn mouse model of Down syndrome on a fear conditioning test. In: Neuropsychopharmacology 33/7, 1624–1632

Costa, A. C. & Scott-McKean, J. J. (2013): Prospects for improving brain function in individuals with Down syndrome. In: CNS Drugs 27/9, 679–702. https://clinicaltrials.gov/ct2/show/NCT02304302, letzter Aufruf am 25.08.2015

Coveney, P. & Highfield, R. (1994): Anti-Chaos. Der Pfeil der Zeit in der Selbstorganisation des Lebens. Reinbek

Damasio, A. (2000): Descartes' Irrtum – Fühlen, Denken und das menschliche Gehirn. München

Darwin, C. (2006): Gesammelte Werke. Frankfurt/M.

De Waal, F. B. M., Boesch, C., Horner, V. & Whiten, A. (2008): Comparing social skills of children and apes. In: Science 319/569, 319–569

Dehaene, S. & Cohen, L. (1994): Dissociable mechanisms of subitizing and counting: neuropsychological evidence from simultanagnosic patients. In: Journal of Experimental Psychology: Human Perception and Performance 20/5, 958–975
Dehaene, S. (1997): The number sense: How the mind creates mathematics. New York
Dehaene, S. (1999): Der Zahlensinn oder Warum wir rechnen können. Basel
Desrosières, A. (2005): Die Politik der großen Zahlen. Eine Geschichte der statistischen Denkweise. Berlin
DIE WELT Panorama (2015): Maddy auf dem Weg zum Model – mit Down-Syndrom. www.welt.de/144079736, letzter Aufruf am 24.07.2015
Diekmann, G. (2010): Simultandysgnosie und Gestaltwahrnehmung unter der Bedingung von Trisomie 21. Examensarbeit Universität Hamburg
Dilling, H., Mombour, W., Schmidt, M. H. & Schulte-Markwort, E. (1994): Internationale Klassifikation psychischer Störungen: ICD-10, Kapitel V (F). Bern
Dittmann, W. (1992): Kinder und Jugendliche mit Down-Syndrom. Aspekte ihres Lebens. Bad Heilbrunn
Dobbing, J. (1984): Scientific Studies in Mental Retardation. London: Royal Society of Medicine
Down, J. L. H. (1887): Über einige Geisteskrankheiten der Kindheit und Jugend als Lettsomian Vorlesungen. In: Down, J. L. H. (1866): Observations on an Ethnic Classification of Idiots. In: London Hospital Reports 3, 259–262
3sat (2015): Besonders normal. Überlebt – den Nationalsozialisten entkommen. Gesendet am 08.05.2015 um 11.30
Eckenfels, M. (2013): Meine Erfahrungen mit Methylphenidat. mela.geekgirls.de/2013/11/21/meine-erfahrungen-mit-methylphenidat/, letzter Aufruf am 01.10.2015
Eckenfels, M. (2014): Meinung: Empathie statt Eugenik! In: Spektrum.de Kommentar 18.06.2014, www.spektrum.de/news/meinung-empathie-statt-eugenik/1295945, letzter Aufruf am 20.09.2015
Ehrhardt, K. (2015): Henri: Ein kleiner Junge verändert die Welt. München
Eisenberger, N. I. (2012): The pain of social disconnection: Examining the shared neural underpinnings of physical and social pain. In: Nature Reviews Neuroscience 13, 421–434
Eisenberger, N. I., Lieberman, M. D. & Williams, K. D. (2003): Does rejection hurt? An fMRI study of social exclusion. In: Science 302, 290–292
Elisabeth, I. (2015): (Von) Angesicht zu Angesicht. Down-Syndrom und Empathie. Eine qualitative Erhebung zur Entwicklung weiterer Fragen im Forschungsfeld. Masterarbeit, Universität Bremen
Erikson, M. H. (2014): Die Lehrgeschichten von Milton H. Erickson. 10. Aufl., Salzhausen
Fallenstein, M. (1996): Geistigbehinderte gibt es nicht! In: Zusammen 2, 32
Fehr, E. et al. (2005): Oxytocin increases trust in humans. In: Nature 435, 673–676
Feigenbaum, M. J. (1980): The metric universal properties of period doubling difurcations and the spectrum for a route to turbulence. In: Annals of the New York Academy of Sciences 357, 330–336
Feigenbaum, M. J. (1984): Universal behavior in nonlinear systems. Universality in chaos. Bristol, 49–84
Ferri, S. (2014): The Effect of Simple Melodic Lines on Aesthetic Experience: Brain Response to Structural Manipulations. In: Advances in Neuroscience, dx.doi.org/10.1155/2014/482126
Flamm, S. (2015): Eine Pille für Oskar. In: DIE ZEIT 30, 12.08.2015, www.zeit.de/2015/30/down-syndrom-medikament-heilung, letzter Aufruf am 26.08.2015
Flynn, J. R. (1987): Massive IQ gains in 14 nations. What IQ tests really measure. In: Psychological Bulletin 101/2, 171–191
Freud, S. (1992): Das Ich und das Es. Metapsychologische Schriften. Frankfurt/M.
Galton, F. (1909): Essays in Eugenics. London

Galton, F. (1910): Genie und Vererbung. Leipzig

Garrote, A., Moser Opitz, E. & Ratz, C. (2015): Mathematische Kompetenzen von Schülerinnen und Schülern mit dem Förderschwerpunkt geistige Entwicklung: Eine Querschnittstudie. In: Empirische Sonderpädagogik 1, 25

Gaspar, Á. P. & Naharro, A. (Drehbuch, Regie 2009): Yo, también. Produktionsland Spanien, Filmlänge: 103 Minuten

Giehl, M. (2015): Helfen und Informieren: Eine vergleichende Studie zwischen neurotypischen Kindern und Kindern mit Trisomie 21 unter besonderer Berücksichtigung der Laborbedingungen. Masterarbeit Universität Hamburg

Gignac, G. E. (2015): Raven's is not a pure measure of general intelligence: Implications for g factor theory and the brief measurement of g. In: Intelligence 52, 71–79

Gläscher, J. et al. (2009): Lesion Mapping of Cognitive Abilities Linked to Intelligence. In: Neuron 61/5, 681–691

Glenn, M. & Cunningham, C.C. (2000): Parent's Reports of Young People With Down Syndrome Talking Out Loud to Themselves. In: Mental Retardation 38, 498–505

Godridge, H. et al., (1987): Alzheimer-like neurotransmitter deficits in adult Down's syndrome brain tissue. In: Journal of Neurology, Neurosurgery & Psychiatry with Practical Neurology 6, 7–778

Gopnik, A. (2009): Kleine Philosophen. Berlin

Gopnik, A. (2010): Kleinkinder begreifen mehr. In: Spektrum der Wissenschaft 10, 71

Gordon, P. (2004): Numerical cognition without words: evidence from amazonia. In: Science 306/5695, 496–499

Gould, S. J. (1988): Der falsch vermessene Mensch. Frankfurt/M.

Grace, T., Bulsara, M., Robinson, M. & Hands, B. (2015): The Impact of Maternal Gestational Stress on Motor Development in Late Childhood and Adolescence: A Longitudinal Study. In: Child Development. DOI: 10.1111/cdev.12449

Granholm, A. C. E. et al. (2000): Loss of cholinergic phenotype in basal forebrain coincides with cognitive decline in a mouse model of down's syndrome. In: Experimental Neurology 161/2, 647–663

Grasse, S. (2007): Sebastian-Die Geschichte einer Depression. In: Leben mit Down-Syndrom, 25

Guido, S., Guido, B. & Schadt, K. (2015): Tim lebt! Wie uns ein Junge, den es nicht geben sollte, die Augen geöffnet hat. München

Gunn, D. M. & Christopher Jarrold, C. (2004): Raven's matrices performance in Down syndrome: Evidence of unusual errors. In: Research in Developmental Disabilities 25/5, 443–457

Güntürkün, O. (2008): Wann ist ein Gehirn intelligent? In: Spektrum der Wissenschaft 08/11, 127

Hacking, I. (1996): Einführung in die Philosophie der Naturwissenschaften. Stuttgart

Hafting, T. et al. (2005): Microstructure of spatial map in the entorhinal cortex. In: Nature 436, 801–806

Hahn, T. T. G., Sakmann, B. & Mehta, M. R. (2007): Differential responses of hippocampal subfields to cortical up–down states. In: Proceedings of the National Academy of Sciences 104/12, 5169–5174

Halder, C. (2010): Dottore Francesco Aglio! In: Leben mit Down-Syndrom 63, 53; Südtirol Nachrichten Nr. 15–513/09, 21.06.2009, 10–11

Hattie, J. (2013): Lernen sichtbar machen. Baltmannsweiler

Hattori, M. et al. (2000): The DNA sequence of human chromosome 21. In: Nature 405/6784, 311–319

Häusel, H. G. (2008): Brain View: Warum Kunden kaufen. Freiburg

Hawkins, B. & Eklund, S. (1994): Aging-Related Change in Adults with Mental Retardation. In: Research Brief. Silver Spring

Hebb, D. O. (1949): The Organization of Behavior. New York

Heilemann, M. (1995): Aus der Sicht der Eltern. www.down-syndrom.org/inf/perspektiven.shtml, letzter Aufruf am 29.07.15

Heim, C. et al. (2010): Neurobiological and Psychiatric Consequences of Child Abuse and Neglect. In: Developmental Psychobiology 52, 671–690

Heine, M. (2015): Die Bedeutung der »Kraft der Fünf« im mathematischen Anfangsunterricht unter der Bedingung einer Trisomie 21. Masterarbeit Universität Hamburg

Heller, J. H., Spiridigliozzi, G. A., Sullivan, J. A., Doraiswamy, P. M., Krishnan, R. R. & Kishnani, P. S. (2003): Donepezil for the treatment of language deficits in adults with Down syndrome: Apreliminary 24-week open trial. In: American Journal of Medical Genetics 15, 111–116

Hellowell, O. (2015): Photographer with Down Syndrome. www.facebook.com/OliverHellowell-Photographer, letzter Aufruf am 25.10.15

Henn, W. (2012): Pränataldiagnostik – der große Umbruch. In: nano-Spezial: Diagnose vor der Geburt. Ausstrahlung am 03.07.2012, http://www.3sat.de/mediathek/?mode=play&obj=29110, letzter Aufruf am 01.11.15

Henn, W. & Meese, E. (2007): Humangenetik: Wissen, was stimmt. Freiburg/B.

Henneberg, M. & Steyn, M. (1993): Trends in Cranial Capacity and Cranial Index in Subsaharan Africa During the Holocene. In: American Journal of Human Biology 5/4, 473–479

Herrmann, E. et al. (2007): Humans Have Evolved Specialized Skills of Social Cognition: The Cultural Intelligence Hypothesis. In: Science 317/5843, 1360–1366

Hibar, D. P. (2015): Common genetic variants influence human subcortical brain structures. In: Nature 520, 224–229

HIER UND HEUTE (2015): Eine Entscheidung fürs Leben. Planet Wissen (2014): Diagnose Down-Syndrom – Und dann? WDR-Sendung vom 21.02.2014, http://www.planet-wissen.de/video-planetwissendiagnosedownsyndromunddann104.html, letzter Aufruf am 04.11.15

https://de.wikipedia.org/wiki/Down-Syndrom, letzter Aufruf am 09.08.2015

Hunt, N. (1979): Die Welt des Nigel Hunt. Tagebuch eines mongoloiden Jungen. 3. Aufl., München

Hunter, C. L. et al. (2003): Behavioral comparison of 4 and 6 month-old Ts65Dn mice: age-related impairments in working and reference memory. In: Behavioural Brain Research 138/2, 121–131

Hunter, C. L. et al. (2004): Minocycline prevents cholinergic loss in a mouse model of Down's syndrome. In: Annals of Neurology 56/5, 675–688

Hüther, G. (2009): Pubertäres Durcheinander. In: Praxis Schule 3, 11

Hüther, G. (2011): Was wir sind und was wir sein könnten: Ein neurobiologischer Mutmacher. Frankfurt/M.

Huttner, W. B. et al. (2015): Human-specific gene ARHGAP11B promotes basal progenitor amplification and neocortex expansion. In: Science 27/347/6229, 1465–1470

Huxley, A. (2013): Schöne neue Welt. Ein Roman der Zukunft. Frankfurt/M.

Huylebrouck, D. (2006): Afrika, die Wiege der Mathematik. In: Spektrum der Wissenschaft Spezial 2, 10–12

Ifrah, G. (2010): Universalgeschichte der Zahlen. Frankfurt/M.

Inoue, S. & Matsuzawa, T. (2007): Working memory of numerals in chimpanzees. In: Current Biology 17/23, 1004–1005

Janicki, M. P. & Dalton, A. J. (1999): Aging, Dementia and Intellectual Disabilities: A Handbook. Philadelphia

Janicki, M. P. & Dalton, A. J. (2000): Prevalence of dementia and impact on intellectual disability services. In: Mental Retardation 38, 277–289

Jaspers, K. (1913): Allgemeine Psychopathologie. Berlin

Kahneman, D. (2012): Schnelles Denken, langsames Denken. München

Kalde, L. (2015): Die Untersuchung der Emotionserkennungsfähigkeit bei Erwachsenen mit und ohne Down-Syndrom. Masterarbeit, Universität Bremen

Kant, I. (1800): Logik – ein Handbuch zu Vorlesungen. Königsberg

Karnath, H. (2012): Kognitive Neurowissenschaften. Heidelberg
Keck, C. (2015): Die Frau, die es nicht geben dürfte. In: Badische Zeitung vom 17.02.2010. www.badische-zeitung.de/panorama/die-frau-die-es-nicht-geben-duerfte--27099995.html, letzter Aufruf am 22.07.2015
Kenward, B., Karlsson, M. & Persson, J. (2010): Over-imitation is better explained by norm learning than by distorted causal learning. In: Proceedings of the Royal Society, Biological Sciences 278/1709, 1239–1246
Kleschevnikov, A. M. et al. (2012): Increased efficiency of the GABAA and GABAB receptor-mediated neurotransmission in the Ts65Dn mouse model of Down syndrome. In: Neurobiology of Disease 45/2, 683–691
Knopf, I. (2010): Leben oder sterben lassen? Die Grenzen der Hightech-Medizin. In: WDR, Quarks & Co, 25. 05. 2010, 21.00–21.45 Uhr, www.wdr.de/tv/applications/fernsehen/wissen/quarks/pdf/Q_Medizin.pdf, letzter Aufruf am 26.08.2015
Kölner Stadt-Anzeiger vom 21.05.2013. http://www.ksta.de/digital/sap-stellt-bis-2020-hunderte-autisten-ein,15938568,22819432.html, letzter Aufruf am 28.06.2013
Koelsch, S. et al. (2007): A cardiac signature of emotionality. In: European Journal of Neuroscience 26/11, 3328–3338
König, K. (1959): Der Mongolismus – Erscheinungsbild und Herkunft. Stuttgart
Krajewski, K. & Schneider, W. (2007): Prävention von Rechenstörungen. In: von Suchodoletz, W. (Hg.), Prävention von Entwicklungsstörungen. Göttingen, 109
Krajewski, K., Grüßing, M. & Peter-Koop, A. (2009): Die Entwicklung mathematischer Kompetenzen bis zum Beginn der Grundschulzeit. In: Heinze, A. & Grüßing, M. (Hg.): Mathematiklernen vom Kindergarten bis zum Studium. Kontinuität und Kohärenz als Herausforderung für den Mathematikunterricht. Münster, 17–34
Krauthausen, G. (1995): Die »Kraft der Fünf« und das denkende Rechnen. In: Müller, Gerhard N. & Wittmann, Erich, Ch. (Hg.), Mit Kindern rechnen (Beiträge zur Reform der Grundschule, Bd. 96). Frankfurt/M., 106
Kühne, C. (2009): Das nennt man Evolution. In: Ohrenkuss ... darein, daraus 23
Lagopoulos, J. et al. (2015): Subcortical brain alterations in major depressive disorder: findings from the ENIGMA Major Depressive Disorder working group. In: Molecular Psychiatry, Online-Publikation vom 30.06.2015; doi: 10.1038/mp.2015.69
Lawrence, J. B. (2013): Translating dosage compensation to trisomy 21. In: Nature 500, 296–300
Ledford, H. (2014): If depression were cancer. In: Nature 515, S. 182–184
Lein, E. & Hawrylycz, M. J. (2015): Die genetische Kartierung des menschlichen Gehirns. In: Spektrum der Wissenschaft, 32
Lejeune, J., Gautier, M. & Turpin, R. (1959): Study of somatic chromosomes from 9 mongoloid children. In: Comptes Rendus Hebdomadaires des Séances de l'Académie des Sciences 248, 1721–1722
Lem, S. (1978): Sterntagebücher. Frankfurt/M.
Lenzen, D. (2011): Auf dem Weg zu einer »University for a Sustainable Future« – Zukunftsfähigkeit in Forschung, Lehre, Bildung und Hochschulsteuerung. https://www.nachhaltige.uni-hamburg.de/kompetenzzentrum.html, letzter Aufruf am 14.07.2015
Lieb, K. (2009): Hirndoping: Warum wir nicht alles schlucken sollten. Mannheim
lifecodexx.com/trisomie.html, letzter Aufruf am 10.02.2013
Lifshitz, H. & Katz, Y. J. (2009): Religious concepts among individuals with intellectual disability: A comparison between adolescents and adults. In: European Journal of Special Needs Education 24/2, 183–201
Lifshitz, H. & Klein, P. S. (2011): Mediation between staff-elderly persons with intellectual disability with Alzheimer disease as a means of enhancing their daily functioning – a case study. In: Education and Training in Mental Retardation and Developmental Disabilities 46/1, 106–116

Lifshitz, H. & Rand, Y. (1999): Cognitive modifiability in adult and older people with mental retardation. In: Mental Retardation 37/2, 125–138

Lifshitz, H. & Tzuriel, D. (2004): Durability of effects of instrumental enrichment in adults with intellectual disabilities. In: Journal of Cognitive Education and Psychology 3, 297–322

Lifshitz, H. et al. (2011a): Analogies solving by individuals with and without intellectual disability: different cognitive patterns as indicated by eye movements. In: Research in Developmental Disabilities 32/2, 326–344

Lifshitz, H. et al. (2011b): Explicit Memory among Individuals with Mild and Moderate Intellectual Disability: Educational Implications. In: European Journal of Special Needs Education, 26/1, 11–124

Lifshitz-Vahav, H. (2013): Otzmot – Innovative Program for Students with Intellectual Disabilities: First-of-its-Kind in Israel In: BIU TODAY The Bar-Ilan University Magazine, 2–3

Liu, Y. & Wang, Z. X. (2003): Nucleus accumbens oxytocin and dopamine interact to regulate pair bond formation in female prairie voles. In: Neuroscience 121, 537–544

Lott, I. & Head E. (2005): Alzheimer disease and Down syndrome: factors in pathogenesis. In: Neurobiology of Aging 26/3, 383–389

Luby, J. L. (2012): Maternal support in early childhood predicts larger hippocampal volumes at school age. In: National Academy of Sciences of the United States of America 21/109/8, 2854–2859

Lurija, A. (1992): Das Gehirn in Aktion. Reinbek/H., 118–122

Lüthi, T. (2011): Medikamente gegen geistige Behinderung. In: Neue Züricher Zeitung 13.11.2011. www.nzz.ch/medikamente-gegen-geistige-behinderung-1.13300396, letzter Aufruf am 28.07.2015

Lynch, G. (1997): Evidence that a positive modulator of AMPA-type glutamate receptors improves delayed recall in aged humans. In: Experimental Neurology 145, 89–92

Mack, A., & Rock, I. (1998): Inattentional Blindness. Cambridge

Macykowski, M. (2013): Das Gegenteil von Praxis ist Technik. In: Zimpel, A. F. (2013b): Zwischen Neurobiologie und Bildung: Individuelle Förderung über biologische Grenzen hinaus. 2. Aufl., Göttingen, 130–133

Malenka, R. C. et al. (2013): Social reward requires coordinated activity of nucleus accumbens oxytocin and serotonin. In: Nature 501, 179–184

Mania, D. (2004): Die Urmenschen von Thüringen. In: Spektrum der Wissenschaft 10. 46

Manske, C. (2004): Entwicklungsorientierter Lese- und Schreibunterricht für alle Kinder: Die nichtlineare Pädagogik nach Vygotskij. Weinheim

Marot, J. (2013): Spanien hat erste Stadträtin mit Downsyndrom, Der Standard, Wien, 31.07.

Martínez-Cué, C. (2013): Reducing $GABA_A$ a5-Receptor-Mediated Inhibition Rescues Functional and Neuromorphological Deficits in a Mouse Model of Down Syndrome. In: The Journal of Neuroscience 27/33 (9), 3953–3966

McEwen, B. S. et al. (2015): Recognizing resilience: Learning from the effects of stress on the brain. In: Neurobiology of Stress 1/1, 1–11

McEwen, B.S. (2015): The Brain on Stress: Insight from Studies Using the Visible Burrow System. In: Physiology & Behavior 1, 47–56

mdr-Fernsehmagazin »selbstbestimmt!«, Juli-Ausgabe »Grenzen überwinden«, http://www.kobi-net-nachrichten.org/de/nachrichten/?oldid=21314, letzter Aufruf am 03.11.2015

Megías, M. et al. (1997): Cholinergic, serotonergic and catecholaminergic neurons are not affected in Ts65Dn mice. In: NeuroReport 8/16, 3475–3478

Middendorff, E. et al. (2012): Formen der Stresskompensation und Leistungssteigerung bei Studierenden. In: HIS: Forum Hochschule, 1

Miles-Paul, O. (2015): Zufriedene Halbzeitbilanz der Special Olympics. www.kobinet-nachrichten.org/de/1/nachrichten/32091/Zufriedene-Halbzeitbilanz-der-Special-Olympics.htm, letzter Aufruf am 31.07.15

Miller, G. A. (1956): The magical number seven, plus or minus two: Some limits on our capacity for processing information. In: Psychological Review 63, 81–97

Mischel, W., Shoda, Y. & Rodriguez, M. L. (1989): Delay of Gratification in Children, In: Science 244/4907, 933–938

Mohan, M., Carpenter, P. K. & Bennett, C. (2009) Donepezil for dementia in people with Down syndrome. In: Cochrane Library. DOI: 10.1002/14651858.CD007178.pub2

Monari Martinez, E. (2002): Learning mathematics at school ... and later on. In: Down Syndrome News and Update 1, 19–23

Montessori, M. (1976): Schule des Kindes. Montessori-Erziehung in der Grundschule. 4. Aufl.. Freiburg

Montoya, J. C. et al. (2011): Genomic study of the critical region of chromosome 21 associated to Down syndrome. In: Colombia Médica 42/1, 26–38

Montoya, J. C. et al. (2014): Global differential expression of genes located in the Down Syndrome Critical Region in normal human brain. In: Colombia Médica 45/4, 154–161

Morris R. (1984): Developments of a water-maze procedure for studying spatial learning in the rat. In: Journal of neuroscience methods 11/1, 47–60

Moser Opitz, E. (2008): Zählen, Zahlbegriff, Rechnen. Theoretische Grundlagen und eine empirische Untersuchung zum mathematischen Erstunterricht in Sonderklassen (Vierteljahresschrift für Heilpädagogik und ihre Nachbargebiete/Beiheft, Bd. 27, 3. Aufl.). Bern

Müller, J. (2015): Das Spiel als Grundlage eines handlungsorientierten Mathematikunterrichts. Eine systemische Syndromanalyse zur Trisomie 21. Masterarbeit Universität Hamburg

Nakao, T. et al. (2013): The degree of early life stress predicts decreased medial prefrontal activations and the shift from internally to externally guided decision making: an exploratory NIRS study during resting state and self-oriented task. In: Frontiers in Human Neuroscience 7/339. 10.3389/fnhum.2013.00339

Nasca, C. et al. (2015): Mind the gap: glucocorticoids modulate hippocampal glutamate tone underlying individual differences in stress susceptibility. In: Molecular Psychiatry 20/6, 755–763

Navon, D. (1977): Forest before trees: The precedence of global features in visual perception. In: Cognitive Psychology 9/3, 353–383

Newcomer, J. W. et al. (1999): Decreased Memory Performance in Healthy Humans Induced by Stress-Level Cortisol Treatment. In: Archives of General Psychiatry 56/6, 527–533

Noack, F. & Macykowski, M. (2010): Empirisch-experimentelle Aufmerksamkeitsforschung. In: KIDS 22/10, 17

O'Doherty, A. et al. (2005): An Aneuploid Mouse Strain Carrying Human Chromosome 21 with Down Syndrome Phenotypes. In: Science 309/5743, 2033–2037

Oelwein, P. L. (1995): Teaching Reading to Children With Down Syndrome: A Guide for Parents and Teachers. Bethesda

O'Keefe, J. & Dostrovsky, J. (1971): The hippocampus as a spatial map. Preliminary evidence from unit activity in the freely-moving rat. In: Brain Research 34, 171–175

Paetz, D. (2008): Lesen? Ich habe schon gearbeitet! Simultanagnosie als behindernde Bedingung bei Trisomie 21; Examensarbeit Universität Hamburg

Pauen, S. & Höhl, S. (2011): Ereigniskorrelierte Potentiale: Ein neuer Zugang zur Erforschung der Objektverarbeitung bei Babys. In: Zeitschrift für Neuropsychologie 22. 109–120

Pauen, S. et al. (2010): Do animals and furniture items elicit different brain responses in human infants? In: Brain and Development 32, 863–871

Peitgen, H. O., Jürgens, H. & Saupe, D. (1998): Bausteine des Chaos. Fraktale. Reinbek

Pepperberg, I. M. (1999): Unterhaltung mit Alex dem Graupapagei. In: Spektrum der Wissenschaft Spezial 3, 63
Pfahl, M. & Waldmann, P. (2013): Gott und die Welt: Wir wollen dieses Kind – Diagnose Down Syndrom. ARD-Sendung am 21.03.2013. http://programm.ard.de/TV/daserste/gott-und-die-welt--wir-wollen-dieses-kind---diagnose-down-syndrom/eid_281069652731612, letzter Aufruf am 04.11.15
Piaget, J. (1972): Psychologie der Intelligenz. 5. Aufl., Frankfurt/M.
Piaget, J. (1974): Der Aufbau der Wirklichkeit beim Kinde, Frankfurt/M.
Piaget, J. (1992): Biologie und Erkenntnis. Frankfurt/M.
Piaget, J. (1996): Einführung in die genetische Erkenntnistheorie. 6. Aufl., Frankfurt/M.
Piaget, J. & Inhelder, B. (1973): Die Psychologie des Kindes. 2. Aufl., Frankfurt/M.
Piaget, J. & Inhelder, B. (1990): Die Entwicklung des inneren Bildes beim Kind. Frankfurt/M.
Piaget, J. & Szeminska, A. (1975): Die Entwicklung des Zahlbegriffs beim Kinde (Gesammelte Werke, Bd. 3). Stuttgart
Piazza, M. et al. (2002): Are Subitizing and Counting Implemented as Separate or Functionally Overlapping Processes? In: NeuroImage 15, 435–446
Pies, N. J. (1996): Ein Pionier der Sozialpädiatrie – John Langdon Haydon Langdon-Down (1828–1896). Eine illustrierte Lebensbeschreibung mit einer Übersetzung der Lettsomian-Vorlesung. Karlsruhe
Pineda, P. (2013): Herausforderung Lernen. Ein Plädoyer für die Vielfalt. Zirndorf
Pineda, P. & Viciano G. (2004): Die unmögliche Karriere. In: FOCUS Magazin 22, 102
Pinter, J. D. et al. (2001): Neuroanatomy of Down's syndrome: a high-resolution MRI study. In: American Journal of Psychiatry 158, 1659–1665
Plastow, T. (2014): Dear »Autism Parents«, We Don't Want To Be Cured. Letzter Aufruf am 20.09.2015. tomplastow.wordpress.com/2014/02/09/dear-autism-parents-we-dont-want-to-be-cured-2/Priller, C. et al. (2006): Synapse formation and function is modulated by the amyloid precursor protein. In: Journal of Neuroscience 26/27, 7212–7221
Rauh, H. (1996): Kleinkinder mit Down-Syndrom: Entwicklungsverläufe und Entwicklungsprobleme. In: Horstmann, T. & Leyendecker, Ch. (Hg.): Frühförderung und Frühbehandlung – wissenschaftliche Grundlagen, praxisorientierte Ansätze und Perspektiven interdisziplinärer Zusammenarbeit. Heidelberg
Renko, M. & Brezigar, A. M. (1998): Die Geschichte meines Lebens. In: Leben mit Down-Syndrom 27, 8–9
Riepshoff, M. A. (2015): Helfen und Informieren: eine vergleichende Studie zwischen neurotypischen Kindern und Kindern mit Trisomie 21 unter besonderer Berücksichtigung von Tomasellos Theorie. Masterarbeit, Universität Hamburg
Risser, D. et al. (1997): Excitatory amino acids and monoamines in parahippocampal gyrus and frontal cortical pole of adults with Down syndrome. In: Life Sciences 60/15, 1231–1237
Rizzolatti, G. et al. (1996): Premotor cortex and the recognition of motor actions. In: Cognitive Brain Research 3, 131–141
Rodriguez, C. & Palacios, P. (2007): Do private gestures have a self-regulatory function? A case study. In: Infant Behavior & Development 30, 180–194
Röhm, A. (2013): 11 junge Menschen mit Trisomie 21 trainieren mit 10 Studierenden der Universität Hamburg Akrobatik. In: KIDS 27, 19–21
Röhm, A. (2014): Zirkus Regenbogen–ein zweites Mal auf der Bühne. In: KIDS 30, 42
Röhm, A. & Zimpel, A. F. (2014): Mit geistiger Beeinträchtigung an der Universität studieren? In: Leben mit Down-Syndrom 77, 51–56
Rose, K. J. (1991): Die menschliche Uhr. Die Rolle der Zeit in unserem Körper. Hamburg
Rosenberg, N. A. et al. (2002): Genetic Structure of Human Populations. In: Science 298/5602, 2381–2385

Rosenkranz, C. (2002): Kieler Zahlenbilder. Ein Förderprogramm zum Aufbau des Zahlbegriffs für rechenschwache Kinder. Kiel

Rudolph, S. et al. (2011): Das Präventionspilotprojekt »Wilde Mädchen«. In: KIDS Aktuell 23/04, 35–37

Rueda, N. (2012): Mouse Models of Down Syndrome as a Tool to Unravel the Causes of Mental Disabilities. In: Neural Plasticity, 584071. Published online 2012 May 22. doi: 10.1155/2012/584071

Ruff, C. B., Trinkaus, E. & Holliday, T. W. (1997): Body Mass and Encephalization in Pleistocene Homo. In: Nature 387, 173–176

Sacks, O. (1991): Awakenings. Zeit des Erwachens. Reinbek

Sacks, O. (1992): Stumme Stimmen. Reise in die Welt der Gehörlosen. Reinbek

Sacks, O. (1995): Eine Anthropologin auf dem Mars. Sieben paradoxe Geschichten. Reinbeck, 274–337

Salehi, A. et al. (2009): Restoration of Norepinephrine-Modulated Contextual Memory in a Mouse Model of Down Syndrome. In: Science Translational Medicine 1/7, 7–17

Satir, V. (2007): Selbstwert und Kommunikation. Familientherapie für Berater und zur Selbsthilfe. 19. Aufl., Stuttgart

Schaefer, M. (2013): Im Spiel ist das Lernen »kinderleicht«. http://www.wdr.de/tv/applications/fernsehen/wissen/quarks/pdf/Q_Spielen.pdf, letzter Aufruf am 31.10.2015

Schneider, W. X. & Deubel, H. (2000): Characterizing chunks in visual short-term memory: Not more than one feature per dimension? In: Behavioral and Brain Sciences 24/1, 144–145

Schulz von Thun, F. (2002): Miteinander reden. Störungen und Klärungen. Allgemeine Psychologie der Kommunikation. 36. Aufl., Reinbek

Schupf, N. & Sergievsky G. H. (2002): Genetic and host factors for dementia in Down's syndrome. In: The British Journal of Psychiatry 180, 405–410

Selikowitz, M. (1992): Down-Syndrom. Krankheitsbild – Ursache – Behandlung. Heidelberg

Shaban & Käptn Peng (2002): Werbistich. In: Die Zähmung der Hydra (LP)

Shannon, C. E. & Weaver, W. (1949): The mathematical theory of communication. Illinois

Shatz, C. J. (1992): The Developing Brain. In: Scientific American, 60–67

Sheridan, R. et al. (1989): Fertility in a male with trisomy 21. In: Journal of Medical Genetics 26/5, 294–298

Sierck, U. & Radtke, N. (1989): Die Wohltäter-Mafia. Vom Erbgesundheitsgericht zur Humangenetischen Beratung. 5. Aufl., Frankfurt/M.

Silverman, C. (2008a): Brains, pedigrees and promises: Lessons from the politics of autism genetics. In: Gibbon S. & Novas C. (Hg.): Biosocialities, genetics and the social sciences: Making biologies and identities. London, 38–55

Silverman, C. (2008b): Fieldwork on another planet: Social science perspectives on the autism spectrum. In: BioSocieties 3, 325–341

Singer J. (2007): Light and dark: Correcting the balance. www.neurodiversity.com.au, letzter Aufruf am 17.10.2015

Singer, J. (1998): Odd People. In: The Birth of Community Amongst People on the »Autistic Spectrum«. Thesis to the faculty of Humanities and Social Sciences at University of Technology, Sydney

Singer, J. (1999): Why can't you be normal for once in your life? From a ›problem with no name‹ to the emergence of a new category of difference. In: Corker, M. & French S. (Hg.): Disability discourse, Buckingham, 59–67

Snowdon, D. (2001): Aging with Grace: What the Nun Study Teaches Us About Leading Longer, Healthier and More Meaningful Lives. New York

Sofroniew, M. V. et al. (2001): Nerve growth factor signaling, neuroprotection, and neural repair. In: Annual Review of Neuroscience 24, 1217–1281

Speetzen, L. O. (2008): Aufmerksamkeit und Schriftsprache. Eine exemplarische Studie unter besonderer Berücksichtigung der Trisomie 21. Examensarbeit Universität Hamburg, 72–73

Spitzer, M. (2010): Medizin für die Bildung. Ein Weg aus der Krise. Heidelberg

Squire, L. R. & Kandel, E. R. (1999): Gedächtnis. Die Natur des Erinnerns. Heidelberg

Stern, E. & Neubauer, A. (2013): Intelligenz. Große Unterschiede und ihre Folgen. München

Stern, W. (1916): Der Intelligenz-Quotient als Maß der kindlichen Intelligenz, insbesondere der unternormalen. In: Zeitschrift für angewandte Psychologie 11, 1–17

Stix, G. (2015): Gute Zusammenarbeit. In: Spektrum der Wissenschaft 15/05, 58

Stockrahm, S, Schadwinkel, A. und Lüdemann, D. (2015): Wer darf leben? In: Zeit online:http://www.zeit.de/feature/down-syndrom-praenataldiagnostik-bluttest-entscheidung, letzter Aufruf am 13.05.2015

Storm, W. (2008): Down-Syndrom-Ambulanz Paderborn. In: Leben mit Down-Syndrom 59, 17.

Streckenbach, K: Trisomie-Bluttest: Stark kritisiert, tausendfach genutzt. In: www.spiegel.de/, 14.03.2014, letzter Aufruf am 04.04.2015

TAZ (2009): Bundestag billigt Verschärfung. http://www.taz.de/!5163091/, letzter Aufruf am 06.11.15

Teilnehmer und Betreuer der Jungengruppe von KIDS Hamburg e. V. (2014): Die wilden Kerle auf großer Tour. In: KIDS Aktuell 30, 30–37

Theunissen, G. (2014): Menschen im Autismus-Spektrum, 24

Thompson, R. (2001): Das Gehirn. Heidelberg, 367–368

Tomasello, M. (2006): Die kulturelle Entwicklung des menschlichen Denkens. Frankfurt/M.

Tomasello, M. (2009): Die Ursprünge der menschlichen Kommunikation. Frankfurt/M.

Tomasello, M. (2010): Warum wir kooperieren. Berlin

Tsien, J. Z. (2000): Die kluge Gen-Maus. In: Spektrum der Wissenschaft, 36–39

Verhulst, P. F. (1845): Recherches mathématiques sur la loi d'accroissement de la population. In: Nouveaux mémoires de l'Académie royale des sciences et belles-lettres de Bruxelles 18, 1–41

Verhulst, P. F. (1847): Deuxième mémoire sur la loi d'accroissement de la population. In: Mémoires de l'Académie Imperiale et Royale des Sciences et Belles-Lettres de Bruxelles 20, 1–32

Vicari, S., Bellucci, S. & Carlesimo, G. A. (2006): Evidence from two genetic syndromes for the independence of spatial and visual working memory. In: Developmental Medicine & Child Neurology 48/2, 126–131

Vicari, S., Marotta, L. & Carlesimo, G. A. (2004): Verbal short-term memory in Down's syndrome: an articulatory loop deficit? In: Journal of Intellectual Disability Research 48, 80–92

Videbech, P. & Ravnkilde, B. (2004): Hippocampal volume and depression: a meta-analysis of MRI studies. In: American Journal of Psychiatry 161/11, 1957–1966

Walk, L. (2013): fex–Förderung exekutiver Funktionen. Bad Rodach, 9–34

Wang, M. et al. (2014): Synaptic Modifications in the Medial Prefrontal Cortex in Susceptibility and Resilience to Stress. In: The Journal of Neuroscience 34/22, 7485–7492

Warneken, F. und Tomasello, M. (2008): Extrinsic Rewards Undermine Altruistic Tendencies in 20-Month-Olds. In: Developmental Psychology 44/6, 1785–1788

WELT ONLINE (10.06.2009): Europas erster Lehrer mit Downsyndrom. In: http://www.welt.de/gesundheit/article3901173/Europas-erster-Lehrer-mit-Downsyndrom.html, letzter Aufruf am 29.10.15

Wescott, D. J. & Jantz, R. L. (2005): Assessing Craniofacial Secular Change in American Blacks and Whites Using Geometric Morphometry. In: Slice, D. E. (Hg.): Modern Morphometrics in Physical Anthropology: Developments in Primatology: Progress and Prospects. New York, 231–245

Westhoff, A. (2014): Der Neurologe Alois Alzheimer geboren. Deutschlandfunk, Forschung aktuell, 14.06.2014

Whitehouse, J. et al. (2006): Inner speech impairments in autism. In: Journal of Child Psychology and Psychiatry 8, 857–865

Whittle, N. et al. (2007): Fetal Down syndrome brains exhibit aberrant levels of neurotransmitters critical for normal brain development. In: Pediatrics 120/6, e1465–e1471
Wieghaus, G. (2012): Früh übt sich. In: WDR Quarks & Co., 08.05.
Wieghaus, G. (2012): Frühe Förderung ist wichtig. In: Lernfähigkeit von Kindern mit Down-Syndrom höher, 3sat nano, 31.08.
Wilken, E. (2010): Sprachförderung bei Kindern mit Down-Syndrom. Stuttgart
Williams et al. (2012): Inner speech is used to mediate short-term memory, but not planning, among intellectually high-functioning adults with autism spectrum disorder. In: Development and Psychopathology 24, 225–239
Wills, C. (1996): Das vorauseilende Gehirn. Frankfurt/M.
Wimmer, H., & Weichbold, V. (1994): Children's Theory of Mind: Fodor's Heuristics Examined. In: Cognition 53, 45–57
Winsler, A. (2009): Still talking to ourselves after all these years: A review of current research of private speech. In: Private Speech, Executive Functioning, and the Development of Verbal Self-Regulation, Cambridge
Winsler, A. et al. (2007): Private Speech and executive functioning among high-functioning children with autistic spectrum disorders. In: Journal of Autism and Development Disorders 37, 1617–1635
Wiseman, F. K. (2009a): Cognitive Enhancement Therapy for a Model of Down Syndrome. In: Science Translational Medicine 1/7, 7–9
Wiseman, F. K. (2009b): Down syndrome – recent progress and future prospects. In: Human Molecular Genetics 18/R1, 75–83
Wishart, J. (1996): Die schwierige Art des Lernens: Vermeidungsstrategien bei kleinen Kindern mit Down- Syndrom. In: Leben mit Down-Syndrom 21, 10–21
Wishart, J. (2007): Soziales Verständnis – Eine Stärke oder Schwäche bei Down-Syndrom? In: Leben mit Down-Syndrom 54, 14
Wisniewski, K. E. (1990): Down syndrome children often have brain with maturation delay, retardation of growth, and cortical dysgenesis. In: American Journal of Medical Genetics, Supplement 7, 274–281
Wundt, W. (1913): Einführung in die Psychologie. Leipzig
Wußing, H. & Alten, H.-W. (2009): 6000 Jahre Mathematik. Eine kulturgeschichtliche Zeitreise. Berlin
www.ask.uni-hamburg.de/www.ds-infocenter.de/html/lebenmitds.html, letzter Aufruf am 24.07.2015
www.kidshamburg.de/doc/magazin-kids-aktuell.php, letzter Aufruf am 24.07.2015
www.ncl-deutschland.de/home.html, letzter Aufruf am 16.09.2015
www.wdr.de/tv/applications/fernsehen/wissen/quarks/pdf/Q_Spielen.pdf, letzter Aufruf am 31.10.2015
Wygotski, L. (1977): Denken und Sprechen. Frankfurt/M.
Wynn, K. (1992): Addition and subtraction by human infants. In: Nature 358/08, 749–750
Wynn, K. (2002): Do infants have numerical expectations or just perceptual preferences? In: Developmental Science 2, 207–209
Yamada, K. & Nabeshima, T. (2003): Brain-derived neurotrophic factor/TrkB signaling in memory processes. In: Journal of Pharmacological Sciences 91/4, 267–70
Yates, C. M. et al, (1980): Alzheimer-like cholinergic deficiency in Down's syndrome. In: Lancet 11, 979
Yates, C.M. et al. (1986): Regional brain 5-hydroxytryptamine levels are reduced in senile Down's syndrome as in Alzheimer's disease. In: Neuroscience Letters 65/2, 189–192
Yu, T. et al. (2010): Effects of individual segmental trisomies of human chromosome 21 syntenic regions on hippocampal long-term potentiation and cognitive behaviors in mice. In: Brain Research 1366, 162–171

Zehentbauer, J. (2010): Körpereigene Drogen – garantiert ohne Nebenwirkungen. 6. Aufl., Mannheim

Zhang, L. et al. (2014): Human chromosome 21 orthologous region on mouse chromosome 17 is a major determinant of Down syndrome-related developmental cognitive deficits. In: Human Molecular Genetics 23/3, 578–589

Zimpel, A. F. (2008): Bewegung, Emotion und Aufmerksamkeit. Die Neuropsychologie der geistigen Entwicklung bei Trisomie 21. In: KIDS aktuell – Magazin zum Down-Syndrom 17/2008, S. 9–12

Zimpel, A. F. (2009): Mia, Max und Mathix. Auf dem Weg zum Zahlbegriff. Göttingen

Zimpel, A. F. (2012): Der zählende Mensch. Was Emotionen mit Mathematik zu tun haben. 2. Aufl., Göttingen

Zimpel, A. F. (2013a): Lasst unsere Kinder spielen! Der Schlüssel zum Erfolg. 3. Aufl., Göttingen

Zimpel, A. F. (2013b): Zwischen Neurobiologie und Bildung. Individuelle Förderung über biologische Grenzen hinaus. 2. Aufl.. Göttingen

Zimpel, A. F. (2014a): Einander helfen: Der Weg zur inklusiven Lernkultur. 2. Aufl., Göttingen

Zimpel, A. F. (2014b): Spielen macht schlau! Warum Fördern gut ist, Vertrauen in die Stärken Ihres Kindes aber besser. München

Zimpel, A. F. (1992): Die pädagogische Idee als Ziel der Förderdiagnostik. In: Behindertenpädagogik 31/4, 361–369

Zimpel, A. F. (2010a): Buchstaben sind die Algebra der Sprache – Aufmerksamkeitsumfang und Gestaltwahrnehmung als Bedingungen für die Sprachentwicklung bei Trisomie 21. In: KIDS 21, 44–47

Zimpel, A. F. (2010b): Zur Neuropsychologie des abstrakten Denkens unter den Bedingungen einer Trisomie 21. In: Leben mit Down-Syndrom 63, 28–29

Zimpel, A. F. (2011a): Ressourcen lassen sich ausbeuten. In: Gehirn & Geist 7–8, 82

Zimpel, A. F. (2011b): Sensorische Integration. In: Dederich, M., Jantzen, W. & Walthes, R. (Hg.): Enzyklopädisches Handbuch der Behindertenpädagogik. Band 7. Sinne, Körper und Bewegung. Stuttgart, 239

Zimpel, A. F. (2013c): Studien zur Verbesserung des Verständnisses von Lernschwierigkeiten bei Trisomie 21 – Bericht über die Ergebnisse einer Voruntersuchung. In: Zeitschrift für Neuropsychologie 24/1, 35–47

Zimpel, A. F. (2014c): Bessere Bildungschancen für Menschen mit Trisomie 21. Ergebnisse einer neuropsychologischen Studie. In: Behinderte Menschen 2, 15–27

Zimpel, A. F. (2015): Achtung Andersdenkende! Stärke: gesteigerte Aufmerksamkeit, Problem: Sozialkompetenz. Neuropsychologische Potenziale des Autismusspektrums als soziale Bereicherung. In: Behinderte Menschen 1/2015, 31–37